JN445762

친사회적 행동의
사회심리학

친사회적 행동의 사회심리학

초판 1쇄 발행 2026년 2월 6일

지은이 전신현
펴낸이 장길수
펴낸곳 지식과감성#
출판등록 제2012-000081호

교정 김지원
디자인 강샛별
편집 강샛별
검수 한장희, 이현
마케팅 김윤길

주소 서울시 금천구 벚꽃로298 대륭포스트타워6차 1212호
전화 070-4651-3730~4
팩스 070-4325-7006
이메일 ksbookup@naver.com
홈페이지 www.knsbookup.com

ISBN 979-11-392-3038-3(93330)
값 16,000원

• 이 책의 판권은 지은이에게 있습니다.
• 이 책 내용의 전부 또는 일부를 재사용하려면 반드시 지은이의 서면 동의를 받아야 합니다.
• 잘못된 책은 구입하신 곳에서 바꾸어 드립니다.

지식과감성#
홈페이지 바로가기

친사회적 행동이란 무엇일까?
우리는 왜 친사회적 행동을 할까?
지속적인 친사회적 행동에는 무엇이 있을까?
친사회적 행동을 둘러싼 쟁점은 무엇일까?

친사회적 행동의 사회심리학

전신현 지음

지식과감성#

목차

IV 친사회적 행동과 관련된 주제들

머리말

친사회적 행동은 개인적 수준에서는 긍정적인 효과를 가지면서 동시에 사회적 수준에서는 사회 전체 기능에 기여한다. 사람들은 과연 친사회적 행동에 관심을 가지는가? 사회과학자들이 오랫동안 이러한 주제에 대하여 연구해 온 사실을 보면 친사회적 행동이 사회심리학을 포함한 사회과학에서 주요한 하나의 주제라는 것은 틀림없다.

친사회적 행동에 관한 연구는 이타행동이나 도움행동에 대한 연구의 역사에 그 뿌리를 두고 있다. 이타행동이나 이타주의는 그 용어가 만들어지기 이전에 이미 오랫동안 언급되어 왔는데 바로 성경에 나온 착한 사마리아인의 비유이다. 즉 다른 사람이 강도를 당한 상황에서 쉽게 자리를 떠날 수 있음에도 불구하고 상처를 입은 희생자의 안녕을 걱정하고 도와준 사마리아인의 행동에 관한 내용이다(누가복음 10:29-37). 이와 같이 이기적이지 않은 관심이나 배려 때문에 다른 사람에게 이익을 주는 행동은 이타주의라는 개념으로 정의되는데 이 용어를 처음 만든 사람은 Comte로 이기적 도움과 대비하기 위해 만든 개념이다.

이타주의라는 개념의 근간에는 수 세기 동안 이어져 온 논쟁이 있는데 인간이 이기적 존재인지 이타적 존재인지, 선한 존재인지 악한 존재인지에 관한 것이다. 이는 고대철학자들의 인간 본성에 대한 논의로 거슬러 올라간다. 소크라테스는 개인은 "좋은 또는 선한(good)" 것을 추구하는 존재이고 선한 것이란 개인에게 좋은 것이라는 맥락에서 본다. 즉

선이란 개인에게 최대의 이익이 되는 것이라고 하였다. 한편 플라톤은 인간 본성에 대해 보다 비관적인 견해를 가졌는데 인간은 탐욕적이고 이기적이어서 어떠한 이유에서도 고통을 피하려고 하고 쾌락을 추구하며 이로 인해 더 정의롭고 좋은 것을 보지 못한다고 하였다. 소크라테스나 플라톤의 견해와 달리 아리스토텔레스는 보다 긍정적인 견해를 가지고 인간을 관대하고 선하고 숭고한 존재로 보았다. 그는 인간은 사회관계에 관심을 가지기 때문에 다른 사람의 안녕에까지 신경을 쓰는 존재로 보았다.

고대철학자들의 인간 본성에 대한 논의는 때로는 명확하지 않고 이후 학자들도 일치된 견해를 보이지 않았으며 때로는 시대적 성격이 인간 본성에 대한 시각에 영향을 미치기도 하였다. '만인의 만인에 대한 투쟁'이라고 본 홉스나 이익에 눈이 먼 존재로 본 마키아벨리는 다른 사람을 고려하지 않는 인간의 이기심을 강조하였다. 반면 루소는 기본적으로 인간을 선한 존재로 보았고 천성적으로 다른 사람을 헤아리는 세심함을 갖고 태어났기 때문에 호혜적인 관계를 가지려고 한다고 주장하였다. 그 후 많은 학자들이 이타행동 또는 친사회적 행동이 사회에서 꼭 필요하다고 본 점에서는 일치하는데 이타행동에 있어 생물학적 요인을 중시한 진화론자 Darwin이나 다른 사람을 돕는 행동을 사회결속과 통합에 공헌하는 유대라는 개념으로 설명한 사회학자 Durkeim은 상반된 요인으로 친사회적 행동의 중요성을 강조하였다고 볼 수 있다.

친사회적 행동에 있어 미시적인 연구는 유전적 요인이나 신경학적인 요인을 강조한 반면 개인 간의 과정에 초점을 둔 사회심리학적 접근에서는 동기, 상황, 감정 등을 중심으로 연구하였다. 최근에는 보다 다차원적이고 폭넓은 범위의 친사회적 행동들을 대상으로 거시적인 수준의 연구가 활발하게 진행되고 있는데 개인 수준의 도움행동보다는 사회구성원의 집합적 자원봉사나 참여에 관심을 가지고 구성원들 간의 사회관계, 신뢰, 네트워크, 규범과 같은 사회자본이 도움행동의 참여에 중요한 영향력을 가진다고 본다. 또 다른 사회학적 입장에서는 자원봉사나 헌혈과 같이 보다 지속적인 상황에서 이루어지는 도움행위를 설명하기 위해서 자아의 역할을 강조한다.

우리는 왜 친사회적 행동에 관심을 가지는가? 이러한 질문에 대하여 학자들뿐만 아니라 일반인들도 관심을 가진다. 사람들은 남을 돕는 사람들이나 이타적 행동을 하는 사람들에 관한 뉴스나 신문 기사에 이목을 집중하고 그들이 왜 그러한 행동을 했는지 알려고 한다. 수많은 친사회적 행동은 어느 한 문화나 특정한 역사적인 시기에만 있었던 현상이 아니고 언제 어디서나 일어날 수 있는 일임에도 많은 사람들은 관심을 가지고 그 특성을 이해하려고 한다. 그동안 외국에서는 이에 관한 연구가 활발하게 진행되어 왔으나 국내에서는 심층적이고 전문적인 저서가 거의 없었다고 할 수 있다.

본 저서에서는 50여 년 동안 친사회적 행동에 대하여 이루어져 온 사회심리학적 이론과 연구들을 체계적으로 소개함으로써 이 분야를 연구하는 학자들에게 기초자료를 제공할 수 있을 것으로 기대한다. 친사회적 행동에 관한 연구는 사회심리학에서뿐만 아니라 관련 학문 분야에서 주요 주제로 다루어져 왔으므로 다른 연구 분야에도 도움이 될 것이라 본다. 예컨대 유아, 아동의 발달적 특성으로서 친사회적 경향을 연구하는 교육학과 아동학, 자원봉사를 중요한 분야로 여기는 사회복지학, 집단과 조직의 요인을 연구하는 사회학, 그리고 범죄나 반사회적 행동의 경향을 감소시킬 수 있는 방안을 연구하는 범죄학 등에서 도움행동에 관한 연구들이 적용될 수 있을 것이라고 본다.

이 책은 크게 네 부분으로 나누는데, 친사회적 행동의 개념과 이슈, 친사회적 행동의 요인, 지속적인 친사회적 행동, 그리고 친사회적 행동과 관련된 주제들이다. 이러한 네 영역은 다음과 같이 열 개의 장으로 구성될 것이다.

1장에서는 친사회적 행동을 개념적으로 보다 깊이 있게 이해하고자 한다. 우리가 친사회적 행동이라 부르는 행동의 개념 정의와 유형을 알아보는데, 도움행동이나 이타행동 등을 구분하여 살펴본다. 또한 사회생활 속에서 흔히 볼 수 있는 친사회적 행동을 제시하고 이를 유형으로 나누어 보고자 한다.

2장에서는 친사회적 행동을 이해하기 위해 지금까지 논의되어 온 쟁점들을 다루도록 한다. 즉 친사회적 행동이 사람들의 본성에 의한 것인지 문화적 요인에 의한 것인지, 감정에 의한 것인지 인지에 의한 것인지, 상황적 요인에 의한 것인지 개인적 특성에 의한 것인지, 이기적 원인 때문인지 이타적 원인 때문인지 등에 관한 것이다. 아울러 이러한 논의들이 친사회적 행동의 학습과 발달을 어떻게 설명하는지 살펴보는데 진화론을 포함한 생물학적 이론과 학습이나 사회화의 측면을 강조하는 문화적 요인을 중심으로 소개하고자 한다.

2장에서 다루어지는 주요 쟁점은 3장, 4장, 5장에서 더 확장하여 다루는데 3장에서는 언제, 어떠한 상황에서 친사회적으로 행동하는지에 관한 연구들을 다룬다. 친사회적 행동의 요인으로 상황을 강조하는 전통적 연구는 주변인 효과나 수혜자의 특성, 도움기회의 상황 등을 소개하는데 이러한 주제들은 이후 연구에 영향을 준 점에서 주목할 만하다.

4장에서는 상황적인 요인보다는 친사회적 행동의 동기요인에 초점을 두는데 우선 이타적 성격의 특성을 살펴보고 이와는 반대로 이기적 동기를 강조하는 비용-보상모델을 소개한다. 또한 친사회적 행동의 원인을 규범의 측면에서 알아보는 한편 감정이나 기분이 친사회적 행동에 어떤 영향을 미치는지 살펴본다.

5장에서는 누가 친사회적 행동을 하는가를 사회인구학적 요인을 중심으로 살펴보는데 성, 사회경제적 지위, 종교, 도시화 등에 관한 기존 연구와 이론을 중심으로 고찰해 보도록 한다.

6장에서는 최근 활발하게 연구되고 있는 지속적이고 조직적인 친사회적 행동에 관한 연구를 살펴보는데 사회자본적 시각이나 역할정체성 모델을 중심으로 지속적인 친사회적 행동이 어떻게 이루어지는가에 대하여 알아본다.

7장에서는 지속적인 친사회적 행동의 다양한 유형에 대하여 살펴보는데 자원봉사, 조직 시민 행동, 협동 등을 소개한다. 자원봉사와 같은 지속적이고 조직적인 행동에 관한 다양한 연구를 통해 왜 사람들이 조직 내에서 자원봉사자로 일하게 되는가, 그리고 어떻게 친사회적 행동을 장려할 수 있는지의 가능성을 보여준다. 또한 친사회적 행동의 확장된 개념인 조직 시민 행동과 협동에 관한 연구들도 소개한다.

8장, 9장, 10장에서는 친사회적 행동에서 연구되고 있는 비교적 새로운 주제들을 소개한다. 8장은 친사회적 행동이 미치는 영향에 대하여 알아보는데 돕는 사람뿐만 아니라 도움을 받는 사람의 경험까지 포괄하여 살펴본다. 9장에서는 최근 온라인상에서 발생하는 친사회적 행동에 관한 연구를 정리하고 끝으로 10장에서는 앞으로의 연구 방향에 대한 전망과 과제를 제시한다.

이 책을 쓰면서 아쉬웠던 점은 아직까지 우리나라에서는 친사회적 행동에 관한 연구가 다른 분야에 비해 비교적 많지 않고 참고로 할 만한 체계적 서적이나 논문이 부족했다는 점이다. 이는 이 책의 내용이 대부분 외국의 연구나 논문을 인용하게 된 이유이며 여기서 소개한 다양한 자료들이 친사회적 행동에 관한 연구를 하는 이들에게 도움이 되기를 바란다.

끝으로 이 책을 집필하는 데 많은 도움을 준 임수경 양에게 진심으로 감사의 마음을 전한다.

I
친사회적 행동의 개념과 이슈

이타행동을 비롯한 도움행동 그리고 더 광범위한 개념에서의 친사회적 행동에 대한 체계적인 연구는 그 역사가 오래되지 않은 반면 반사회적 행동이나 공격성 등의 연구나 출판은 훨씬 오래전부터 있어 왔다. 사실 사회심리학에서 도움행동이나 이타행동이 연구되기 시작한 것도 1960년대 미국에서 한 여성이 주위에 많은 사람들이 있었음에도 불구하고 도와주지 않아서 살해된 사건에서 비롯되었다.

초기에는 일대일의 도움행동과 같은 특별한 현상에 초점을 두는 협의의 연구로 시작되었지만 점차 다차원적이고 폭넓은 범위를 포함하게 되었는데 자원봉사, 헌혈, 조직과 조직 성원을 돕기 위한 행위, 내부고발, 집단 간 협동 등 다양한 행동 유형이 있다. 이전의 이론들이 개인 간 상호작용 즉 중간 수준의 분석 과정을 강조하여 왔다면 최근 경향은 변화하고 있는데 한편에서는 행동유전학 및 신경과학 등에서 미시수준의 과정을 연구하고 또 다른 한편에서는 조직 내 또는 조직을 위한 계획적이고 지속적인 행위나 집단 내 또는 집단 간의 친사회적 행동과 같은 거시수준의 과정에 대한 연구가 활발하게 진행되었다(Penner, Dovidio, Piliavin, & Schroeder, 2005).

친사회적 행동은 사회가 유지되기 위해서 반드시 필요하고 연구되어야 할 중요한 주제로 외국에서는 이론적으로나 경험적으로 많은 연구가 정립되어 있다. 그러나 국내에서는 사회심리학 개론서의 한 장 정도로만 다루어지고 전문 서적은 거의 전무한 상황이다. 그동안 친사회적 행동에 관한 외국의 연구에서는 인간의 본성과 문화, 감정과 인지, 상황적 요인과 특성요인, 이기성과 이타성의 측면에서 논의가 이루어져 왔으나 최근에는 통합적인 시각에서 설명되는 경향으로 변화하였다.

이 장에서는 앞서 간략하게 소개한 친사회적 행동에 관한 그동안의 사회심리학적 연구들과 논쟁을 정리하고 소개하는 데에 목적을 둔다. 이후의 장들에서는 누가, 왜, 언제, 어떤 이유로 친사회적 행동을 하게 되는지 살펴보고자 한다. 그리고 최근 지속적이고 조직적인 차원에서 진행되는 친사회적 행동에 관한 연구 동향을 소개한다. 또한 친사회적 행동과 관련된 주제들로서 개인과 사회의 건강에 미치는 영향 등을 다루고자 한다. 끝으로 온라인에서의 도움행동과 같은 새로운 영역의 친사회적 행동에 관하여 알아보고 친사회적 행동의 연구에 있어서 앞으로의 과제와 전망을 제시하고자 한다.

제1장 개념과 유형

1. 친사회적 행동 연구의 역사

"친사회적(prosocial)"이라는 용어는 대부분의 사전에는 나와 있지 않은 단어로 사회과학자들이 "반사회적(antisocial)"이라는 단어의 반대어로 만든 개념이다(Green, 1998). 친사회적 행동(prosocial behavior)은 돕는 사람의 의도나 동기와는 상관없이 다른 사람을 돕거나 도우려고 계획한 모든 행동을 말한다. 즉 순수하게 상대방을 위해 하는 이타적 행동에서부터 자신의 이익 추구를 위하여 계산적으로 남을 돕는 행위까지 모두 친사회적 행동에 포함된다. 따라서 친사회적 행동은 다른 사람(들)에게 이익을 주는 행위인 도움 행위, 위안의 행위, 나눔, 협동 등을 광범위하게 포함한다. 일반적으로 친사회적 행동은 행동의 동기와 상관없이 결과적으로 타인에게 이익을 주는 자발적이고 의도적인 행동이라고 정의된다(Dovidio, 1984; Eisenberg & Mussen, 1989; Walster & Piliavin, 1972). 친사회적 행동은 사회규범상 사회 일반에 이익이 된다고 긍정적으로 평가되는 행동이지만(Piliavin et al., 1981) 기본적으로는 특정 행동이 본래부터 또는 일반적으로 친사회적인 것이 아니라 사회적 판단에 의해 결정된다. 여기서 친사회적 행동의 정의에 있어 몇 가지 특성을 주목해야 하는데 우선 친사회적 행동은 개인 간의 행위에서 일어나는 것이라는 점이다. 즉 후원자와 수혜자가 존재한다(Dovidio et al., 2006). 둘째, 친사회적 행동이 사회에 의해 규정된다는 것은 어떤 행동이 태생적이거나 보편적으로 친사회성을 가진다기보다는 사회적 판단에 의해 결정되기 때문에 상황이나 역사적, 정치적 맥락의 변화에 따라 얼마든지 변할 수 있다는 것이다. 예를 들어 상점에서 물건을 그냥 가져오는 것은 반사회적 행동으로 고려되지만, 엄청난 재난 상황에서 이웃을 돕기 위해 의약품을 가져오는 것은 친사회적 행동으로 여겨지거나 심지어 영웅적 행동으로 칭찬받기도 한다.

그러나 다른 사람을 위해 문을 열어주는 것, 자원봉사를 하는 것, 집단의 다른 성원과 협력하여 일을 하는 것, 사고 현장에서 도움을 주는 것과 같은 행동들은 누구나 인정하는 친사회적 행동이다. 이 책에서는 포괄적인 친사회적 행동의 연구에 대하여 소개하는데 각각의 분야에서 연구된 주제들을 설명하기 때문에 때로는 이타행동에, 때로는 도움행동에 관한 연구들에 초점을 두고 살펴볼 것이다.

그렇다면 사람들은 왜 친사회적인 행위를 하는가? 오랫동안 이러한 질문이 계속되어 오기는 하였지만 1930년대와 1940년대의 역사적인 여러 가지 사건들(2차 대전, 나치즘, 대학살, 핵무기의 출현, 냉전, 인종차별 등)로 인해 1960년대 초반까지는 공격성이나 갈등에 더 주목해 온 것이 사실이다. 친사회적 행동에 관해 주목하기 시작한 것은 1960년대로 미국에서 일어난 충격적인 사건이 그 계기가 되었다. 뉴욕에서 키티 제노비스라는 여성이 38명의 이웃이 보는 앞에서 잔인하게 칼에 찔려 죽게 된 사건으로 피해자가 30분 이상 비명을 지르고 구조를 요청했음에도 불구하고 아무도 돕지 않았고 경찰에 신고조차 하지 않은 사건이다.

사회심리학자들은 절대적으로 도움이 필요한 여성을 구경꾼들이 돕지 않은 사건을 연구하기 시작하면서 동시에 인종차별 반대운동이나 시민운동, 반전운동에 참여한 사람들이 폭력과 투옥, 죽음으로 고통받으면서도 용기 있는 행동을 하는 것을 살펴보게 되었다. 학자들은 '왜 사람들은 친사회적으로 행동하는가 또는 행동하지 않는가'에 관심을 가지고 연구하기 시작하였다.

이타주의가 주요 연구 주제로 주목받기 시작한 것은 1960년대 전후로 볼 수 있다. 수 세기 동안 철학자들과 생물학자들이 이타주의에 관심을 가져오기는 했지만 1959년에서야 자원봉사 활동이나 무상 증여와 같은 현상을 심리학자들이 연구하기 시작하였고 1960년 사회학자인 Gouldner의 호혜성에 관한 연구는 이타주의 연구의 근간이 되었다. 1963년 Berkowitz와 Daniel의 연구프로그램인 "사회적 책임감"은 친사회적 행동에 관한 다른 연구의 시초가 되었고, 1960년대 말에는 Darley와 Latane(1968)이 구경꾼의 개입에 관한 첫 번째 연구를 발표하였다. 친사회적 행동에 대한 고전적인 연구인 Latane과 Darley(1970)의 "무반응의 구경꾼: 왜 그들은 돕지 않는가?(The Unresponsive Bystander: Why Doesn't Help?)"와 Piliavin과 Piliavin의 "반응하는 구경꾼들: 사람들은 돕는가?(The Responsive Bystander: Does He Help?)"는 이후 연구의 기초가 되었고 이를 기초로 다양한 논의가 전개되기 시작했다. Bryan과 Test(1967)는 친사회적 행동의 모델링에 관한 사실적이면서도 연속적인 연구를 발표하였고, Campbell(1965)은 초기의 사회생물학적 관점에서 이타주의를 다루었다. 그리고 Aronfreed(1968)는 '행위와 양심'이라는 저서를 출판하였다. Bryan과 Test(1967) 그리고 Rosenhan과 White(1967)는 거의 비슷한 시기에 사회심리학 논문에 "친사회적 행동"이란 용어를 소개하였다(Wispe, 1972).

1970년대 초가 되어서는 친사회적 행동과 이타주의가 사회심리학적 연구에 있어 새로운 영역으로 자리를 잡게 되었다. 이 시기에 세 개의 평론이 발표되었고(Bryan, 1972; Kreb, 1970: Midlarsky, 1968), 첫 번째로 편집된 책이 발간되었다(Macauley와 Berkowitz, 1970). 1970년대 중반에 들어서서 경험적이고 이론적인 논문이 광범위하게 나오기 시작했고(예를 들어 Bar-Tal, 1976; Staub, 1978), 사회심리학 교과서에 이타주의와 친사회적 행동이 한 장으로 포함되기 시작했다. 1970년대 말에는 거의 모든 사회심리학 교과서에 이타주의에 관한 장을 볼 수 있게 되었고 많은 양의 조사 연구도 이루어졌다.

2. 관련 개념들

친사회적 행동과 종종 유사하게 사용되는 개념으로 '도움행동', '이타행동' 등이 있다. 그러나 엄밀하게 보면 이러한 용어들은 친사회적 행동과 구분되는데 도움행동(helping behavior)은 친사회적 행동이라는 넓은 범주의 행위로 분류되지만 다른 사람을 돕는 것이 우연한 결과가 아니라 의도를 가지고 행동한다는 점에서 그 특징이 있다. 물론 도움행동은 본래 의도와 달리 도움이 실제적으로 발생하지 않을 수도 있다. 한편 Dovidio와 동료들(2006)은 도움행동은 다른 사람에게 어떤 이익을 제공하거나 다른 사람의 안녕을 개선하는 결과를 유발하는 행위라고 정의한다. 도움행동의 예로는 긴급한 상황에서 위험에 처한 사람을 돕는 것부터 길에서 구걸하는 사람을 돕는 것 등이 있다. 또한 도움행동은 기부자가 특정 개인 수혜자를 대상으로 할 뿐만 아니라 자선단체를 대상으로 이루어지는 경우도 포함한다.

친사회적 행동과 관련이 있는 또 다른 개념은 이타행동(altruistic behavior)으로 Webster 사전에서는 이타주의를 "다른 사람에 대한 이기적이지 않은 관심이나 배려"라고 정의한다. 심리학자들은 이타행동은 어떠한 외부적 보상을 기대하지 않고 희생을 무릅쓰고 다른 사람을 돕는 행동이라고 말한다(Macaulay & Berkowitz, 1970). 즉 이타행동은 자신의 이익은 전혀 상관없이 다른 사람의 이익만을 위해서 순수하게 돕는 것으로 결국 다른 사람의 필요나 다른 사람의 안녕, 그리고 다른 사람의 문제에 대한 해결점을 찾는 것에 초점을 두는 특성을 갖는다. 앞서 살펴본 도움행동은 그 정의상 실제로 수혜자에게 도움이 되었든 아니든 도움을 주려는 의도 자체가 중요하였다. 그러나 이타주의는 그 정의상 도움을 주는 사람의 의도와 혜택 양자를 모두 강조한다. 그래서 Aronson, Wilson과 Akert(2004)는 이타주의란 자신의 이익이 아닌 순수하게 다른 사람에게 이익을 주려는 바램에서 유래한 것이라고 정의한다.

특히 이타행동은 다른 사람을 돕기 위하여 비용이나 희생이 필요하다는 점에서 도움행동과 다르다(Krebs, 1982, Wispe, 1978). 여기서 이타행동의 경우 그 초점이 '수혜자가 받은 도움의 결과'에서 '돕는 사람이 인식한 도움의 결과'로 바뀌게 된다(Batson, 1991). 이러한 점에서 Batson(1991, 1998)은 행위의 결과보다는 동기에 초점을 두어야 한다고 강조하면서 도움이 이기적인 관심에 의한 것인지 이타적인 관심에 의한 것인지가 구분되어야 한다고 강조한다. 이기적인 관심이란 내가 다른 사람을 돕는다면 내가 기분이 좋아지거나 다른 사람들이 나를 좋게 볼 것이라는 특성을 가지는 반면 이타적 관심이란 다른 사람이 괴로움을 당하는 것을 도와주고 싶어 하는 특성을 보인다. 이러한 구분은 August Comte(1851/1875; Batson, 1991에서 인용)가 일찍이 이기적 도움과 대비하기 위해 처음 만들어 낸 용어인 "이타주의"에 근거한다. Batson

은 이타주의는 다른 사람의 복지를 증진하려는 데 궁극적인 목적을 두는 동기를 갖는다고 정의한다.

물론 동기라는 것이 관찰 또는 측정할 수 있는 것이 아니어서 어떤 행동이 진정으로 이타적인지는 알기 어렵다. Batson은 이기적 동기의 도움행동이 있다는 것을 부인하지는 않았지만 다른 사람을 위한 "공감적 걱정"이 동기인 행동도 있다는 것을 경험적으로 보여주려 하였다. 비록 도움을 주는 사람이 도움행동에 대한 사회적, 물질적 보상을 받았다 하더라도 기본적인 의도가 다른 사람을 도우려는 것이었다면 이는 이타적 행동이라고 고려해야 한다고 한다. 물론 이에 대해서는 이견이나 반론을 제기한 학자가 많다(Cialdini, Brwon, Lewis, Luce, & Neuberg, 1997).

다른 학문적 영역에서는 이타주의를 다르게 정의한다. 경제학자들은 이타주의를 수혜자가 받는 가치와 기부자의 비용 측면에서 정의한다. 생물학자와 생태학자는 이타주의를 어떤 집단의 유전자군(유전자풀)의 생존에 기여하는 행위("포괄적 적응도")로 보고 이타적 행동은 이타적 행동을 하는 사람의 가까운 유전적 친척이 생존하거나 재생산할 가능성을 높여주는 행동으로, 결국 이후 세대에 유전자를 주게 된다고 본다(Dawkins, 1989). 따라서 생물학자들에게는 도움행동을 하는 개인의 동기적 관심이나 의도는 상관이 없는데 "진화적 이타주의"는 생각이나 의식이 없이 발생하는 것이라고 보기 때문이다(Sober, 1988, 1992, Sober & Wilson, 1998).

어떤 영역에서 이타적 행동을 정의하느냐에 따라 개념이 달라진다 해도 모든 이타적 행동은 도움행동의 한 유형이지만 모든 도움행동이 반드시 이타적 행동이지는 않다는 점을 주목해야 한다.

친사회적 행동과 관련되어 자주 사용되는 또 다른 용어들로는 협동과 지원이 있다. 도움과 이타주의는 기본적으로 개인이나 집단이 도움이 필요한 다른 사람이나 집단에게 제공하는 행위라고 한다면 협동(cooperation)은 사람들 간(예를 들어 한 팀의 구성원 간)의 상호의존을 강조할 때 사용된다. 즉 모든 사람들의 관심거리가 되는 유익한 것을 공통의 목표로 하여 같이 일하는 것을 협동이라고 한다. 협동은 참여자들 모두가 노력함으로써 어느 정도 서로 간에 이익이 되기 때문에 친사회적 행동의 특별한 유형이라고 할 수 있다. Argyle(1991)는 사회생활의 측면에서 더 폭넓게 협동을 정의하였는데 공유된 목표와 공동활동의 기쁨을 위해 또는 단순히 관계를 지속하기 위해 조화로운 방식으로 작업이나 여가 또는 사회관계에서 공동으로 행위하는 것이라고 하였다. Kohn(1986)은 경쟁적인 사회에서 협동이란 단순히 경쟁하지 않는다는 합의가 아니라 공동의 목표를 달성하기 위해 함께 일하는 것을 요구하는 것이라고 한다. 협동은 일방적인 도움과는 달리 공통 목표를 달성하기 위한 집단의 노력이기 때문에 쌍방향적인 교환이 집단의 결과에 기여하게 된다. 도움을 주고받는 관계에서는 도움을 주는 사람과 받는 사람이 동등한 동료가 아니고, 때로는 도움을 받는 사람이 빚을 졌다고 느낄 수 있어서 도움을 주는 사람이 권력을 가지는 지위로 인지될 수도 있다(Nadler, 1991). 그러나 협동의 교환관계에서는 권력의 위계가 없고 공동의 보상이나 집단응집력 또는 보다 긍정적인 인간관계가 발생할 수 있다. 또한 도움행동은 이기적이거나 이타적 동기에 의해 결정되지만, 협동은 서로 상응 관계에 있는 개인들의 다양한 동기에 의해서 발생한다고 연구된다.

지원(지지)(support)은 모든 도움의 형태를 의미하는데 도움(help)과 같은 말로 사용되기도 한다. 그러나 "사회적 지지(social support)"의 맥락에서는 지지가 개인의 사회적 네트워크를 뜻하는데, 친구, 혈연, 지인, 동료간의 의사소통의 네트워크와 상호 의무라는 특별한 의미로 사용된다(Burleson, Albrecht, Goldsmith, & Sarason, 1994). 결국 사회적 네트워크란 사회구성원들 간의 연결망으로 연대감이나 상호호혜성에 기반하여 나눔과 도움을 이끌어내게 한다.

실제 생활의 많은 경우 친사회적 행동, 도움행동, 이타행동, 협동을 정확히 구분하기는 힘든데 외적으로 나타나는 행동 뒤에 숨겨진 명확한 동기를 확인하기가 쉽지 않을뿐더러 여러 가지 동기에 근거할 수 있기 때문이다. 사회심리학자들은 친사회적 행동이란 다른 사람과 현재의 사회체계에 일반적으로 이익을 주는 광범위한 범주의 개인 간의 행위로 사회에 의해 규정된다고 정의하였다. 사회에 의해 정의된다는 것은 친사회적 행동이 타고 태어났거나 보편적이지 않고 사회적 판단에 의한 것이라는 점을 의미한다. 따라서 친사회적 행동이란 것은 역사적이거나 정치적인 맥락이나 환경의 변화에 따라 변할 수 있다.

3. 친사회적 행동의 유형

우리는 일상생활에서 여러 가지 친사회적 행동을 발견할 수 있다. 다른 사람을 위해 문을 잡아주는 것, 자선 상자에 돈을 기부하는 것, 길에서 구걸하는 사람에게 돈을 주는 것, 길을 가다 사고로 다친 사람을 보고 돕거나 도움을 요청하는 것, 헌 옷이나 재활용품을 모아 필요한 기관에 보내주는 것, 길을 묻는 사람에게 길을 가르쳐 주는 것, 자원봉사를 위해 필요한 교육을 받고 자원봉사 단체에서 활동하는 것, 팀 구성원들과 같이 일하는 것 등이 모두 친사회적 행동이라고 할 수 있다.

이러한 친사회적 행동들은 여러 가지 기준에 따라 분류되고 체계화될 수 있는데 기본적으로는 이러한 행동들이 유사한가에 따라 분류된다.

친사회적 행동의 분류에 관한 많은 연구가 있지만 Carlo와 Randall(2002)은 이전의 연구들(Batson, 1998; Eisenberg & Fabes, 1998; Latane & Darley, 1970; Staub, 1978)에 근거하여 6개의 친사회적 경향을 제시하였는데 이타적 행동, 순응적 행동, 감정적 행동, 긴급 행동, 공공 행동, 익명 행동이다. 이타적(altruistic) 행동이란 타인을 돕기 위해 개인적으로 비용을 감수하는 행동이고, 순응적(compliant) 행동이란 타인의 요구에 따라 이루어지는 도움행동을 말한다. 감정적(emotional) 행동은 감정적으로 자극받아 이루어지는 도움행동을 의미하고 긴급(dire) 행동은 긴급 상황에서 발생하는 도움행동에 해당한다. 공공(public) 행동이란 타인이 지켜보는 상황에서 이루어지는 도움행동을 말하고, 익명(anonymous) 행동이란 타인의 인식 없이 이루어지는 도움행동이다.

Dunfield(2014)는 친사회적 행동을 도움, 나눔, 위로의 세 가지 유형으로 구분하였다. 도움(Helping)이란 다른 사람을 도와줄 필요를 인식하고 도와주는 행동으로 주로 도움이 필요한 상황에서 반응하는 유형이다. 예를 들어, 누군가가 물건을 떨어뜨렸을 때 주워주는 행동이 여기에 해당한다. 나눔(Sharing)이란 자신의 자원을 다른 사람과 나누는 행동으로 친구와 장난감을 나누는 것이 그 예이다. 위로(Comforting)란 다른 사람이 슬퍼하거나 고통스러워할 때 이러한 정서적 고통을 덜어주기 위한 행동으로, 예를 들어 친구가 슬퍼할 때 다가가서 말을 건네는 것이 이에 해당한다.

한편, 실제로 어떤 유형의 도움이 있는지 알아보려고 시도한 Pearce와 Amato(1980)는 세 가지 차원을 기준으로 도움행동을 분류하였다.

우선 도움의 유형을 직접적인 도움과 간접적인 도움으로 구분하였다. 직접적인 도움이란 개인이 다른 사람에게 직접적으로 도움을 제공하는 행동으로 누군가가 넘어졌을 때 즉시 일으켜 주는 행동이 대표적인 예이다. 반면 간접적인 도움이란 다른 사람의 필요를 충족시키기 위해 자원을 제공하거나 지원하는 행동으로 기부나 자원봉사가 이에 해당한다. 두 번째 유형은 계획되고 공식적인 도움인가 아니면 즉흥적이고 비공식적인 도움인지를 기준으로 분류한다. 전자의 예는 AIDS 환자를 위해 도움을 제공하는 자원봉사이고 후자의 예는 물건을 떨어뜨린 사람에게 그 사실을 알려주는 행동이다. 마지막으로 심각한 문제에 대한 도움과 심각하지 않은 문제에 대한 도움으로 구분하였는데 전자의 예로는 심장마비를 일으킨 사람을 돕는 행동이 있고, 후자의 예로는 공중전화를 걸기 위해 동전이 필요한 사람에게 동전을 바꾸어 주는 행동이 있다. Pearce와 Amato의 세 가지 차원에서 더 나아가 Bierhoff(2002)는 친구와 같은 자신이 아는 사람을 위한 개인적인 도움행동인지 모르는 사람을 익명으로 돕는 행동인지의 네 번째 차원을 더 추가하였다. Perarce와 Amato의 도움상황에 관한 세 가지 차원의 분류는 〈그림 1〉에서 다차원적으로 살펴볼 수 있다.

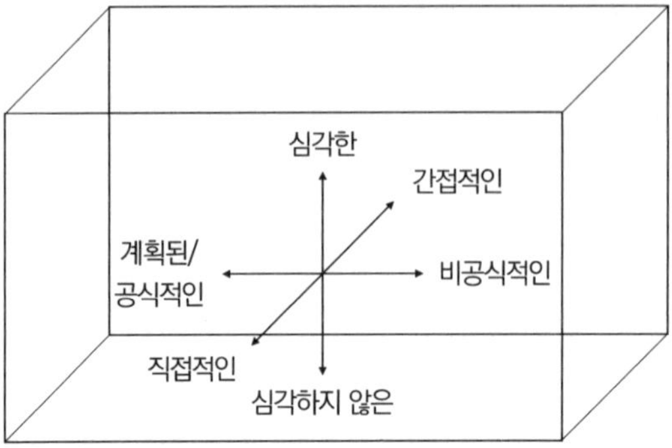

〈그림 1〉 Pearce와 Amato의 도움상황에 관한 세 가지 차원의 분류

McGuire(1994)는 도움행동을 중심으로 그 유형을 구분하려고 시도하였는데 대학생들을 대상으로 친구, 아는 사람, 또는 낯선 사람에게 도움을 주었거나 받았던 여러 가지 유형들을 나열하게 하였다. 조사 대상자들은 대부분 누군가의 학교 과제를 도왔던 행동을 보고하였고 McGuire는 학생들의 응답을 기초로 다음과 같이 네 가지 유형으로 분류하였다.

- 일상적인 도움: 다른 사람에게 펜을 빌려주는 것과 같이 아는 사람에게 작은 호의를 베푸는 도움
- 물질적이고 개인적인 도움: 친구의 이사를 돕는 것과 같이 친구에게 눈에 보이는 이익을 제공하기 위해 상당한 노력을 쏟는 도움
- 정서적 도움: 친구의 개인적 고민을 들어주는 것과 같이 친구에게 감정적이고 개인적인 지지를 제공하는 도움
- 위기의 도움: 사고희생자를 돕는 것과 같이 심각한 문제를 가진 낯선 사람에게 주는 도움[1)]

---

1) 위기는 “생명을 잃거나 다치거나 팔다리가 잘리는 등을 포함하거나 포함할 우려가 있는 사건 또는 개입을 통해 예방하거나 저지할 필요가 있는 사건”이라고 정의되어 왔다. (Piliavin et al., 1975)

도움행동의 동기를 중심으로 분류한 학자(Spitzmuller & Van Dyne, 2013)도 있는데 주도적(Proactive) 행동, 반응적(Reactive) 행동, 그리고 이타주의적(Altruistic) 행동이다. 주도적 도움행동이란 자발적이고 예방적인 특성을 가지는데 개인이 스스로 다른 사람을 돕고 지원하려는 행동이다. 다른 사람의 요청이나 외부 요인에 의존하지 않고 스스로 도움을 제공하는 것으로, 자발적으로 공익 단체에 기부하거나 지역사회 자원봉사에 참여하는 것과 같은 행동을 포함한다. 반면 반응적인 도움행동은 외부 요인이나 다른 사람의 요청에 의한 행동이라는 특성을 가진다. 즉 개인이 다른 사람의 요청이나 필요에 반응하여 도움을 제공하는 행동으로 어려움을 겪는 다른 사람이 도움을 요청할 때 도와주거나 긴급한 상황에서 타인을 돕는 행동 등을 포함한다. 이타적인 도움행동은 자신에 대한 보상이나 이익과 상관없이 다른 사람에게 이익을 주려는 행동으로 높은 수준의 동기에 의한 것으로 자발적이며 종종 그 비용이 클 수 있다.

어떠한 분류 체계를 사용하든 간에 우리가 주목할 중요한 사항은 도움행동의 유형은 매우 다양하다는 점과 어떠한 상황에서 도움행동에 영향을 주는 요인이 다른 상황에서는 영향을 미치지 않을 수 있다는 점이다.

행위자의 외적 행동만을 보고 개념적으로 도움행동인지 친사회적 행동인지 이타적 행동인지 협동인지를 명확하게 구분할 수는 없다. 그러나 앞서 제시한 연구들의 분류 체계에 근거하여 다양한 유형의 행동을 구분하는 것은 친사회적 행동을 이해하는 데 유용할 수 있다.

제2장 친사회적 행동의 원인과 주요 이슈

인간 행동에 대한 사회심리학적 연구들에서 늘 논쟁이 되는 주제는 인간 본성에 관한 고전적이고 철학적인 질문에 근거하는데 친사회적 행동이 인간의 타고 태어난 본성(nature)에 의한 것인지 아니면 환경(nurture)에 의한 것인지도 마찬가지이다. 친사회적 행동과 관련된 두 번째 논쟁점은 인지적 요인과 감정 요인에 관한 것으로, 상대적으로 최근의 현대사회심리학자들이 더 관심을 가져온 분야이다. 세 번째 쟁점은 친사회적 행동에 있어 상황적 요인이 영향을 미치는지 개인의 특성이 영향을 미치는지에 관한 것이다. 끝으로 인간 본성에 대한 기본 가정에 근거한 쟁점은 과연 인간은 이기적 존재인지 이타적 존재인지에 관한 것으로 친사회적 행동이 자신을 위한 동기에서 비롯된 것인지 남을 위해서 하는 행동인지에 대한 것이다.

첫 번째 쟁점에 있어 본성을 강조하는 대표적인 입장은 진화론으로 유전적 자질을 강조한다. 진화론에 근거하면 친사회적 행동도 다른 행동처럼 사회적 진화의 결과로 인간과 인간사회의 생존에 적응한 것이라고 한다. 생물학자나 진화론에서 보면 이타주의는 자신들의 종족 성원이 생존하거나 재생산할 가능성을 높여주어 이후 유전자를 계속 물려주는 것으로, 사회심리학자들이 강조하는 의도나 동기를 포함하고 있지 않으며 이타주의의 수혜자는 특정한 개인이 아니라 '유전자풀'이다. 반면 환경요인을 강조하는 입장에서는 사회규범이나 문화적 과정을 통한 친사회적 행동의 교육을 강조한다.

두 번째 쟁점인 인지적 요인과 감정적 요인에 관한 이견은 도움행동에 있어 도덕적 추론이나 귀인 과정을 강조하는 인지 연구와 공감이나 죄책감을 강조하는 연구로 양분되었으며 감정연구는 인지적 요인의 연구에 비해 상대적으로 최근에 학자들이 관심을 가져온 분야이다.

셋째, 도움행동의 상황 요인과 개인 특성 요인에 관한 논쟁도 각기 다른 연구로 발전하였는데 상황에 관한 강조는 언제 사람들이 돕지 않는가에 관한 고전적 연구에서 시작되었다. 반면 친사회적 행동의 결정 요인으로 개인의 특성을 강조하는 입장은 일반적인 성격에 관한 연구로 이어졌다.

끝으로 이기적 존재로서의 인간과 이타적 존재로서의 인간에 대한 견해는 남을 돕는 행동이 자신에게 이득이 되기 때문에 돕는 것인지 아니면 순수하게 다른 사람을 위해 돕는지를 중심으로 정반대의 입장을 보인다. 전자의 견해를 가진 대표적인 연구인 손실과 보상 모델에서는 계산에 의해 자신에게 이득이 되기 때문에 남을 돕는다는 주장을 한다. 후자의 대표적인 예로는 다른 사람이 받는 고통을 줄여주려는 공감적 관심이 남을 돕는 동기라고 보는 연구가 있다.

친사회적 행동과 관련된 논쟁은 여전히 계속되어 오고 그에 대한 답을 구하려고 여러 가지 연구가 시도되어 왔으며 앞으로도 지속될 것이다. 앞에서 제시된 네 가지 쟁점에서의 특정한 요인들은 개별적으로 작용하기도 하지만 상반되는 요인들이 같이 작용하기도 하고 여러 쟁점에서의 요인들이 복합적으로 작용하기도 한다. 앞에서 언급한 쟁점들은 개념적인 구분으로 실제적인 친사회적 행동에서는 여러 가지 요인이 복합적으로 함의되어 있을 수 있고 여러 요인들이 상호 밀접하게 관련되어 있을 수 있다. 이러한 논쟁들과 관련된 연구나 주요 변인들은 3장부터 5장에서 각각 더 자세히 다룬다.

친사회적 행동을 포함한 인간의 행동은 이러한 여러 가지 요인들의 복합적인 상호작용에 의해 영향을 받지만 연구자들은 특별한 요인의 효과를 다른 요인들과 별개로 연구하는 경향을 가져왔다. 여기서는 기본적으로 친사회적 행동에 영향을 미치는 특정한 요인들을 강조한 연구들과 그 논쟁에 관하여 살펴볼 것이다.

1. 생물학적 요인과 문화적 요인

1) 생물학적 요인

의학적으로 눈동자나 머리의 색깔이 부모로부터 유전되고 특정 질병은 특정 유전자와 관련된다고 연구되어 온 것과 같이 생물학적 요인을 강조하는 학자들은 생리학적, 유전적 요인이 사람들의 행동에 미치는지 영향력을 연구해 왔다. 특히 진화론자들은 자신을 희생하는 생물학적 경향이 어떻게 진화하게 되었는가에 관심을 가졌다. 진화론에서 말하듯이 자신을 희생하여 자신의 후손을 포기하는 것은 마치 이타적인 행동인 듯 보이지만 궁극적으로는 자신의 유전자를 퍼트리는 이기적 적응의 진화 기제라고 한다. 즉 과학자들에게 이타주의의 이익은 특정한 개인을 위한 것이 아니라 특정 유전군을 위한 것이다.

(1) 진화론적 설명

사회적으로 바람직하거나 바람직하지 않은 행동이 유전적인 근거가 있는지에 대한 철학적이고 사회과학적인 논쟁은 그 역사가 오래되었다. 전통적으로 생물학적 결정요인과 문화적 결정요인—유전(nature)과 환경(nurture)—에 관한 논쟁은 선천적인 것과 학습된 것의 이분법에 근거한다. 여기서 우리가 가지는 질문은 인간이 유전적으로 친사회적이고 도움을 주는 존재인가 아닌가이다. 이 질문은 오랫동안 진화론자들에게 주요한 관심사였다. Darwin(1859)에 따르면 진화는 기본적으로 "적자생존"과 "자연선택"의 원칙에 의해 결정된다고 한다. 환경에 가장 잘 적응하는 개체가 살아남아 번식할 가능성이 높고 따라서 유전적 형질이 종의 다음 세대에 더 널리 퍼져 살아남아 내려옴으로써 진화가 일어난다는 것이다. 이러한 시각에서는 친사회적 행동도 개인, 집단, 문화의 생존 기회를 높이는 적응적 가치가 있기 때문에(Campbell, 1975; Dawkins, 1976; Sober & Wilson, 1998) 진화하게 되었다고 본다.

벌, 박쥐, 사자, 개코원숭이 등 다양한 동물 전반에서 종 안에서의 협동과 친사회적 행동이 매우 일반적으로 관찰되며 그중 많은 경우 이타적으로 행동하는 것으로 연구되었다(Clutton-Brock, 2002; Griffin& West, 2003). 사회생물학자인 Wilson에 따르면 자연에서 침팬지들이 사냥으로 획득한 먹이를 집단 내의 다른 침팬지들에게 나누어준다든지, 적의 출현을 처음 발견한 새 한 마리가 경고음을 내서 다른 새들을 보호하고 자신은 희생되는 것과 같은 이타적 행동을 쉽게 찾아볼 수 있다고 한다. 동물행동학에서는 그런 행동이 전체 집단을 위해 개별 개체들이 희생하는 것이라는 점을 강조하는 정도였으나 Wilson은 동물들의 이와 같은 이타적인 행동이야말로 오랜 진화의 과정에서 유전자 속에 각인된 본능적 행동이라고 해석하였다.

자신을 희생해서 다른 동물을 구하면 자기 후손을 가질 수 없고 결국 이들은 적자생존에서 살아남을 수 없게 되는데 어떻게 선천적인 이타적 경향이 진화하게 되었는가? 고전적 진화론의 시각에서는 자연선택은 개인 수준에서 발생한다고 주장함에 따라 다윈과 동시대 학자들은 여러 세대를 걸쳐 '유전자'가 미치는 영향력을 인식하지 못했다. 1960년대 초 고전적인 다윈주의 모델을 수정하려는 신다윈주의론은 진화가 일어나는 기본적 메커니즘을 '개인'의 생존 측면에서 '종'의 생존으로 바꾸어 논의하고 진화론적 성공에서 중요한 것은 유기체가 아니라 유전자의 생존이라고 보았다(Ridley와 Dawkins, 1989).

이러한 맥락에서 Hamilton(1964)은 "포괄적 적응도(inclusive fitness)"라는 개념을 만들었는데 이는 개인의 유전자가 이후의 유전자군(유전자풀: gene pool)에 전수, 계승되는 것을 말한다. 개체는 자신의 유전을 후손에게 직접 전달하거나 같은 유전자를 가진 다른 개체의(예를 들어 친척) 재생산을 도움으로써 자신의 적응도를 증대시킬 수 있다. 이타주의적 특성이 포괄적 적응도를 높이는 유전적 근거를 갖는다면 이타주의적 특성은 세대를 넘어 이어져 왔을 것이다. 따라서 신다윈주의적 진화 모델에서는 진화적 성공이란 자신의 유전자가 후속 세대에 생존하는 것으로 정의하며, 인간은 친사회적으로 행동할 유전적 소인을 가지고 있고 이러한 소인을 가진 사람들이 진화적으로 성공한다고 주장한다(Barrett et al., 2002, Buss 2003, Dawkins 1989). 친사회적 행동이 진화적 성공으로 이어지는 이유를 설명하기 위해 가장 흔히 제안되는 세 가지 진화적 과정 또는 메커니즘은 친족 선택, 상호 이타주의, 그리고 집단선택이다.

여기서 한 가지 짚고 넘어갈 점은 인간에게 있어 도움행동이나 이타행동은 우연한 결과가 아니라 다른 사람에게 도움을 주려는 개인의 의도나 동기에 근거한 것이다. 그런데 이는 사회심리학적 견해에서 볼 때의 정의다. 생물학자나 진화론자들이 볼 때 인간의 의도라는 것은 동물에게 적용할 수 없고 측정할 수도 없는 것이다. 따라서 이들에게 도움행동이나 이타행동이란 도움을 주는 사람이 비용을 들여 자신이 속한 종의 성원들이 생존하고 재생산되고 이후 세대에 유전자를 전수할 수 있는 가능성을 증가시키는 일체의 행위를 포괄하는 용어로 사용된다. 이와 같이 진화론에서는 한 개체의 희생이 자신의 유전자를 보전하는 수단이 되기 때문에 이타행동은 '이기적'인 행동으로 간주될 수 있다. 따라서 다윈의 이론은 당시에 가장 이기적인 개인이 생존할 가능성이 높다는 것을 의미하는 것으로 해석되었다. 이에 대해 몇몇 이론가들은 진화론과 이타주의 자체가 양립할 수 없다고 주장하기도 하고 어떤 학자들은 진화론 자체의 모순을 지적하기도 하지만 고전적인 진화론의 결점을 보충하려는 노력으로 새로운 진화론적 시각이 발전하게 된다.

① 친족선택(Kin Selection Theory) 이론

친족선택 이론은 유전적으로 관련이 있는 "친족 관계(두 개인이 공통으로 유전자를 공유하는 관계)"를 기꺼이 도우려는 경향에 관하여 강조한다. 가장 대표적인 예가 자식을 위한 부모의 희생으로 새들은 자기의 새끼를 위협하는 포식자가 다가오면 위험을 무릅쓰고 포식자를 유인하여 새끼가 있는 둥지에서 멀어지게 함으로써 새끼를 구한다. 다른 연구들에서도 동물들이 비혈족 관계나 낯선 이보다는 친족을 돕는 경향이 있다는 것을 보여준다. 예를 들어 Curry(1988)는 흉내지빠귀라는 새는 친족관계가 아닌 어린 새보다는 가까운 친족관계인 배고픈 어린 새에게 먹이를 더 준다는 것을 관찰하였다. Sherman(1985)은 얼룩다람쥐는 코요테나 족제비와 같은 포식자에게 공격받을 때 친족이 아닌 다람쥐보다 친족 다람쥐에게 더 경고해 준다는 것을 발견하였다.

친족을 위해 희생한다는 것은 진화론에서 무엇을 의미하는가? 새로운 진화론적 시각에서 재생산의 순수한 목적은 후세에게 자신의 유전자를 더 많이 물려주는 것이다(Alcock, 2001). 부모는 대략 50%의 유전자를 자신의 자식에게 물려준다. 따라서 만약 이타적인 아빠가 두 명의 자식의 생존을 위해 자신의 생명을 희생한다면 그의 유전적 종은 실질적으로 손실이 없는 것이다. 어떤 상황에서는 다른 친척을 돕는 이타주의자가 실질적으로 자신의 유전자를 이후 세대에 전수할 가능성을 높일 수 있다. 친족들이 가까이 살거나 친족을 알아볼 수 있다면 이타적 행위는 혈연을 위해 행해지고, 결국 이타적 유전자는 생존하게 되어 이기적 유전자보다 경쟁력에서 앞설 수 있다.

예를 들어 위기 상황에서 자신이 사는 것과 세 명의 형제를 구하는 것 중 어느 것이 행위자의 유전자를 보존할 가능성이 더 높은가? 답은 세 명의 형제이다. 모두 한 명의 자식을 갖는다고 가정하면 자신만을 구했을 때 유전적 이득은 0.5이다. 그러나 자신을 희생해서 세 명의 형제, 자매를 구했을 때 세 명 각자는 자신의 유전자를 0.5씩 공유하고 있으므로 유전적 이득의 가능성은 3명×0.5=1.5이다. 즉 이타적 행위가 이기적 행위보다 1.0 더 이득이 된다.

여러 종류의 다양한 문화에서 친족선택의 증거가 지지되었는데 13개의 인류학적 연구에서 일반적으로 친척이 더 도움을 받았고 특히 가까운 친척이 도움을 가장 많이 받았다(Essock-Vitale & McGuire, 1985). 유전적으로 더 관련된 친척일수록 서로 더 도왔는데, 신장 기증에 관한 연구(Borgida, Conner & Manteufal, 1992)에서는 친척이 그렇지 않은 경우보다 세 배

이상 기증한다는 것을 발견하였다(73% 대 27%).[2)]

친족선택에 관한 더 설득력 있는 증거를 제시하는 연구 중 하나가 Burnstein과 동료들(1994)의 미국과 일본 학생을 대상으로 한 시뮬레이션 연구이다. 이 연구 결과 양쪽 문화의 학생들 모두 생사에 관련된 상황(화재에서 사람을 구하는 경우)에서 건강한 친척을 건강하지 않은 친척보다 더 도울 가능성이 높았다. 이는 자신의 자손을 낳을 가능성이 더 높다고 가정되는 건강한 친척을 도움으로써 자신의 포괄적 적합성을 극대화하는 것이라고 보았다. 이러한 결과는 도움상황에서 사람들이 사회적 규범과 도움의 규칙과는 반대되는 행동을 한다는 점을 보여주는데 이는 친족 선택 이론과 일치하는 결과라고 강조한다.

그러나 친족선택 이론에서는 언제나 가까운 친척을 도울 것이라고 하지는 않는다. 오히려 친족선택 이론은 포괄적 적응에 이익이 될 때 더 도울 것이라는 점을 제시한다. 따라서 친족선택 이론에서는 친척이 자식이 없다면 가까운 친척이라도 그 생사를 도울 가능성은 감소한다고 예측한다. Burnstein과 동료들은 이런 아이디어를 검증하였다. 생존의 도움이 필요한 친척들의 연령이나 건강이 모두 다르다면 젊은 친척에 비해 자손을 낳을 수 있는 연령이 넘은 친척에게 생사가 달린 도움을 줄 가능성은 낮아진다. 또한 병약한 친척은 건강한 친척보다 일상적인 도움을 더 받지만, 생사가 달린 도움은 덜 받을 것이다. 친족선택 이론에 따르면 이는 병약한 친척의 "재생산적 가치"가 건강한 친척보다 낮기 때문이다. 즉 병약한 친척은 아이를 가질 가능성이 낮고 따라서 도움을 주는 사람에게 (포괄적 적응의 의미에서) 진화의 이득이 적다. 연구

---

2) 물론 친척 간의 도움은 다른 이유로도 설명 가능한데 예를 들어 사람들이 친척을 도와야 하는 사회적 압력으로 인해 의무감을 더 느꼈기 때문일 수 있다.

에서 참가자들은 자신의 포괄적 적응을 극대화할 수 있는 한도에서 친척을 돕는 결과를 보였다.

또 다른 연구에서는 친족선택을 다른 방법으로 검증하였는데 어떻게 조부모가 손주를 대하는가를 살펴보았다. 일반적으로 할머니와 할아버지들은 자신이 "부모라는 확신(즉 자식과 손주가 진짜 자기의 핏줄이라는 신뢰)"에 있어서 다르다. 여성인 할머니는 자신이 낳았는지 아닌지 확실히 알 수 있고 따라서 자신의 자녀가 자신과 혈연인지 아닌지를 확실히 안다. 만일 딸이 있다면 딸의 자식도 자신과 혈연관계임에 틀림없다. 그런데 할아버지의 경우는 조금 다르다. 부인이 다른 사람의 아이를 임신할 가능성이 언제나 있고 따라서 자신의 아들이 부인만의 핏줄일 수 있다. 따라서 할머니는 할아버지보다 훨씬 더 부모로서의 확신이 있다. 친족선택 이론은 모계의 할머니(외할머니)는 모계의 할아버지(외할아버지)나 부계의 할머니(친할머니)보다 자신의 손주를 더 잘 대우한다고 주장한다. Euler와 Witzel(1996)은 이러한 전제를 조사했는데 많은 조사대상자에게 어렸을 때 조부모가 어떻게 자신을 대했는지 기억하게 하였다. 예측한 바와 같이 모계 할머니가 가장 잘 보살피는 것으로 기억하였다. 모계의 할머니는 또한 부계 할아버지보다 손자에게 유산을 더 많이 남기려고 하였다(Hartung, 1985). 같은 맥락에서 이모와 외삼촌은 고모나 친삼촌보다 조카에게 더 관심을 보였다(Gaulin, McBurney, & Brakeman-Wartell, 1997; Laham, Gonsalkorale, & von Hippel, 2005). 더 일반적으로는 여성이 남성보다 더 도우려고 하는 것은 아마도 친족에 의해 더 영향받았기 때문일 수 있다고도 한다(Salmon & Daly, 1996). 이러한 모든 결과들은 누군가가 우리 친척이라고 확신할 때 더 도울 것이라는 점을 지지해 준다.

또 다른 연구들에서는 친족 선호와 관계에 대한 학습이 도움에 영향을 미치는지 강조하는데, 이는 어떻게 당연한 것으로 여겨지는 유전적 경향이 행동으로 옮겨지는가를 보여준다. Korchmaros와 Kenny(2001)는 참가자들에게 많은 친척들이 얼마나 정서적으로 친밀한지 평가하게 하고 생사가 달린 상황에 그들을 도와줄 의향이 있는지 질문하였다. 연구자들은 감정적인 거리가 유전적인 관계의 친족을 도우려는 의향에 부분적으로 영향을 미친다는 점을 발견하였다. 즉 사람들은 친척이 아닌 사람보다 친척을 더 돕는데 그 친척을 더 가깝게 느끼기 때문이다. Neyer와 Lang(2003)도 유사한 결과를 보고한다. 그러나 다른 연구에서는 대상에 대한 공감적 관심과 일체감이 친척을 더 돕는 데 영향을 미치지는 않는다고 하였다(Kruger, 2003). 따라서 친척을 더 돕는 심리학적 과정에 대한 조사는 앞으로 더 이루어져야 한다.

이란성 쌍둥이와 일란성 쌍둥이 간의 도움에 관한 비교는 이타주의의 친족선택 이론에 관한 증거를 더 제시해 준다(Segal, 1993). 일란성 쌍둥이는 똑같은 유전적 구조를 가지고 있지만 이란성 쌍둥이는 형제와 같이 50%의 유전자를 공유한다. 포괄적 적응도의 의미에서 일란성 쌍둥이는 이란성 쌍둥이보다 서로에게 더 이타적일 때 이익이 있을 것이라는 점을 주목하였다. 한 실험연구에서 Segal(1984)은 이란성 쌍둥이보다는 일란성 쌍둥이가 더 협동하는 것을 발견하였다. 두 쌍의 쌍둥이들은 IQ 수준도 유사했음에도 불구하고 일란성 쌍둥이가 이란성 쌍둥이보다 수수께끼 맞히기에서 더 협동하였다. 두 번째 과제에서는 쌍둥이들이 한 번은 자신의 이익을 위해 그리고 한 번은 쌍둥이 형제의 이익을 위해 일하게 하였는데 일란성 쌍둥이가 쌍둥이 형제를 위해 더 열심히 일했다. 개인적 목표를 위해 경쟁하거나 서로 간의 이익을 위해 다른 사람을 신뢰하고 협동하는 과제에서도 일란성 쌍둥이는 이란성 쌍둥이보다 더 협동적이었다(Segal, 1991).

Krebs(1987)에 따르면 진화이론은 비혈족에게 이타적으로 행동하는 진화적 경향을 배제하기는 하였지만 초기 인류는 혈족과 비혈족을 명확히 구분할 수 있는 능력을 지니고 있지 않았을 수 있다고 제의한다. 사실 우리는 다른 사람과 어느 정도 혈족관계인지 확실히 알지 못한다. 따라서 다른 사람에 대한 우리의 이타적 반응은 다음과 같은 몇 가지 요인에 의해 영향받을 수 있다. 친척이라고 여겨질 만한 사람이나 유전적 상관성의 단서가 있는 사람, 또는 우리의 진화 과정에서 유전적으로 높은 상관성이 있다고 여겨지는 사람(예를 들면 신체적 유사성이나 근접성 등).

친족선택에 관한 메커니즘에서 설명되지 않은 부분과 친족선택이 인간의 친사회적 행동을 얼마나 설명하는가에 대한 일반적인 비판(Caporael, 2001)에도 불구하고 친족선택 이론은 진화심리학자들 사이에 폭넓은 지지를 받고 있다(Buss, 2004). 또한 친족선택은 왜 사람들이 자신과 유사한 사람을 더 도울 가능성이 있는가를 설명해 준다. 사람들은 무의식적으로 유전적 관계와 유사성을 결부시킨다(Krebs, 1987). 물론 이 이론에도 한계가 있다. 예를 들어 친척이 아닌 사람이나 집단 사이에 일어나는 친사회적 행위의 기원을 직접적으로 설명하지 못한다. 따라서 우리는 보다 일반적인 이타적 성향을 설명하는 다른 진화적 과정안 상호 이타주의를 살펴볼 필요가 있다.

② 상호 이타주의(호혜적 이타주의)

상호 이타주의는 상호 간에 돕는 유전적 경향을 의미하는데 유전적으로 관련이 없는 사람들에게 도움을 주는 것의 진화적 이점을 설명하기 위해 제안되었다. Triver(1971)는 가장 먼저 상호 이타주의라는 용어를 사용하였는데 이타적 행동은 상호적으로 보답을 받는다면 진화적으로 유리하다는 점을 강조한다. 상호호혜의 규범(Gouldner, 1960)은 세계의 모든 문화에서 존재하는 것으로 보이며(Schroeder et al., 1995), 사람들은 도움을 주는 사람에게 더 많은 도움을 주는 경향이 있다(Boster et al., 2001).

친사회적 맥락에서 규범은 자신을 도왔던 사람을 도와야 한다고 규정한다. 여러 문화에서 나타나는 행동의 유사성은 아마도 유전적 영향과 관련이 있을 수 있다. 상호 이타주의는 모든 참여자가 일제히 호혜적으로 이익을 주고받는 협동을 가장 잘 설명하는 개념이다. 예를 들어 펭귄은 서로 모여 있음으로 인해 열기를 유지하게 되고 결국 개개의 펭귄은 추운 겨울 날씨에 몸을 덜 노출하게 된다. 상호 이타주의는 또한 왜 사람들이 이전에 자신을 도왔던 사람을 돕게 되는가를 설명하는데, 본질적으로 다른 사람에게 좋은 일을 하면 그들이 다시 좋은 일로 되갚을 것이라는 '황금률'을 주장한다.

도움을 준 사람에게 즉각적으로 이득이 오지 않는데도 친척이 아닌 사람을 돕는 성향이 발달하는 이유를 설명하기는 어려운데 친척이 아닌 사람을 돕는 것은 돕는 사람에게 어느 정도 위험을 주기 때문이다. Rothstein과 Pierotti(1988)는 "쉬운" 형태의 협동(펭귄들이 모여 있는 것과 같은 협동)이 우선적으로 진화했을 수 있고 오랜 기간을 거쳐 보다 복잡한 유형의 호혜적인 도움이 발전되는 기반이 마련되었을 것이라고 주장한다. 나눔, 도움, 그리고 협동이 행동적으로 유사하기 때문에 이러한 것들은 감정적으로 서로 관련되었을 것이라고 강조한다. 나눔의 유전적 선택은 도움과 관련된 긍정적 감정이나 도움을 선호하는 규범 및 윤리를 유발하게 되었을 것이라고 본다.

그러나 왜 상호 이타주의가 진화적으로 성공적인 전략이 될 수 있는지 여전히 설명하지 못한다. 즉 우리의 친척이 생존하고 재생산하는 것을 돕는 것은 유전적으로 거의 이득이 되지만 낯선 사람을 도왔을 때는 그들이 호의를 되갚을 경우에만 이득이 된다. 만일 호혜적이지 않다면 돕는 행위에는 큰 비용이 들고 거의 이득이 없거나 아무 이익이 없게 된다. 따라서 상호 이타주의는 누가 도움을 되갚을지 아닌지를 미리 알 수 있을 때 가능하다. Cosmides와 Tooby(1992)는 사회계약 이론을 통해 인간이 이러한 기술을 발전시켜 왔다고 제시한다. 사람들이 누군가를 도우면 대부분의 경우 도움을 받은 사람이 자신을 다시 돕기 전에 시간이 지나가 버린다는 기본적인 문제를 가지고 있다. 따라서 누가 앞으로 도울 것인가를 정확히 판단해야만 한다. 그러기 위해서는 사람들은 다섯 가지 관련된 기술과 능력을 가져야 한다. 사람을 구별하는 것, 특정한 사람과 자신과의 과거의 상호작용을 기억하는 것, 자신이 무엇을 원하고 필요로 하는지 다른 사람이 알게 하는 것, 그 사람이 무엇을 원하고 요구하는지 이해하는 것, 그리고 다양한 인간 상호작용에 관련된 비용과 이득을 아는 것이다.

Cosmides와 Tooby(1992)는 사람들이 실질적인 도움의 비용과 이득, 그리고 누가 사기꾼인지 아닌지 등을 알아내는 것에 매우 능숙하다는 사실을 보여주는 여러 개의 실험을 수행했다(Dunba, 1999). 인간은 사기꾼을 찾아내도록 특별히 설계된 심리학적 기제를 진화시켜 왔다는 것이다(Buss, 2004). 비록 이러한 결론이 많은 이론가들에 의해서 받아들여졌지만 다른 학자들은(Cheng & Holyoak, 1989) 이렇게 복잡하고 특수한 사고 과정이 진화과정에서 발전될 수 있는가에 의문을 제기하고 대신 복잡한 형태의 추론을 할 수 있는 인간의 능력을 제시한다.

이러한 논쟁의 결론이 무엇이든 간에 사회계약을 위반했을 때 보이는 부정적인 반응이 신경계통에 기반하고 있다는 증거가 있다. 예를 들어 Stone과 그녀의 동료들(Stone, Cosmides, Toobt, Kroll, & Knight, 2002)은 뇌 손상이 있는 사람들과 정상적인 사람들에게 여러 종류의 추론 문제를 주고 이 문제를 수행하는 것을 비교하였다. 두 집단은 모두 위험한 행동을 하기 전에 미리 주의해야 할 문제를 똑같이 이해하였지만 뇌 손상이 있는 사람들은 상호작용에 있어 자신이 받는 이득이 비용에 비례해야 한다는 호혜의 개념을 이해하는 데 더 문제가 있었다.

상호 이타주의가 오랫동안 지속되기 위해서는 속이는 사람을 벌하고 속이는 것을 자발적으로 삼가는 사회화 방법을 찾아내야 할 필요가 있다. 진화론자들은 이를 가능하게 할 수 있는 한 가지 방법이 속이는 것을 신속하고 심각하게 처벌하려는 강한 감정을 진화시키는 것이라 강조하고, 이러한 감정을 통해 속이는 사람들은 번창하지 못하게 된다고 주장한다. Trivers에 따르면 도덕적으로 속이는 사람을 찾아내어 처벌하는 성향과 자신이 받은 도움에 보답하지 못했을 때 죄책감을 느끼는 것은 진화론적으로 선택되었다고 주장한다. de Quervain과 동료들(2004)은 다른 사람과의 상호작용에서 속이는 사람을 처벌하는 것과 연관된 뇌의 과정과 기제를 조사하였다. 특히 연구자들은 경제적 교환에서 협동적이지 않은 사람들을 처벌하는 동안의 뇌를 스캔하였는데 사람들이 속이는 사람을 처벌함으로써 만족감을 얻는다는 점을 제시하였다. 그러나 아직 이것이 선천적인 것이지 학습된 반응인지는 명확하게 밝혀지지 않았다.

상호 이타주의는 개체 간의 이타적 행동에 초점을 두었는데 자연선택이 개체 수준이 아닌 집단 수준에서 작용한다고 주장하는 이론이 나오게 되는데 바로 집단선택 이론이다. 다음 부분에서는 이타적 행동에 관한 집단선택 이론의 주장에 대하여 살펴보도록 한다.

③ 집단선택 이론(Group Selection Theory)

이타주의를 설명하기 위해 사용되어 온 마지막 메커니즘은 집단선택 이론이다(Boehm, 2000; Campbell, 1975; Wilson & Sober, 1999). 집단선택 이론은 이기적 유전자 이론에 대한 반대 이론으로 이타주의도 진화의 산물로서 나타난다고 강조한다. 생존경쟁에서 집단은 하나의 단일한 적응 단위라고 보며 자연선택은 집단수준에서 작용할 수 있는데, 이타적 성원의 집단은 전적으로 이기적인 성원으로 구성된 집단보다 멸종될 가능성이 적다는 것이다. 만일 두 집단이 서로 직접적인 경쟁 관계에 있다면 이타주의자(즉 집단을 위해서 자신을 기꺼이 희생하려고 하는 사람)의 비율이 높은 집단이 이기적 개인만으로 구성된 집단보다 확실히 더 이득을 가진다는 것이다.

같은 규모의 A 집단과 B 집단이 서로 경쟁 관계에 있고 A 집단은 이기적 구성원들이 다수를 차지하고 있고, B 집단은 이타적 구성원들이 다수를 차지하고 있다고 가정한다면 A와 B 두 집단 중 어떤 집단이 경쟁에서 승리하게 되겠는가? 직관적으로도 이타적 구성원들이 다수인 B 집단이 승리할 확률이 높아 보인다. A 집단의 이기적 구성원들이 자신의 생존을 위해 서로 협력한다고 할지라도 다른 사람을 위해서 자신을 희생하는 B 집단의 협력체제를 능가하기는 어려울 것이기 때문이다. 경쟁에서 승리한 집단은 더 많은 자손을 퍼트리게 될 것이다. 이것은 결국 이기주의적 집단보다는 이타주의적 집단이 더욱 늘어난다는 이야기가 된다. 물론 이때에도 살아남은 B 집단 내에서의 이기주의적 구성원들과 이타주의적 구성원들의 적합도는 차이가 날 수 있다. 간단히 말하자면 살아남은 집단 내부에서 이기주의적 구성원들이 이타주의적 구성원들보다는 상대적으로 이로울 수 있다. 그렇지만 이타주의적 집단들의 적합성이 높으므로 이타주의자는 전체적으로는 더욱 확산될 것이다. 이타적 집단은 이기적 집단보다 우세할 것이고 명백하게 재생산의 이득을 갖는다. 따라서 인구 수준에서 이타적 특성의 개인은 이기적 특성의 개인에 비해 증가하게 될 것이다.

집단선택 이론의 초기 형태는 개인 수준의 선택이론(예를 들어 친족선택이론)과 어느 정도 반대되는 입장이었지만, 최근 연구에서는 양쪽 수준에서 모두 선택이 일어난다고 한다(일명 다수준 선택이론이라고 한다; McAndrew, 2002). 심리학자들에 따르면 집단선택 이론의 주요 문제는 이를 검증하는 방법이다. 생물학자들은 집단선택이 일어날 수 있게 하는 조건은 자연에서 거의 존재하지 않는다고 주장한다(Williams, 1966).

집단선택 이론에서 강조하는 주요 설명은 경험적 결과보다는 논리에 근거하는 것으로 직접적인 실증적 조사를 보여주지 못하여서 친사회적 성향의 진화론적 설명에 관심이 있는 학자나 행동과학자들의 지지를 약하게 만들기도 한다(Buss, 2003). 그러나 이것이 집단선택 이론의 설명이 틀렸다는 것을 의미하지는 않는다. Caporael(2001)은 집단선택 이론이 인간의 사회적 행동을 이해하는 데 필수적이라고 강조하고 집단 이타적 행동이 집단의 생존에 중요한 역할을 한다는 설득력 있는 논거를 제시하였다.

진화이론은 논란의 여지가 있으며 진화론에 대한 비판자들도 존재한다(예를 들어 Rachlin, 2002). 그럼에도 불구하고 진화론은 친사회적 행동의 분야에서 상당한 연구를 촉진시켰고 다른 생산적인 연구 방향들을 제시하도록 자극하였다. 특히 이타적 경향이 유전자를 통해 세대에서 세대로 전달된다는 제안은 두 가지 구체적인 함의를 가진다. 첫째는 이타적 행동을 촉진하는 생리학적 또는 신경학적 과정이 존재한다는 것이고, 둘째는 이타적 반응을 촉진하는 일부 과정은 유전적으로 전달된다는 점이다. 이와 관련된 이론과 최근의 연구를 다음 부분에서 소개한다.

(2) 생물학적 및 유전적 설명

최근에는 친사회적 행동을 신경 해부학과 신경 화학으로 설명하려는 시도가 있었다. 이러한 모델들은 많은 부분에서 차이가 있지만[3] 기본 가정에서 공통점을 가지는데 대부분 사람들이 반사적으로 친사회적 행동을 하지 않으며 대신 친사회적 행동을 유도하는 생물학적 기반의 정서적 또는 동기적 상태가 먼저 존재한다는 점이다.

생리학적 및 유전적 접근법에서는 이러한 상태를 초래하는 과정 또는 메커니즘을 구체적으로 규명하려고 한다. Buck(1999, 2002)은 생물학적 정서(affects)에 초점을 맞추었는데 선천적인 신경 화학적 기초를 갖는 이타적이고 이기적인 정서가 존재한다고 주장한다. 그는 왼쪽 반구가 오른쪽 반구보다 이타적인 감정 및 느낌과 더 강하게 연관되어 있다고 제시하였다. 또한 이러한 감정이 종족 간의 긍정적인 의사소통을 촉진하고 그 결과 협력적 교환이 이루어져 파트너들에게 진화적 이점을 주게 된다고 주장한다. 따라서 '의사소통 유전자'가 진정한 이타주

---

3) 신경해부학은 신경계의 구조와 기능을 연구하는 분야로 중추신경계(뇌와 척수)와 말초신경계의 해부학적 구조를 이해하는 데 중점을 둔다. 반면 신경화학은 신경계 내의 화학적 과정과 물질을 연구하는 분야로 신경전달물질, 신경펩타이드 및 기타 분자들이 뇌의 기능에 미치는 영향을 분석한다.

의의 기초를 이룬다고 보았다. 하지만 Buck의 아이디어는 Gray(2002)에 의해 강하게 비판받았는데 그는 왼쪽과 오른쪽 반구 간의 차이가 이타적 및 이기적인 감정에 반영된다는 제안에 대한 경험적 증거가 상대적으로 부족하다고 주장한다.

이타적 행동의 기초가 되는 생물학적 메커니즘을 이해하려는 또 다른 시도는 더 구체적으로 공감(empathy)에 초점을 맞추었다. 공감은 다른 존재의 감정 상태를 인식하고 그것을 대리 경험하는 능력을 의미한다. 일반적으로 공감 반응은 많은 이타적 행동의 전조로 여겨지지만(물론 모든 경우가 그런 것은 아니다) 공감 반응은 대부분의 종에서 발견되며, 인간의 경우 출생 직후부터 나타난다고 알려져 있고(Preston & de Waal, 2002) 이는 공감이 선천적인 반응임을 시사한다.

Preston과 de Waal(2002)은 신경해부학의 관점에서 공감 반응에 관한 보다 정교한 모델을 제시하였다. 그들의 지각-행동 모델(perception-action model)에 따르면 개인이 다른 사람의 정서 상태를 인식할 때 그에 상응하는 자신의 정서적 표현이 자동으로 활성화된다고 한다. 즉 타인의 감정을 인식함으로써 개인의 신경망에서 자동으로 자율 신경 및 신체 반응이 유발된다고 제안하는데 이 반응은 학습이나 경험에 의해 억제될 수 있다고 본다. Buck과 마찬가지로 Preston과 de Waal은 진화론에서 주장하는 친족 선택과 상호 이타주의가 친사회적 성향의 진화를 이끄는 핵심 과정이라는 가정에 의문을 제기한다. 대신 인간이 가족과 상호 이익을 나누는 사람들과 많은 시간을 보내기 때문에 이들을 돕는 것은 '매우 적응적인 신경계 조직'의 결과라고 주장한다. 즉 공감을 경험하는 유전적 소질(predisposion)이 도움행동과 친사회적 행동을 하게 만든다는 것이다.

이 관점은 논란이 많은데 공감 반응의 기저를 신경해부학과 신경화학의 접근으로 보았다는 점과 생물학적인 환원주의적 관점이라는 점, 그리고 복잡한 사회 과정을 과도하게 단순화하여 보았다는 점에서 비판을 받는다. Buck과 Preston과 de Waal의 이론은 신경영상과 같은 직접적인 실증적 검증을 받지 않았지만 어떻게 인간의 신경계 구조가 친사회적 행동을 할 수 있도록 하는지에 관한 흥미로운 단서를 제공할 뿐만 아니라 친사회적 행동이 유전적 기초를 가지고 있음을 시사해 준다.

비록 단일의 이타적 유전자는 없지만 특정 유전자들의 복합적 조합의 결과로 이타적 행동과 관련된 정서적 및 행동적 능력이나 경향이 존재한다. 친사회적 행동과 관련된 경향의 유전가능성(heritability)에 대한 연구가 진행되어 왔으며 유전적 및 환경적 영향이 친사회적 경향에 미치는 상대적 역할에 대해서도 연구가 있었다. 유전가능성에 관한 연구는 대부분 다양한 쌍둥이 연구를 이용하였는데 공감에 있어 사람들의 차이를 유전적 영향으로 설명할 수 있는 비율을 추정하였다. 여러 연구들은 적어도 유전가능성이 공감(자기가 보고한)에 대한 개인 간 변동성을 설명하는 데 어느 정도 역할을 한다는 데 동의하지만, 그 범위는 매우 다양하다. Krueger et al.(2001)의 연구에서도 친사회적 행동의 유전적 원인에 대한 증거를 발견하지 못했지만, 이들의 연구는 공감이나 다른 친사회적 사고/감정을 다루지 않았다는 제한점이 있기는 하다.

(3) 발달 이론적 설명

발달심리학에서는 친사회적 행동이 어떻게 시작되고 이루어지는지에 관한 발달 과정을 중심으로 연구되어 왔는데 그중 생물학적 접근으로는 사회인지 발달 접근과 기질 접근이 있다(Schroeder & Graziano, 2015).

사회인지 발달 접근에서는 친사회적 행동도 인지적 발달과 환경적 요인의 상호작용에 따라 발달한다고 본다. 따라서 인지 능력의 발달은 친사회적 행동의 선행조건으로 유아는 연령이 증가함에 따라 타인의 관점과 감정 및 입장을 이해하는 인지능력이 발달하고 다른 사람의 입장을 받아들이는 능력이 생기면서 곤경에 처한 사람의 요구를 정확하게 해석하고 느낄 수 있게 된다(Honing & Charney, 1982).

기질 접근에서 기질(temperament)은 환경에 반응하는 일반적 방식으로 주로 유전적 요인에 의해 결정된다고 가정된다. 기질은 사람의 성격 형성에 중요한 역할을 하며 어린 시절부터 나타나는 정서적 반응의 차이를 포함한다. 그러나 친사회적 기질이라는 개념을 주장하는 학자는 없고 대신 특정한 정서적 및 행동적 성향이 다른 변수들과 상호작용하여 친사회적 행동의 개인차를 만들어 낸다는 연구가 일반적이다.

이러한 관점은 Eisenberg의 연구(Eisenberg et al., 2000)에서 가장 명확하게 나타난다. Eisenberg는 감정성(또는 정서성)(emotionality)이 다른 변수들과 어떻게 상호작용하여 아동의 공감(empathy)과 다른 친사회적 반응에 영향을 미치는지에 대해 집중적으로 연구하였다. 긍정적인 감정성을 지닌 아동은 더 친사회적인 경향을 보이는 반면, 부정적인 감정성을 지닌 아동은 그들이 느끼는 부정적인 감정의 종류와 그들의 감정 조절 능력에 따라 친사회적인지 아닌지가 달라진다고 주장한다. 즉 아동이 슬프거나 불안할 때 감정 조절 능력이 있으면 오히려 친사회적 반응이 증가할 수 있지만 만약 그들이 감정을 조절할 수 없다면 슬픔과 불안은 친사회적 행동을 감소시키는 결과를 초래할 수 있다는 것이다(Grusec et al., 2002).

친사회적 성향의 차이의 기원에 대한 생물학적인 모델로의 전환이 환경적 요인을 완전히 배제하는 방향으로 연구되지는 않았다. Eisenberg와 동료들(2000)과 Zhou와 동료들(2002)에 따르면 어머니가 공감적이고 따뜻하며 타인의 관점을 이해하는 능력이 뛰어나고 위로하는 능력이 있는 경우 그들의 자녀들도 매우 공감적이라고 보고했다. 사람들이 성장하면서 친사회적 반응이 어떻게 발달하는지를 연구하기 위해 발달심리학은 사회화 과정에도 많은 관심을 기울였다(Grusec, 1991). Hastings와 동료들(2000)의 종단 연구에서는 권위적인 양육 스타일이 더 많은 친사회적 행동과 관련이 있음을 발견하였다.

친사회적 행동에 대한 발달적 분석은 본성과 양육의 상호작용을 다루고 있으며 친사회적 성향의 개인차를 다루고 있다는 점에서 그 의미가 있다. 많은 발달 심리학자가 친사회적 사고, 감정 및 행동에서의 차이에 관련된 안정적인 개인적 특성을 찾아내려고 시도하였는데 이는 친사회적 행동의 중요한 요소인 성격(personality)의 영향에 관한 연구로 이어지게 되었다.

(4) 성격 이론적 설명

어린이들이 공감 능력과 친사회적 경향에 차이를 보인다는 견해는 꽤 오랫동안 인정되어 온 사실이다. 최근에는 이러한 경향들이 생애 전반에 걸쳐 비교적 안정적이라는 관점이 발전하였다. 연구들에 따르면 기질과 성격이 일반적으로 장기적인 일관성을 보인다고 하는데(Caspi et al., 2003) 친사회적 성향도 마찬가지이다. 예를 들어 Eisenberg와 동료들(2002)은 어린 시절의 친사회적 성향은 5년 후 청년기에도 안정적이었는데 이러한 성향은 어린 시절에 조사된 공감과 친사회적 반응과 관련이 있었다. 또한 Atkins와 동료들(2004)은 '유형' 접근법을 사용하여 어린이들을 '회복력 있는(resilient)', '과잉 통제된(overcontrolled)', '통제되지 않은(uncontrolled)' 유형으로 분류했는데, 회복력 있는 아이들이 10년 후 자원봉사자가 될 가능성이 다른 두 유형보다 높다는 결과를 보였다.

추가적인 연구들은 다른 개인적 특성들이 친사회적 행동과 관계가 있는지 탐구하였다. Graziano와 Eisenberg(1997)와 다른 연구자들(예를 들어 Ashton 동료들의 연구, 1998)은 인간의 성격을 다섯 가지 주요 차원으로 분류하는 모델[4]에서 원만성(agreeableness)의 차이가 사람들의 친사회적 행동 경향에 차이를 유발할 수 있다고 주장했다. 이 주장과 일치하는 연구 결과로 Graziano와 동료들(2004)은 원만성이 상황 변수(예를 들어 내집단 대 외집단)와 상호작용하여 친사회적 행동에 영향을 미친다는 사실을 발견했다. 또한 원만성과 강하게 연관된 성격 특성들은 친사회적 행동과도 상관관계가 있음을 보여주었다. Davis와 동료들의 여러 연구(Davis, 1994; Davis et al., 1999)에서는 공감 경향에 있어 성향 차이는 기부나 자원봉사와 같은 친사회적 행동의 차이로 나타난다는 점을 보여주었다. 결국 여러 연구들은 원만성과 같은 성격 특성이 친사회적으로 행동하는 정도에 중요한 역할을 한다는 점과 공감 능력이 이러한 행동을 촉진하는 중요한 요소로 작용한다는 점을 강조한다.

친사회적 행동과 관련된 성격 특성에 대한 연구를 확장한 Penner와 동료들(1995)은 친사회적 성격을 구성하는 특성들(traits)을 연구하였다.

---

4) 빅 5 성격 이론은 인간의 성격을 다섯 가지 주요 차원으로 분류하는 심리학적 모델로 다섯 가지 성격 특성은 개방성(Openness), 성실성(Conscientiousness), 외향성(Extraversion), 원만성(Agreeableness), 신경증(Neuroticism)이다.

이 연구는 요인분석을 통해 친사회적 성격을 두 가지 차원으로 구분하였다. 첫 번째 차원은 친사회적 사고와 감정에 관한 것으로 책임감, 인지적 및 감정적 공감(즉 타자 지향적 공감)을 포함한다. 첫 번째 차원은 대체로 원만성(agreeableness)의 측정과 상관이 있고(Graziano et al., 2004; Penner et al., 1995) 기질적 공감과도 상관이 있으며, Eisenberg과 동료들(2002)이 친사회적 행동과 관련이 있다고 믿는 성격 특성들(공감 능력, 친화성, 자기 주장성, 도덕적 판단 능력)과도 상당 부분 공통적이었다. 두 번째 차원은 자신이 유능하고 도움이 되는 사람이라고 인식하는 자기지각이다. 이 차원은 자신을 도움이 되는 사람으로 간주하는 경향을 나타낸다. 이러한 두 가지 차원은 홀로코스트에서 유대인을 구한 사람들에 대한 Oliners(1988)의 연구와 개념적으로 일치하고, 평생 이타적이거나 도덕적으로 살았다고 확인된 23명의 사람들에 대한 Colby와 Damon(1992)의 연구와도 일맥상통하였다.

Penner와 다른 연구자들은 친사회적 성향과 친사회적 행동 간의 중요한 관계를 보여주기 위해 대인관계 도움부터 자원봉사, 그리고 직장에서 동료나 조직을 돕는 행동까지 연구하였다(Borman et al., 2002; Eisenberg et al., 2002; Penner, 2002; Unger & Thumuluri, 1997). 이러한 연구 결과들은 광범위한 친사회적 행동과 일관되게 관련된 친사회적 성격을 구성하는 특성들이 있을 수 있음을 시사한다. 즉 일정한 특성들의 집합이 친사회적 성격을 형성하고, 이 성격이 다양한 친사회적 행동과 연관된다고 볼 수 있다. 그럼에도 불구하고 왜 이러한 성격 특성들이 친사회적 행동으로 이어지는지에 대한 구체적 메커니즘은 아직 충분히 밝혀지지 않았고 이에 대한 향후 연구가 계속 필요하다.

'인간의 친사회적 행동은 생물학적 요인에 근거하는가?'가 우리의 질문이었다. 즉 '인간은 천성적으로 타인의 고통에 대한 긍정적 감정을 가지고 도우려는 의도로 반응하는 경향이 있는가'에 관한 것이었다. 이러한 간단한 질문은 다른 단순한 질문들과 마찬가지로 매우 복잡한 답을 가지고 있음이 밝혀졌다. 이러한 복잡성의 주요한 이유는 행동에 미치는 유전적 영향을 단순히 환경적 요인과 분리하기가 불가능하기 때문이다. 각각은 서로 영향을 주기 때문에 친사회적 행동이나 이타주의와 같은 복잡한 사회적 행동을 만드는 데 두 요인이 함께 작용한다. 그러나 이러한 중요한 조건과 함께 우리는 인간의 친사회적 행동이 어느 정도 생물학적 근거가 있다는 결론을 내릴 수 있다. 이러한 결론을 지지하는 증거가 비교문화 연구나 여러 종의 행동 비교, 행동 유전의 조사, 그리고 신생아의 관찰 등에서 보였기 때문이다. 현대 진화이론(진화론적 성공의 핵심을 유전자라고 강조하는)은 이타주의는 인간을 포함한 모든 동물의 생존에 필수적일 수 있다는 강력한 주장을 한다. 도움에 있어 혈연 선택에 근거한 도움과 같은 과정들이 도우려는 경향이 있는 사람들의 진화적 이득을 제공했을 수 있고, 상호 이타주의는 왜 관계없는 사람들에 대한 친사회적 행위가 이득을 주는지 설명할 수 있다고 주장한다.

특정한 유전자가 이타적 행동을 유발하는 직접적인 원인이라고 보이지는 않는다. 인간의 행동은 동기, 의사 결정, 행위 등의 복합적 요인과 관련이 있어 DNA가 직접적인 영향을 미친다고 단적으로 결론짓기 힘들다. 오히려 행동은 여러 가지 유전자가 다른 요인들과 복합적으로 작용하여 간접적인 영향을 미친다고 볼 수 있다. 유전적 영향은 사람들이 특정한 방식이나 능력(예를 들어 공감적으로 반응하는 능력과 다른 사람의 감정 상태를 효과적으로 이해하는 능력)으로 행위하는 일반적 경향을 가질 수 있게 간접적으로 작용한다. 다른 사람의 행동에 반응하는 이러한 경향은 이타적 행동이 일어날 가능성을 훨씬 더 높여준다. 다른 사람의 괴로움에 공감하는 자연적 성향이 있는 것으로 보이지만 이러한 반응은 학습경험을 통해 조정될 수도 있다. 따라서 다른 사람에게 도움을 기꺼이 제공하려는 사람의 마음은 적어도 생물학적 근거를 가질 수 있지만 어떤 경향성은 자연과 교육의 생산물이고 이 두 가지를 분리할 수는 없다는 것을 알 수 있다. 결국 유전적 과정뿐만 아니라 환경, 사회, 문화적 영향이 모두 중요하다. 따라서 인간의 행동이나 성격이 단순히 타고 태어난 것인지 환경에 의한 것인지를 질문하는 것은 적절하지 못하다고 볼 수 있다.

2) 문화적 영향

친사회적 행동에 있어 환경요인을 강조하는 입장에서는 문화적 과정이나 규범을 통한 친사회적 행동의 사회화와 교육을 강조한다. 즉 친사회적 행동에 영향을 미치는 요인으로 규범, 가치, 법, 풍습, 도덕적 전통 등에 초점을 두는데 이 중 규범은 사회심리학자들이 주목해서 연구해 온 주요 분야이다(Rokeach, 1973; Schwartz and Howard, 1981; Vidmar and Miller, 1980). 일반적으로 통용되는 규범의 개념은 '구성원들이 어떻게 행동해야 하는가'와 같이 구성원들에게 기대되는 규칙이나 기준들을 말한다. 즉 모든 구성원에게 적용되는 규칙으로 무엇을 하고, 무엇을 하지 말아야 하는가를 규정한다.

친사회적 행동과 관련된 몇 가지 유형의 규범에 사회심리학자들은 주의를 기울여 왔는데 대표적인 것이 사회적 책임의 규범과 호혜성의 규범으로 이에 대해서는 4장에서 자세히 다루기로 한다. 여기서는 사회심리학자들이 주로 연구해 온 친사회적 행동의 규범적 동기들을 살펴보고 이러한 규범이 어떠한 과정을 통해 사회화되고 내면화되는지 개괄적으로 알아보기로 한다.

(1) 규범

일반적으로 남을 돕는 행동이나 친사회적 행동은 사회에서 인정되는 규범적 행동으로 어려서부터 이러한 행동을 배우고 자라게 되는데, 규범에 맞는 행동을 하면 칭찬을 받고 그렇지 않으면 비난을 받게 된다. 특히 두 가지 사회규범이 남을 돕는 행동과 관련이 있는데 하나는 도움에 관한 일반적인 기준과 기대에 관한 사회적 책임의 규범(Berkowitz, 1972)이고 다른 하나는 호혜성의 규범(Gouldner, 1960)으로 이는 형평(Walster, Walster, & Berscheid, 1978), 정의(Lerner, 1980)와 같이 공정함과 관련된 규범이다.

사회적 책임의 규범(the norm of social responsibility)이란 사람들은 자신에게 의지하는 사람을 도와주어야 한다는 규범으로, 왜 장애인이나 어려움에 처한 사람들을 더 도와야 하는지, 그리고 돕게 되는지를 설명해 준다. 사고가 일어난 상황에서 유일한 목격자는 당연히 사고를 당한 사람을 도와주어야 하는 사회적 책임감이 있고 길을 잃은 어린아이가 울고 있는 것을 보면 부모를 찾아주도록 도와야 하는 것이 인지상정이다.

호혜성의 규범(the norm of reciprocity)이란 자신을 도와주었던 사람이 어려운 상황에 놓이면 도와주어야 한다는 규범이다. 호혜성의 규범에는 정당한 이유 없이 자신을 돕지 않은 사람을 돕지 않아야 한다는 점도 내포하고 있다. 이는 공적인 행위뿐만 아니라 매우 사적이거나 익명의 행위에까지 영향을 미친다. 호혜성의 규범은 많은 문화에서 사용되고 보편적인 것으로 고려된다(Gouldner, 1960; Komter, 1996; Triandis, 1978).

(2) 사회화

사람들은 태어나면서부터 자신이 속한 사회의 행동양식, 가치관, 규범과 같은 문화를 배우고 내면화한다. 사회화의 과정 동안 어린이들은 특별한 상황에서의 적절한 행동에 대한 규칙과 규약을 배운다. 사회화 과정에 관한 연구는 특히 사회학습 이론가들에 의해서 이루어져 왔고 친사회적 행동의 학습에 관한 대부분의 연구는 1960년대와 1970년대에 조사되었다(Bandura, 1977; Hoffman, 1977; Rushton, 1980; Staub, 1979). 친사회적 행동의 학습에 있어 중요한 기제로 제시되는 것은 다른 연구의 전제와 마찬가지로 강화와 모델링이다. 강화는 보상과 처벌에 기초한다. 사회학습이론가들은 긍정적 강화(바람직한 행동에 대한 보상의 제공)와 부정적 강화(바람직한 행동에 대한 혐오자극의 제거)가 어린이들의 친사회적 행동에 영향을 미친다는 것을 발견하였다(Fischer, 1963; Gelfand and Hartmann, 1982; Rushton and Teachman, 1978). 나눔에 관한 연구에서 긍정적인 강화조건에서 나눔이 가장 높게 나타났고 중립적 조건에서 중간이었고 부정적인 강화조건에서 가장 낮게 나타났다(Rushton & Teachman, 1978).

일반적으로 긍정적 강화는 사회적 보상(예를 들어 칭찬)이나 물질적 보상(돈)에 근거한다. 그런데 물질적 보상의 경우 돕는 것이 외적 요인에 근거하게 되므로 외적 귀인이 강조된다. 반면 사회적 보상은 '나는 그런 사람이기 때문에 돕는다'와 같은 내적 귀인의 입장에서 설명하게 된다(Gelfand & Hartmann, 1982). 따라서 친사회적 행동에 대하여 물질적 보상을 주는 것은 도우려는 순수한 동기를 손상시켜 실패할 수 있다는 연구가 있다(Fabes, Fultz, Eisenberg, May-Plumlee, & Christopher, 1989). 한편, 사회적 승인은 친사회적 행동을 장려하지만, 사회적으로 승인하지 않는 것은 친사회적 행동의 가능성을 감소시킬 수도 있다.

친사회적 행동은 직접적인 강화에 의해서만이 아니라 간접적인 학습 즉 관찰학습과 모방을 포함하는 모델링에 의해서도 영향을 받는다. 사회학습이론가들은 이타적 행동의 모델링에 대하여 조사해 왔다(Rushton, 1975, 1980, 1982). Williamson과 동료들(2013)의 연구에 따르면 2세의 유아가 비디오에서 성인이 도움을 주는 장면을 보고 실제로 부모가 고통을 겪을 때 비디오에서 본 도움행동을 모방한다는 것을 보여주었다. 친사회적 행동의 모델링 효과는 어린이에게만 제한되어 있지 않고 어른에게서도 관찰되는데 메타 분석에 따르면 88개의 연구에서 25,354명의 참가자를 대상으로 한 결과에서 이와 같은 결과가 보인다(Jung & Seo et al., 2020). 위기 상황에서 모델이 수동성을 보이면 이는 관찰자에게 친사회적 행동이 부적당하다는 것으로 제시되기 때문에 모델은 친사회적 행동의 가능성을 감소시킬 수도 있다.

모델이 친사회적 행동을 촉진하거나 저하시킨다는 것은 무엇이 정당하고 적절하며 무엇이 사회적 규칙에 맞는 것인지에 대한 정보를 모델링에 포함하는 것이다. 모델링에 관한 연구에서 관대한 모델을 본 어린이보다 이기적 모델을 본 어린이들이 적은 토큰을 기부했고, 중간 정도의 아량이 있는 모델은 중간 수준의 나눔을 유발하는 것으로 나타났다(Rushton & Littelfiedl, 1979, Rushton, 1982). 또한 약한 모델보다 강한 모델(큰 보상을 제공해 줄 수 있는 모델)의 친사회적 행동을 훨씬 더 모방하였다(Grusec, 1971). 실제 모델과 비디오 모델은 친사회적 행동에 있어서 유사한 영향을 미치는데 텔레비전의 친사회적 모델이 어린이의 친사회적 경향에 정적인 영향을 미친다는 연구 결과가 이를 뒷받침해 준다(Huston & Wright, 1998).

사회학습에는 언어로 지시하거나 설교하는 것도 포함된다. 훈계와 설교가 친사회적 행동에 미치는 영향에 대한 조사연구에서 특정한 훈계는 즉각적인 상황에서 효과가 있음을 보여 준 반면(Grusec, Kuczynski, Rushton, and Simutis, 1978; Milgram, 1974), 일반적 원칙을 설교하는 것은 이타적 행동의 장기적인 효과에 있어 더 유의미함을 보여주었다(Bryan, 1972, 1975; Rushton, 1975). 언어적 훈계와 설명이 행동으로 보여주는 것과 유사한 효과를 가지는가에 대한 연구도 있다. 행동으로 보여주는 예는 친사회적 행동을 전수하는 데 효과적인 반면 말로 하는 것은 덜 효과적이라는 조사 결과를 보여준다(Bryan & Walbek, 1970).

(3) 문화적 차이

여러 가지 선행 연구에 따르면 친사회적 행동에 있어서 문화적 차이가 존재한다는 것을 보여준다. 자원봉사의 장기간 참여에서도 국가별로 그 정도가 매우 달랐고(Clary & Snyder, 1991; Gaskin, Smith, & Paulwitz, 1996) 친사회적이거나 도덕적인 추론에 있어서도 문화적 차이가 있음을 보여준다(Carlo, Koller, Eisenberg, DaSilva, & Frohlich, 1996; Silbereisen, Lamsfuss, Boehnke, & Eisenber, 1991). 돕는 행동의 문화적 차이를 연구하기 위해 파리, 아테네, 보스턴, 매사추세츠 기차역에서 낯선 사람이 우표를 붙인 편지를 발송해 줄 의향이 있는지 질문하였다(Feldman, 1968). 그 결과 아테네 사람들이 다른 도시의 사람들보다 유의미하게 낮은 점수를 보였는데 특히 자신의 지역 사람에게 그러했다. 아테네 사람들은 내집단을 매우 엄밀하게 정의하고 같은 그리스 사람들에게 더 비호의적인 방법으로 반응하는 것으로 나타났다(Triandis, Vassiliou, & Nassiakou, 1968).

여러 연구에 따르면 일반적으로 개인주의 문화보다 집단주의 문화에서 친사회적 행동이 더 많이 이루어진다고 한다(Barrett et al., 2004). 집단주의 문화에서는 특히 자신이 속하지 않은 외집단보다 자신이 속한 내집단 구성원을 도울 가능성이 더 높다(Kemmelmeier et al., 2006). 또한 내집단 구성원을 돕는 것이 중요한 문화에서는 가족을 도울 가능성은 높지만, 낯선 사람을 도울 가능성은 낮다(Chen et al., 2012). 즉 문화의 가치나 규범은 친사회적 행동에 영향을 미칠 수 있다는 점을 보여준다.

3) 생물학적 요인과 문화적 영향 간의 상호작용

친사회적 행동이 자연선택의 결과인지 문화적 영향의 결과인지에 대한 논쟁은 오랫동안 있어 왔다(Batson, 1983; Campbell, 1965, 1975). 앞에서는 친사회적 행동의 생물학적 요인과 문화적 영향 각각에 대한 두 가지 설명을 제시하였는데 이를 통해 생물학적 설명과 사회학적 설명의 차이점과 유사점을 알 수 있다.

어떤 행동이 유전적 근거에 의한 것인지를 알아보는 일반적인 방법으로는 매우 다른 학습경험을 가진 유전적으로 유사한 유기체, 문화, 개인들의 유사성을 살펴보는 것이 있다. 만일 매우 다른 사회화 과정에도 불구하고 공통적인 결과나 과정이 발견된다면 이는 유전적이고 생물학적 요인에 의한 것일 수 있다. 이러한 기술들은 주로 비교문화 연구, 종의 비교연구, 행동 유전의 비교연구 등의 접근법에서 사용된다. 유전자의 영향을 연구하는 다른 방법으로는 사회화의 영향을 받지 않은 신생아를 연구하는 것이 있다. 또 다른 방법으로는 특정 유형의 유전적 결함이나 호르몬 부족과 사회적 행동유형의 관계를 고찰하는 것이 있다.

비교문화 연구자들은 매우 다른 사회나 관련이 없는 여러 사회에서 공통으로 발견되는 사회행동이나 개인적 특성이 있는지 조사한다. 만일 그러한 공통적 행동이나 특성이 있다면 이는 인간의 생존에 결정적이며 유전적인 근거를 갖는다고 할 수 있다. 종의 비교연구에서 인간에게 발견되는 행동이 다른 동물(특히 인간과 DNA 서열을 98% 공유하는 고릴라나 침팬지)에게서도 일관적으로 보이는데 이는 인간 본성의 일부분이라는 단서를 제공한다. 행동 유전학 기술은 유사한 소질이나 성향을 보일 수 있는 개인들(가족 구성원이나 쌍둥이) 간의 유전적 관계를 고려한다(Plomin & Caspi, 1999). 음악이나 체육에서 성공한 사람들의 집안 내력을 보면 유사하게 음악이나 체육을 잘하는 가족 성원이 많은 것이 발견되고, 이는 유전율(또는 유전력: heritability)로 볼 수 있다. 유전율은 유전자의 차이가 특성의 차이를 얼마나 잘 설명하는지에 대한 척도로 그 값이 높을수록 유전자가 특성에 기여하는 비중이 높다는 것을 의미한다. 또 다른 방법으로는 사회화나 학습경험이 최소화된 신생아의 행동을 아주 초기에 연구하는 것이 있다. 예를 들어 태어난 지 하루가 안 된 아기들이 어른의 표정을 따라 할 수 있는 것을 관찰하였다(Meltzoff, 2002). 이러한 연구들은 다른 영장류의 모방 성향에 대한 증거를 보여주면서 모방이 타고난 성향임을 강력하게 제시한다.

끝으로 유전적 과정이 행동에 미치는 영향을 직접적으로 조사하는 기술이 있다. 호르몬이 몇몇 행동유형(공격성, 성적 행동, 모성적 행동)에 미치는 영향을 연구하는 것이 대표적인 예이다. 동물을 대상으로 한 실험에서 인간의 호르몬(테스토스테론 수준의 변화)이나 유전적 이상(Y염색체가 1개가 아닌 2개인 남성)이 사회적 행동의 유전적 원인이라는 증거를 보여준다. 따라서 어떠한 인간 행동이 유전적 원인인가를 살펴볼 수 있는 방법론에는 여러 가지가 있다.

지금까지 살펴본 친사회적 행동에 미치는 생물학적이고 유전적 영향에도 불구하고 우리가 여기서 짚고 넘어갈 부분이 있다. 첫째, 개인이나 집단의 행동을 설명하는 유전적 특성은 일반적으로 환경적 영향에 따라 좌우된다. 환경적 영향은 유전적 성향을 증가시킬 수도 있고 감소시킬 수도 있다. 둘째, 환경적 영향은 종종 유전 요인을 수정하기도 한다. 예를 들어 현대인의 경우 신장이 더 커진 경향이 있는데 이는 영양과 같은 환경적 요인에 의한 것임이 밝혀진 바 있다. 셋째, 유전율이 큰 영향력을 가짐에도 불구하고 이는 집합이나 개체군 수준에서만 예측할 수 있는 것이지 개인 수준에서는 적용되지 않을 수 있다. 예를 들어 알코올 중독자를 부모로 둔 자녀가 알코올 중독자가 될 가능성이 높기는 하지만 이런 유전자를 가진 사람이 반드시 알코올 중독자가 되는 것은 아니다. 넷째, 유전자 연구와 관련된 질문은 역사적으로 정치적 영향이나 사회적 논란을 동반했다는 점을 주목해야 한다. 사회적 다위니즘(적자생존의 법칙을 사회체계에 적용한)은 19세기 말 아프리카에서 식민주의나 착취를 정당화하기 위해 사용되었다. 유전적 우성을 강조하는 인종주의적 이데올로기도 나치즘이 홀로코스트를 자행하는 데 근거를 제공하는 역할을 했다. 유전적 영향을 연구하는 사회과학자로서 이러한 이론을 적용하고 해석하는 데 있어 책임감 있는 자세가 필요하다. 생물학이 개인과 집단의 운명을 결정하는 것은 아니라는 점이 강조되어야 한다.

환경적 또는 사회적 요인들이 본성으로서의 이타적 경향성을 발전시키거나 가능하게 할 수 있는데, 이러한 요인들의 예가 고립, 다른 이타주의자를 인식할 수 있는 능력, 그리고 부정행위를 탐지할 수 있는 능력 등이다. 집단이 어느 정도 다른 집단으로부터 고립되어 있을 때 이타적 유전자는 더 발전할 기회가 있다. 역사상 인류는 고립된 소규모 친족끼리 모여 살았고 수렵생활은 협동과 이타적 행동을 증가시킬 수밖에 없었다. Morgan(1985)은 컴퓨터 시뮬레이션을 이용하여 이를 연구하였는데 그 결과 친족으로 이루어진 집단이 다른 집단과 고립되어 있을 때 호혜성은 이타적 유전자를 더 발전시키는 것으로 나타났다. 또한 집단이 커져서 다시 작은 집단으로 나뉘게 되어도 공동체 내에서 집단 간의 일반적 호혜성은 이타적 유전자를 어느 정도 발전하게 했다.

진화론적 견해에서 보면 이타적 행동은 개인의 단기적 비용이 들기는 하지만 이를 상쇄시킬 수 있는 일반적이고 장기적인 이득이다. Morgan의 연구에서는 집단 내 이타주의자와 비이타주의자를 모두 포함시켰는데, 이타주의자가 더 낮은 포괄 적응성을 가졌다(즉 후손이 적었다). 그러나 집단에 이타주의자가 많을수록 집단 성원 전체로서의 결과는 더 나아졌다. 이는 이타주의가 진화하기 위해서는 물리적이고 사회적인 고립이 중요할 뿐만 아니라 집단선택 이론을 지지하는 결과를 보여주는 것이다.

이타주의의 진화적 이득은 이타주의자의 직계가족(잘 알 수 있고 인식할 수 있는)에게 반드시 국한되는 것은 아니다. 유전적 친척(예를 들어 사촌)에게 주는 도움은 이후 세대에서 이타주의자의 유전자 발생에 영향을 미칠 수 있다. 따라서 진화적으로 성공할 수 있는 동족 기반의 이타주의 경우 잠재적인 이타주의자가 의식적으로든, 무의식적으로든 누가 자신의 동족인지 인식할 수 있어야만 한다. 만일 이타주의가 자신의 동족을 희생하고 비동족에게 행해진다면 자연선택의 기제는 작용하지 않게 된다. 그럼에도 불구하고 먼 동족과 비동족을 구분하는 것은 쉬운 일이 아니다. 이를 구분할 수 있는 한 가지 가능성은 생물학적 단서이다. Rushton과 동료들(Rushton, Russell, & Wells, 1984)은 사람들은 다른 사람이 유전적으로 유사한지를 인식하는 능력을 가지고 태어나며, 이러한 능력이 친족에 대한 호혜적 선택의 기저가 된다고 제안한다. 동물 중에서 이러한 주장을 뒷받침하는 증거가 있다. 예를 들어 Ligout, Sebe, 그리고 Porter(2004)는 생후 4주의 양이 자신의 형제와 형제가 아닌 양의 울음소리를 구분할 수 있다는 것을 발견했다. 또한 많은 동물이 냄새, 외모, 그리고 다른 관찰 가능한 특성들을 통해서 유전적인 동족을 분명하게 인식할 수 있다. 인간도 역시 이러한 능력을 가지는 것으로 보인다(Porter, 1987). 예를 들어 산모들은 출산 후 몇 시간 내에 여러 아기 사진 중에 자신의 아기 사진을 찾아낼 수 있는데 신생아와 거의 접촉하지 않았고 신생아의 극히 일부분(예를 들어 눈이나 입)만을 본 경우에서조차도 가능했다(Porter, Cernoch, & Balogh, 1984, Porter, Boyle, Hardister, & Balogh, 1989).

호혜적 이타주의에 있어 사회적 단서는 매우 중요할 수 있다. 호혜적 이타주의가 작동하려면 유전자를 공유한 개인들이 서로 연결될 수 있어야 한다. 인간이나 동물들은 이타주의자를 인식할 수 있는 능력과 전략을 가지고 있어야만 한다. 사람들은 자신과 유사한 외모나 성격을 가진 다른 사람을 자신과 유전적으로 유사할 것이라고 추론할 수 있다(Glassman, Packel, & Brown, 1986; Segal, 1993). 따라서 이타주의자들은 자신과 비슷한 사람을 더 돕는 경향이 있다. 특히 낯선 사람들 사이에서는 더욱 그러한 경향을 보인다. 더 나아가 가족 사이에서조차 성격이 비슷한 구성원 사이에 도움이 더 일반적으로 일어나는데(Leek & Smith, 1989, 1991), 이는 자신과 유사한 사람을 선호한다는 유전적 이유 때문임을 보여준다.

결론적으로 최근의 이타주의에 관한 여러 가지 진화론적 견해에서는 이타주의가 유전적이라는 수렴된 증거를 제공한다. 전 세계적으로 호혜는 규범으로 여겨진다. 사람들은 호혜적이지 못할 때 부정적 감정을 경험하고 이러한 감정은 호혜적이지 않은 부정행위를 참을 가능성을 최소화한다. 더 나아가 사람들은 자신과 더 가까운 친척을 도울 가능성이 높은데 피는 물보다 진하기 때문이다.

분명히 이기주의는 생존적인 가치임에도 불구하고 이타주의 역시 생존 가치로 이타적 경향은 유전적으로 한 세대에서 다음 세대로 전승되는 경향이 있다. 유전적 유산으로서 이 두 가지 경향의 공존은 논리적이지 않지만 모순되는 것도 아니다. 우리는 "적자생존"이라는 개념이 정확히 의미하는 바를 다시 한번 생각해 볼 필요가 있다. 대부분의 사람이 이 개념을 정의하는 것과 달리 '적자'라는 개념이 반드시 강한 것을 의미하지는 않는다. 때로 적자는 "영리함"이나 "가장 사회적인" 것을 의미하거나 음식을 구하고 포식자를 피하며 위협적인 환경조건에 적응하게 하는 유기체의 신체적 특성을 갖는 것을 의미한다. 따라서 때로는 경쟁과 이기심이 필요하기도 하지만 때로는 협동과 이타주의가 더 유익하다.

지금까지 친사회적 행동은 생물학적인 성향과 문화적인 측면 양쪽 모두에 의해 영향받는다는 점을 보여주었다. 즉 친사회적 행동의 결정요인으로서 유전적 요인과 사회화의 영향이 공존하는 것이다. 친사회적 행동의 생물학적 근거를 강조하는 사회생물학자들조차 문화의 영향을 인정한다. 진화는 문화적 변화의 한계를 결정한다는 점에 근거하여 문화는 자연선택의 결과라고 하고 결국 생물학적인 설명과 문화적인 설명이 서로 보완하게 된다.

DNA와 유전자에 대한 연구가 매우 발전되어 있는 오늘날 특정 질병(파킨슨병이나 유방암)이나 기질이 유전적 형질에 의해 결정된다는 점이 연구되고 있기는 하지만 친사회적 행동이나 도움행동, 이타행동과 같은 인간의 행동은 매우 복잡한 동기, 의사결정, 행위와 관련되어 있어서 특정한 유전자에 직접적으로 영향을 받는다고 확증하기 어렵다. 오히려 이러한 행동들은 여러 가지 유전자가 복합적으로 작용하여 간접적인 영향을 미칠 가능성이 높다(DeKay & Buss, 1992). 현대 동물유전학에서 주로 발견되는 바와 같이 유전자와 환경이 끊임없이 상호 영향을 미친다는 것이다. 즉 유전자는 사람들이 자신의 주위 환경에 어떻게 반응하고 행동하는가에 영향을 미치고, 환경은 다시 유전자가 표출되고(사람들의 외모, 생리적 특성, 행동) 언제 이러한 표출이 나타나는지에 영향을 미친다는 것이다.

최근에는 이분법 대신 유전과 문화 요인 간의 상호작용에 관심을 가지기 시작하였고 Alcock(1979)와 같은 학자는 폐쇄된 본능, 개방된 본능, 제한적 학습, 유연적 학습과 같은 유형을 제시하였다.[5] 즉 인간 행

5) 폐쇄된 본능은 특정한 자극에 대해 고정된 반응을 보이는 행동을 의미한다. 이러한 본능은 유전적으로 프로그램되어 있으며 환경의 변화와 관계없이 일관된 방식으로 나타난다. 반면 개방된 본능은 환경적 요인에 따라 변화할 수 있는 행동을 나타낸다. 이는 학습을 통해 수정될 수 있으며 다양한 상황에서 적응적으로 반응할 수 있는 능력을 포함한다.
제한적 학습은 특정한 조건이나 자극에 대해서만 학습이 이루어지는 경우를 말한다. 이는 본능적인 행동과 밀접하게 연관되어 있으며, 특정한 환경에서만 효과적으로 작용한다. 반면, 유연적 학습은 다양한 경험을 통해 학습이 이루어지며, 새로운 상황에 적응할 수 있는 능력을 강조한다. 이는 동물이 환경에 따라 행동을 조정할 수 있는 능력을 포함하며 더 복잡한 인지 과정을 요구한다.

동은 학습을 통해 수정됨에도 불구하고 원시적인 요인의 영향을 받는 것도 사실이다. 선천적 요인과 사회화 과정의 상호작용을 강조하는 입장에서는 한 가지 요인에만 초점을 두는 시각이 너무 단순하다는 결론을 내린다. 오히려 이러한 요인들은 한 동전의 두 측면으로 생물학적 변이와 문화적 영향은 상호 공존하여 영향을 미친다. 결국 인간의 행동이나 특성이 단순히 "자연"에 의한 것인지 "학습"에 의한 것인지를 질문하는 것은 의미가 없다고 볼 수 있고 친사회적 행위나 다른 유형의 복잡한 사회적 행동을 연구하는 학자들에게는 이러한 질문이 시대에 뒤떨어진 견해라고 여겨진다. 유전과 환경 또는 본성과 양육의 복잡한 상호작용은 친사회적 행동을 포함한 대부분 행동의 원인이라고 할 수 있다.

2. 감정적 요인과 인지적 요인

1) 감정 요인

인간의 행동은 기분이나 감정에 의해 영향을 받는데 친사회적 행동이나 도움행동도 예외는 아니다. 일시적인 기분은 도움행동에 영향을 준다고 연구되어 왔는데 좋은 기분은 도움행동을 증가시킨다는 결과가 여러 나라의 연구에서 확인됐다(Dolinski & Nawrat, 1998; Forgas et al., 2008; Salovey et al., 1991). 좋은 기분은 주위 상황이나 타인의 도움의 필요성에 더 주의를 기울이게 만들고 도움행동의 가능성을 높이게 된다. 긍정적인 기분은 긍정적인 생각과 긍정적인 자긍심을 유도하게 되고 긍정적인 행동을 하도록 만든다(Berkowitz, 1987; Cunningham et al., 1990; Isen et al., 1978). 그러나 '좋은 기분의 효과'에는 한계가 있는데 우선 긍정적 기분의 효과들은 아주 짧을 수 있다(Isen et al., 1976). 또한 기분이 좋은 사람들은 자신의 긍정적 기분을 유지시키기를 바라기 때문에 도움을 주는 것이 좋은 기분을 감소시키는 경우에는 도움행동을 덜 할 수도 있다.

나쁜 기분이 도움행동에 미치는 효과에 대한 연구 결과는 복잡하고 일정하게 나타나지 않는다. 나쁜 기분은 남을 돕는 행동을 감소시키기도 하고 증가시키기도 한다. 너무 기분이 나쁜 상태이거나 슬픈 사람은 자기몰입을 강하게 하게 되고 타인과의 접촉을 꺼리기 때문에 다른 사람을 도와줄 가능성이 줄어들게 된다(Anderman & Berkowitz, 1983; Gibbons & Wicklund, 1982). 그러나 다른 사람을 돕는 것이 나쁜 기분을 좋게 만들고 부정적인 기분을 해소시킨다면 다른 사람을 돕게 만들 수 있다. 이러한 경우 나쁜 기분의 효과는 도움행동이 보상으로 작용할 때 나타난다(Barnett et al., 1980; McMillen et al., 1977).

감정은 복잡한 경험으로 긍정적 감정이 친사회적 행동을 촉진하기도 하지만(Forgas, 1998; Wilson, 1981) 때로는 친사회적 행동을 감소시킬 수 있다(Isen, 1984; Rosenhan et al., 1981). 사회심리학자들은 긍정적이거나 부정적인 감정이 어떻게 행동에 영향을 미치는지 비교하면서 특별한 감정들의 원인과 결과에 초점을 두었다. 즉 사람들이 느끼는 특별한 감정이 특정한 동기와 행동에 결정적인 영향을 미친다고 강조한다. 그렇다면 감정 중 어떠한 것이 도움행동의 동기가 되는가?

대부분의 연구자는 감정적 각성이 여러 종류의 도움 중 근본적 요인이라는 점에 동의하지만(Davis, 1994) 이 감정의 본질이 무엇인지 그리고 이러한 감정이 실제로 어떻게 사람들이 도움을 주도록 동기를 부여하는지에 대해서는 의견이 분분하다. 공감(empathy: 다른 사람의 고통을 대리적으로 느끼는 감정)이 생물학적이고 진화론적인 근거가 있다고 주장하는 학자들은(Cunningham, 1986; Hoffman, 1981, 1982) 친사회적 동기로서 공감의 역할에 주목하였다. 공감이 남을 돕는 행동의 주요 원인이 된다고 보는 입장은 Hoffman의 유아기 발전 모델에서도 언급되는데, 2~3세가 되면 자신과 다른 사람을 구분하기 시작하고 다른 사람의 입장에서 그 관점을 파악할 수 있는 능력을 갖게 된다고 보았다. 공감은 이 시기에 발전하게 되는데 그러한 능력을 소유하는 아이들이 이후 남을 도울 가능성이 높음을 제시한다.

다른 사람의 입장에서 느끼는 공감적 관심은 타인의 고통을 걱정하고 대리적으로나 간접적으로 함께하는 것으로 그 초점이 타인에게 있다. 따라서 이러한 공감으로 인해 남을 돕는 행동은 이타적이라 할 수 있다. 즉 고통을 받는 다른 사람의 감정 상태를 이해하고 그 사람의 감정 상태와 동일하고 유사한 감정상의 반응을 느끼기 때문에 돕는 행동은 그 목표가 일차적으로 다른 사람의 복지 증진에 있는 것이므로(Batson, 1987) 도움행동의 동기가 이타적이라 볼 수 있다. "자기"와 "타자"의 융합, 즉 도움을 받는 사람과의 일체감과 같은 감정이 이타주의 행동의 요인으로 작용할 수 있는지에 대해서는 계속해서 논쟁이 있기는 하지만 많은 증거들은 적어도 특정 조건하에서 이타주의가 인간 사이에서 발생할 수 있음을 보여준다(Batson, 1998).

한편, 심각한 위기 상황에서는 구경꾼들은 화가 나거나 고통의 감정을 느끼고(Piliavin et al., 1981) 덜 심각하고 덜 강렬한 문제 상황에서는 관찰자들이 슬픔을 느끼거나(Cialdini et al., 1987) 긴장하거나(Hornstein, 1982) 걱정과 동정심을 느낄 수 있다(Batson, 1991). 또한 사람들은 누군가 재수 없이 사고를 당했다는 부당함의 인식에 근거한 불편함을 느끼기도 한다(Harmon-Jones, et al., 2003). 다양한 감정은 다른 유형의 행위로 나타날 수 있는데 혐오감이나 두려움은 사람들을 회피하게 만들고(Mackie et al., 2000) 동정심은 접근하게 만들며(Fiske et al., 1999; Keltner et al., 2003) 화는 다른 사람이나 집단에 대항하게 만든다.

결국 부정적 감정은 친사회적 행동을 더 하게 하기도 하고 덜 하게 하기도 한다. 개인은 슬픔이나 불안과 같은 부정적인 감정을 느낄 때 이러한 감정을 줄이기 위해 다른 사람을 돕게 되는데 도움 행위가 자신의 기분을 좋게 만들기 때문이다. 불쾌감을 느끼거나 개인적으로 고통을 겪거나 죄책감이나 슬픔을 느껴서 다른 사람을 돕게 되는 경우 희생자의 고통 감소는 관찰자의 고통도 감소시키게 된다. 즉 자신의 부정적인 감정 상태를 완화하려는 목표로 도움을 주는 행동은 이기적인 동기이며 Cialdini와 동료들(1973)은 이를 부정적 상태 감소 모델(Negative State Relief Model)로 설명한다. 특히 죄책감은 자신의 기준에 위반되는 행동을 한 사람이 느끼는 감정으로 죄책감을 느낀 사람은 남을 더 도우려고 한다. 이는 돕는 행동이 위반 행동으로 인한 죄책감을 감소시켜 주기 때문이다. 사회적으로 인정받는 도움행동은 자신이 이미 행한 위반행동을 상쇄시켜 줌으로써 죄책감을 없애주고 손상된 자존심을 다시 세워줄 수 있기 때문이다. 부정적 감정인 분노나 혐오, 우울 등은 상황에 따라 친사회적 행동을 유도할 수 있다(Amato, 1986). 제3자의 고통을 목격했을 때 느끼는 분노는 피해자를 돕고자 하는 행동으로 이어질 수 있는데 이는 불공정한 상황에 대한 반응과 피해자를 보상하려는 경향에 기인할 수 있다. 사회적 불의나 부당함에 대한 혐오는 사람들을 행동하게 만들고 이를 통해 친사회적 행동을 촉진할 수 있다.

우울한 상태에서도 타인의 고통에 대한 공감이 증가할 수 있고, 이는 특정 상황에서 친사회적 행동으로 이어질 수 있다.

2) 인지 요인

기본적으로 인지적인 요인은 친사회적 행동의 여러 과정에서 작용하기 때문에 친사회적 행동에 있어 인지적 요인의 중요성은 초기 연구들부터 강조되었다. 사람들은 도움이 필요한 타인을 보고 자신의 도움이 필요한지 추리하게 되는데 이 과정에서 상황(상황의 급박함, 부담감, 모호함이나 명백함)이나 도움이 필요한 사람의 고통의 심각성 등을 고려하게 된다. 또한 희생자가 도움을 받을 가치가 있는지, 도움이 필요한 상황의 책임이 누구에게 있는지 등을 귀인하고 자신이 돕는 것이 적합한지의 여부를 판단하게 되며 돕거나 돕지 않을 경우의 결과와 비용에 대한 평가를 통해 도울 것인지 아닌지를 결정한다.

친사회적 행동에 있어 인지 요인을 강조한 대표적인 연구로는 '구경꾼의 개입모델'과 '비용-보상 모델'이 있다(Latane and Darley, 1970; Piliavin et al., 1981). 이타적 행동을 일련의 의사결정의 결과로 해석한 최초의 학자인 Latane과 Darley(1970)는 자신들의 모델에서 타인이 위기 상황에 처해 있는 것을 보고도 돕지 않는 이유 중의 하나는 주위에 다른 사람들이 존재해 있을 때이며, 이러한 현상을 '주변인 효과' 또는 '책임 분산 효과'라고 하였다. 이들의 모델에서는 도움을 제공하게 되는 의사결정의 과정을 다섯 단계로 구분하였다. 길을 걷고 있는 한 남자가 심장마비로 도로에 넘어진 위기 상황에서 구경꾼들이 쓰러진 사람을 돕기 위해서는 사건에 주목하고 이를 위기로 해석해야 한다. 그리고 자신이 도와야 한다는 개인적 의무감으로 받아들이게 되면 어떤 형태의 개입이 가장 최선인가 판단하게 되고 개입을 어떻게 할 것인지 결정하게 된다. 여기서 각각의 단계는 다음 단계의 전제가 된다. 자신이 도와야 하는지에 대한 필요성이 모호한 경우 다른 구경꾼들의 반응이 상황을 어떻게 해석해야 하는지에 영향을 미치는 중요한 요인이 되며, 위급한 상황에서 구경꾼이 혼자일 때보다 다른 주변 사람이 있는 경우 상황에 덜 개입하게 된다. Latane과 Darley의 의사결정 이론에서는 도움을 주어야 하는 시기를 판단하는 데 영향을 미치는 과정에 초점을 두는데, 도움을 제공하는 것에 대한 의사결정에 있어서 이익과 부담을 고려하는 합리적이고 복잡한 인지 과정을 포함한다. 다른 사람이 도움이 필요한지 위급 상황을 깨닫는 것, 위급한 상황으로 해석하기 위해 더 많은 정보를 얻고자 하거나 결정을 유보하는 것, 자신이 도와야 하는 책임이 있는가에 대한 추측, 자신이 도울 능력이나 방법이 있는가의 고려, 돕는 행동에 따른 이득(보상)과 비용(부담)을 측정하고 비교하여 결정하는 모든 과정은 인지적인 요인과 과정을 강조한다.

한편, Piliavin과 동료들(1981)은 위급한 상황에 개입하는지 아닌지를 결정하는 것은 보상과 비용이 관련된다고 보는 경제적 모델을 제시한다. 즉 위급한 상황에서 구경꾼들은 가능한 순수비용(비용에서 보상을 뺀 것)이 적게 드는 방법으로 돕게 되는데 도왔을 때 드는 개인적 비용, 도왔을 때 받는 보상, 그리고 돕지 않을 때 드는 비용이라는 요소들을 평가하여 친사회적 행동이 결정된다고 보았다.

인지 요인과 관련된 또 다른 중요개념으로는 도덕적 추론이 있는데 이는 도덕적으로 적절하게 행동해야 하는가에 대하여 상반되는 두 개 이상의 원칙 간 갈등에 초점을 둔다. 예를 들어 돈이 없는 사람이 자신의 형제가 위급하게 약이 필요하여 약국에서 약을 훔친 경우 이 사람은 법은 위반하였지만, 다른 사람을 돌보는 원칙에는 맞게 행동한 것으로 볼 수 있다. 도덕적 추론은 이러한 도덕적 딜레마에 의해 발생하는 생각을 말한다(Kohlberg, 1984). Piaget(1932)와 Kohlberg(1984)는 인지발달적 입장에서 도덕적 추론의 보다 기본적 수준과 발달된 수준을 구분한 학자들이다. 특히 Kohlberg(1984)는 성숙된 판단의 순서를 구성하는 도덕적 수준의 3단계를 기술하였다. 가장 낮은 초기의 도덕적 단계에서는 행위의 결과가 좋고 나쁜지에 따라 평가를 결정한다. 예를 들어 행위가 처벌받는다면 행위는 나쁜 것으로 평가된다. 중간의 도덕적 발달 단계에서는 사회질서에 충실한 것이 도덕적으로 맞는다고 보게 된다. 사회적 규범과 법의 준수는 좋은 것으로 평가되는 반면 규범과 규칙의 위반은 나쁜 것으로 판단된다. 마지막으로 도덕적 수준의 가장 높은 수준에서는 보편적 원칙이 지침으로 고려된다. 행위를 좋고 나쁜 것으로 평가하는 것은 보편적인 윤리(예를 들어 평등의 정의, 도움이 필요한 사람을 보살핌, 인간 존중)로부터 발생한다.

인지 과정을 강조하는 다양한 모델들이 강조하는 요인들은 다르지만 다양한 구성 요소들 간의 상호관계를 보여주고 이타적 행동을 여러 단계의 의사결정 과정의 결과로 해석한 점에서는 유사하다. 도움행동에 있어 여러 가지 인지 요인에 관한 자세한 설명은 3장과 4장에서 더 살펴보도록 하겠다.

3) 감정 요인과 인지 요인의 상호작용

친사회적 행동에 관한 연구는 인지 요인에 중심을 두어 먼저 이루어져 왔는데, 감정과 인지에 관한 기존의 사회심리학적 연구들은 두 가지를 상반되는 것으로 보았으며 이러한 견해가 친사회적 행동에도 적용되어 왔다. 그러나 1970년대 후반을 중심으로 이루어져 온 감정에 대한 활발한 논의들은 친사회적 행동과 감정 요인의 관계에 관심을 가지게 하였고 더 나아가 인지 요인과 감정 요인의 상호의존적인 측면을 강조하게 되었다.

위급한 상황에서 생각할 겨를 없이 충동적으로 남을 돕는 행동이나 정보 과정에 의해 영향을 받지 않는 도움행동 등에서 볼 수 있듯이 친사회적 행동은 인지적 요인에 의해서만 영향을 받는다고 보기 어렵다. 더 나아가 친사회적 행동은 인지와 감정의 상호작용에 의해 영향을 받는다. Isen과 동료들(1978)은 기분의 변화가 인지적 상태의 변화를 유발하고, 이는 다시 행동의 변화를 매개한다고 제안하였다. 이들에 따르면 긍정적인 기분은 긍정적인 인지를 유발한다고 하는데, 예를 들면 사람들은 기분이 좋을 때에 과거에 돕는 것과 관련되었던 긍정적 경험을 더 회상하려는 경향이 있고, 자신의 도울 수 있는 능력에 대하여 보다 낙관적으로 된다는 것을 발견하였다(Clark & Isen, 1981).

공감은 도움행동에 영향을 미치는 중요한 요인으로 이미 기존의 많은 연구자들이 공감을 감정적 측면과 인지적 측면으로 정의 내렸다. 대표적으로 Hoffman(1981, 1982)은 공감을 '타인의 정서를 이해하여 경험하는 능력'이라고 정의하면서 인지적 능력을 강조하였다. 또한 공감을 '고통을 받는 다른 사람의 감정 상태를 이해함으로써 그 사람의 감정 상태와 동일하고 유사한 감정상의 반응을 나타내는 것'이라고 정의한 Eisenberg(1986)도 감정적 측면과 인지적인 측면을 모두 강조하고 있다.

친사회적 행동에 영향을 미치는 인지와 감정의 상호작용에 관한 연구들에 근거해 볼 때 이제 두 가지 요인 중 하나만 작용한다거나 두 요인을 별개로 보는 것은 더 이상 큰 의미가 없다고 할 수 있다.

3. 상황 요인과 특성 요인

1) 상황 요인

사회심리학에서 도움행동에 관한 연구는 긴급한 상황에서 서로 알지 못하는 사람을 돕는 행동에 대한 관심에서 시작되었다. 도움행동 연구에서 상황론적 시각의 초기 연구에 해당하는 것은 Latane과 Darley(1968)의 주변인 효과에 관한 연구다. 앞에서 설명하였듯이 대표적인 고전적 실험연구인 이들의 연구에 따르면 위급한 상황에서 주위에 다른 사람이 많으면 많을수록 도와줄 가능성이 줄어드는 반면 자신이 유일한 목격자라면 잘 돕는 경향이 있는데 이를 주변인 효과라고 하였다. 주변인 효과에서는 세 가지 중요한 요인이 강조되는데 첫째는 '책임의 분산'으로 사람들은 자기 이외에 다수의 사람이 있을 때 다른 누군가가 도울 것이라고 생각하여 개인적 책임감을 덜 느끼게 된다는 것이다. 둘째는 '상황에 대한 해석'으로 사람들은 무슨 일이 일어났을 때 다른 사람의 반응을 살펴보고 상황을 해석하는데 처음에 많은 사람들이 아무 반응을 보이지 않게 되면 그다지 심각한 상황이 아니라고 해석하여 돕지 않는다는 것이다. 셋째로는 '평가의 염려'로 사람들은 주위 사람들이 자신의 행동을 어떻게 평가할 것인가를 고려하는데, 예를 들어 사람들은 돕는 행동으로 인해 자신이 남들에게 주목받게 되는 것을 싫어하거나 자신이 끼어드는 것이 남들로부터 어리석거나 잘못된 일이라고 평가받게 될까 봐 두려워하여 돕지 않게 된다는 것이다.

충동적인 도움에 관한 몇몇 연구도 상황 요인을 강조하는데 기술자가 배전반을 수리하던 중 전기충격을 받았을 때 거의 100%의 학생들이 도운 연구(Clark & Word, 1974)와 아파 보이는 사람이 쓰러졌을 경우 80~90%의 학생이 도왔다는 결과를 보여준 연구(Piliavin & Piliavin, 1972; Piliavin et al., 1975)가 대표적이다. 매우 갑작스럽게 발생한 긴급 상황은 도움이 필요한 상황이라는 점이 명백하기 때문에 즉각적인 도움을 유발하였다.

이후에도 상황 요인에 관한 연구는 다양하게 이루어져 왔는데 도움을 받는 수혜자의 특성인 수혜자의 도움의 필요성 및 긴급성, 수혜자의 신뢰성, 수혜자가 도움을 주는 사람과 얼마나 유사한지의 유사성(Dovidio, 1984), 그리고 돕는 행동이 얼마나 가능한지의 도움의 기회 상황 등에 관한 연구들이 이루어져 왔다. 이러한 연구들에 관한 자세한 논의는 3장에서 할 것이다.

2) 특성 요인

남을 돕는 행동은 상황에 따라 변하는 것이 아니라 개인의 안정적인 성격 특성에 따라 결정되는 것인가를 알아보기 위한 연구도 이루어져 왔는데 대표적인 예가 이타적 성격에 대한 연구이다. 도움행동의 상황 요인에 관한 연구가 1960년대 말과 1970년대 초 시작되었다면 이타적 성격과 관련된 특성 요인 또는 기질적 요인에 관한 연구는 그 이후에 이루어졌다.

이타적 성격은 이미 수 세기 전 다른 이름으로 정의되기도 하였는데 Thomas Aquinas는 이타적 성격과 유사한 의미의 미덕을 자제, 의연, 정의, 자비, 신중이라고 서술하였다(Jeffries, 1998). 이타적 성격의 개념을 과학적인 개념으로 보게 된 최근에서야 실제로 비용이 많이 드는 도움을 제공하는 사람들의 성격과 그렇지 않은 사람들의 성격에서 차이가 있다는 증거 자료가 제시되었다. 또한 종단적 연구에서는 친사회적 성격 또는 이타적 성격이 초기 아동기에 형성되어 비교적 안정성이 있다는 점이 보여졌다(Eisenberg et al., 1999). 이타적(또는 친사회적) 성격은 "다른 사람의 복지나 권리를 생각하고 그들에 대해서 배려하고 동정심을 느끼며 그들에게 이익을 주는 방향으로 행위를 하려는 지속적인 경향"으로 정의된다(Penner & Finkelstein, 1998, p.526).

기질 요인을 강조하는 연구들은 이타주의 또는 친사회적 특성을 측정하기 위해 다양한 특성들을 측정하였다. 예컨대 지역 정신건강 사회사업가에 대한 연구에서 자원봉사자들과 일반 사람들의 성격 구조의 차이를 비교하였는데, 자원봉사자들이 자원봉사를 하지 않는 사람에 비해 공감, 사회적 책임, 친밀성, 내적 통제, 자존심, 자기효능감, 그리고 감정적 안정성에 더 높은 점수를 보였다(Allen & Rushton, 1983). 또한 AIDS 환자를 위한 서비스 조직의 자원봉사자에 관한 연구들에서는 공감과 공동체 지향 등의 친사회적 성격이 자원봉사 참여 기간이나 의도와 상관관계가 있음을 보여주었다(Bryan et al., 2000; Penner & Finkelstein, 1998).

때로는 어떤 성격적 특성(예를 들어 영웅주의)이 이타주의의 유형과 관련되어 있음이 보이기도 하고, 여러 연구에서 이타적 성격이 어느 정도 일관된 요인으로 구성되는지에 대하여 살펴보았음에도 불구하고 대부분 연구의 제한점은 대표적 표본을 얻는 데 실패하였다는 것이다. 일반적으로 사람들이 이타적 성격이 있다고 믿는 것과 달리 사회심리학자들은 이에 대하여 의문을 제기한다(예를 들어 Batson, 1991; Latane & Darley, 1970; Piliavin et al., 1981).

3) 상황 요인과 특성 요인의 상호작용

친사회적 행동에 있어서 상황적 요인과 기질적 요인 간의 상호작용은 중요한 이슈이다. 대부분 사회심리학자들은 적어도 원칙상 이타적 행동을 야기하는 것은 개인적 측면과 상황적 측면의 상호작용이라는 점을 인정한다. Kerber(1984)는 이타주의 성향이 높은 사람이 이타주의 성향이 낮은 사람보다 도움을 주어야 하는 상황을 더 보상적이고 덜 비용이 든다고 본다는 점을 발견했다. Simmons와 동료들(1977)의 신장 기증에 관한 연구에서도 기증자와 비기증자의 비교에서 유사한 결과가 나왔다. Wilson과 Petruska(1984)는 존중감 지향적인(높은 자기효능감, 숙달, 자기 가치) 피실험자가 안전 지향적인(높은 안전욕구, 불안의 회피) 피실험자보다 실험협조자와 상호작용할 때 더 먼저 도우려고 하는 경향이 있다는 것을 발견하였다. 존중감 지향적인 피실험자는 능숙도가 높은 실험협조자에 의해 영향을 받는 경향이 있는 반면, 안전 지향적인 피실험자는 높은 지위의 실험협조자에게서 영향을 받는 경향이 있었다.

Deutsch와 Lamberti(1986)는 인정욕구의 수준에 초점을 두었는데 도움행동 이전의 사회적 인정이 영향을 미치는지를 연구하였다. 인정의 욕구가 높은 피실험자는 처벌보다는 사회적으로 보상을 받은 후에 실험협조자를 더 돕는 경향이 있었다. 반면 인정의 욕구가 낮은 피실험자는 사회적 강화에 의해서 영향을 받지 않았다.

어떤 사람은 다른 사람보다 더 돕는 존재인가? 다른 사람을 기꺼이 돕는 데에는 개인차가 있는가? 이러한 질문에 대한 답은 개인적 특성의 차이가 있기는 하지만 이러한 요인들이 상황과 복합적으로 작용하기도 한다는 것이다. 친사회적 성격이 있고 이러한 성격 특성의 차이는 위험에 처한 사람을 구하는 영웅적 구조자부터 자원봉사자까지 다양한 친사회적 행위와 관련되어 있다. 일반적으로 돕는 사람은 공감적이고 다른 사람의 안녕에 대한 책임을 받아들이려고 하거나 자기효능감을 갖는다. 그러나 다른 모든 사회행동과 마찬가지로 친사회적 행동은 개인과 상황 공동의 산물이라는 점을 기존 연구 결과들이 보여준다.

4. 이타적 요인과 이기적 요인

1) 이타적 요인

인간은 선천적으로 이기적인 존재인가 이타적인 존재인가? 사람들은 이기적인 동기 때문에 남을 돕는가 아니면 이타적인 동기 때문에 남을 돕는가? 1980년대 이후 이타행동을 연구하는 사회심리학자들에게 이기적 동기와 이타적 동기의 구분은 가장 흥미 있는 주제였다. 앞서 친사회적 행동과 이타주의의 개념에 대한 설명에서 이타주의란 돕는 사람이 희생자의 고통을 감소하기 위해 동기화된 행위라고 하였는데 기존의 연구 결과 공감(또는 공감적 관심)과 관련이 있었다. 그러나 친사회적 행동은 이타적 행동과 달리 이기적으로 동기화되기도 하고 이타적으로 동기화되기도 한다.

이론적으로나 개념적으로는 친사회적 행동과 이타주의를 구분하기 쉽지만, 현실적으로 이러한 행동을 하게 만드는 동기를 명확하게 밝히기는 어렵다. Batson과 동료들은(Batson et al., 1981) 남을 돕는 행동이 이기적 동기에 의한 것인지 이타적 동기에 의한 것인지를 증명하기 위해 많은 실험을 하였는데 공감과 남을 돕는 행동 간의 관계를 중심으로 연구하였다. 친사회적 행동의 감정적 요인에 대한 부분에서 이미 다루었듯이 고통을 받는 사람들을 목격할 때 발생할 수 있는 감정상의 반응은 크게 두 가지 형태가 있다. 하나는 개인적 고통(personal distress)이며 다른 하나는 공감적 관심(empathic concern)이다. 개인적 고통이란 고통을 받고 있는 어떠한 사람을 보았을 때 개인적으로 느끼는 걱정이나 불편함 등의 감정 상태를 말한다. 개인적 고통을 줄이기 위해 남을 돕는 행동으로 이어지게 되는 것은 이기적 동기에서 비롯된다고 본다. 즉 남을 돕는 것은 그러한 행동을 통해 자신이 느끼는 불편한 감정을 줄이려는 데에 목적을 갖는다는 것이다. 반면 공감적 관심은 고통을 받는 사람에 대해 느끼는 동정심이나 애정 등의 감정 상태를 말하는데 이는 이타행동과 연관된다고 본다. 이는 자신의 어떠한 이익을 위해서가 아니라 고통을 당하는 다른 사람을 위해 진정으로 돕는 행동이기 때문이다.

Batson과 동료들은 과연 남을 돕는 행동이 개인적 고통을 줄이려는 동기에서 비롯되는 것인지 아니면 공감적 동기에서 비롯되는 것인지를 구분하기 위해 실험연구를 실시하였다. 이 실험은 피실험자에게 고통을 당하는 피해자를 관찰하게 하고 피실험자별로 이를 회피할 수 있는 상황의 용이성을 달리하게 하였다. 개인적 고통을 줄이려고 하는 사람은 회피하기 용이한 상황일 때 남을 돕지 않고 그 상황을 회피함으로써 자신의 개인적 고통을 줄이려 하지만 공감적 관심을 갖는 사람은 아무리 회피하기 쉬운 상황에 처한다 할지라도 그 상황을 회피하지 않고 남을 도울 가능성이 높다고 보는 것이다. 실험 결과 남을 돕는 행동이 이기적인 동기에서 비롯된다기보다는 공감적 관심이라는 이타적 동기에서 비롯된 것이라는 점을 밝히고 있다. 이후 Batson(1987)은 기존의 다양한 연구들을 검토함으로써 남을 돕는 행동의 주요 원인은 공감 즉 이타적 동기에 있음을 주장한다.

Fultz와 동료들의 연구에서도(Fultz et al., 1986) 남을 도울 때 기대되는 다른 사람들의 평가나 이목과 상관없이 공감이 남을 돕는 행동의 여부를 결정하는 주요 요인이 된다는 결과를 제시한다. 또한 Schroeder와 동료들(Schroeder et al., 1988)에 따르면 남을 돕는 행동이 자신의 기분을 좋게 하지 않을 것이라 믿는 사람도 공감 때문에 남을 돕게 된다는 것을 밝히고 있다. Batson과 동료들은(Batson et al., 1988) 남을 도울 때 기대되는 보상 여부가 남을 돕는 행동으로 이어지게 되는지 아니면 공감이 남을 돕는 행동과 연결되는지도 살펴보았다. 보상이 동기라면 자신 이외의 다른 사람이 어려운 사람을 도울 경우 도움으로 해서 얻는 이득이 다른 사람에게 돌아갈 것이라 보기 때문에 언짢아할 것이다. 반면 공감이 동기라면 다른 사람이 어려운 사람을 돕게 되어도 자신이 도운 것처럼 편안한 감정이 들게 된다는 것이다. 이 연구에서 남을 돕는 사람들이 대체로 후자의 경우에 해당된다는 결과를 보였고 남을 돕는 행동에 있어서 공감과 같은 이타적 동기가 중요한 요인이라는 점을 밝혔다.

2) 이기적 요인

남을 돕는 행동은 이타적 동기보다는 행위자 자신의 이기적 동기에 의한 행동이라고 강조하는 견해가 있다. 이러한 주장을 하는 학자들에 따르면 사람들은 어려움에 빠진 타인을 도왔을 때, 칭찬, 명예, 자부심 등의 특별한 보상을 받게 된다는 것을 배우는데(Batson, 1987; Meindl & Lerner, 1983; Thompson et al., 1980) 이러한 사회적 보상이나 자기 보상을 위해 남을 돕게 된다는 것이다. 즉 돕는 행동은 이득과 손실이라는 개인의 합리적 계산과정의 결과라고 본다(Cialdini et al., 1987; Piliavin et al., 1981). 따라서 남을 돕는 행동으로 인해 이득과 보상이 있을 경우 남을 도울 가능성은 크고 돕는 행동에 따르는 손실이 클 경우 그 가능성은 적어진다고 본다.

Piliavin과 동료들(Piliavin et al., 1981)은 남을 돕는 행동에 대한 비용-보상 모델(cost-reward model)을 제시한 대표적인 학자이다. 이들에 따르면 남을 돕는 행동이 이루어지기 위해서는 중요한 두 가지 요소가 있다고 한다. 그 하나는 도움을 필요로 하는 사람들의 고통을 목격할 때 발생하는 감정적 반응으로 불편하고 불쾌함을 느끼는 것이다. 사람들은 자신이 느끼는 부정적 감정을 줄이기 위해 남을 돕게 된다는 것이다. 즉 남을 돕는 것은 고통을 받는 다른 사람을 목격할 때 발생하는 자신의 부정적 감정을 줄이려는 동기에서 비롯된다고 본다. 또 다른 요소는 비용-보상과 관련된 인지적 요소이다. 즉 행위자는 남을 돕거나 혹은 돕지 않을 때 발생할 수 있는 손실과 이득, 보상을 면밀히 평가하고 계산함으로써 남을 도울 것인지 아닌지를 결정한다고 본다. 즉 남을 돕는 행동은 합리적 계산과정의 결과라는 것이다. 따라서 남을 돕게 될 때 손실이 이득보다 크다고 생각되면 돕지 않을 것이고 남을 도움으로써 얻는 보상이 손실보다 크다고 생각되면 남을 돕게 된다고 강조한다. 비용-보상 모델에서는 사람들이 남을 돕기 전에 고려하는 이득과 손실을 세 가지로 구분하는데, 첫째는 고통받고 있는 다른 사람을 돕지 않았을 때 자신에게 올 수 있는 손실이고, 둘째는 남을 도울 때 자신에게 올 수 있는 이득과 보상이며, 셋째는 남을 도울 때 자신에게 올 수 있는 손실이다(Dovidio et al., 1991). 이러한 요인들이 남을 돕는 행동을 결정하는 주요 요소라면, 결국 남을 돕고 안 돕는 것은 이기적 동기에서 비롯된다고 주장한다.

3) 이타적 요인 대 이기적 요인

친사회적 행동과 이타행동의 동기가 이타적인 것인지 이기적인 것인지에 관한 논쟁은 지금까지 있어 왔고 앞으로도 계속될 것이다. 최근까지의 경험적 연구 결과에 의하면 많은 상황에서 이타적 동기 체계가 인간 행동을 결정할 가능성이 높다는 점을 지적한다. 그럼에도 불구하고 이타적 동기 체계는 단독적으로 또는 이기적 동기 체계와 공동으로 친사회적 행동에 영향을 미친다. 많은 실제 생활의 예에서 이타적이고 이기적인 목표의 혼합이 친사회적 행동의 동기가 된다는 점을 보인다.

도움의 동기에 대한 자기보고는 정확하지 않을 수 있는데 사람들은 종종 자신이 왜 그렇게 행동하는지에 대해 의식하지 못하고 있거나 행동을 한 이후에 그 이유를 생각하기 때문이다. 예를 들어 사람들은 보통 다른 사람을 염려해서 또는 자신에게 의미감이나 목적감을 주기 때문에 자원봉사를 한다고 응답한다(Davis, Hall, & Meyer, 2003; Dickson-Gomes, Knowlton, & Latkin, 2004). 또한 헌혈하는 대부분의 사람들이 언급하는 이유는 인도주의나 이타적 염려이다(J. A. Piliavin & Callero, 1991). 반면 돈을 기부하지 않거나 자원봉사를 하지 않는 사람들이 주장하는 대표적 이유는 단순히 자신들이 요청받지 않았기 때문이라는 점이다.

사람들이 돕는 진짜 동기는 종종 더 복합적이고 자기 이익이 관여될 수 있다. 그러나 이기적인 동기로 다른 사람을 도운 경우라도 기본적으로는 친사회적이라고 할 수 있다. 내가 다른 사람을 도운 동기가 다른 사람의 상황으로 인해 내가 괴롭거나 슬프기 때문이라도 어쨌든 다른 사람을 도우려고 하는 것이고, 이는 결국 사람들을 관계 짓게 하고 상호 보완하게 만들기 때문이다. 즉 다른 사람의 이익이 내 것이 되고 내 이익이 다른 사람의 것이 되는 긍정적 결과를 만들게 된다.

II
친사회적 행동의 요인

제3장 언제 친사회적 행동을 하는가

1. 구경꾼의 개입모델: 주변인 효과

도움행동과 친사회적 행동의 연구는 1964년 키티 제노비스라는 여성이 미국 뉴욕에서 살해당한 사건에서 비롯되었다. 그녀는 자신의 아파트로부터 몇 미터 떨어지지 않은 곳에서 38명의 목격자가 있었음에도 불구하고 잔인하게 살해당하였다. 이 비극적인 사건은 구경꾼들이 무관심과 냉담으로 반응하는 경향이 있다는 것을 보여주었고, 연구자들은 위급한 상황에서도 사람들은 왜 돕지 않는가에 관심을 가지기 시작했다.

도움행동에 있어 결정적인 영향을 미치는 상황적 요인에 초점을 두고 연구를 시도한 초기 연구자들이 바로 Latane과 Darley(1968)이다. 이들은 위급한 상황에서 '구경꾼들이 무관심한 원인은 무엇인가?'에 대한 설명을 제시하고자 하였다. 연구에 따르면 남을 도울 것인가 아닌가의 결정은 주위 사람들의 수에 의해 영향을 받는다고 한다. 즉 위급한 상황이 일어났을 때 주위에 다른 사람이 많으면 많을수록 도와줄 가능성이 줄어드는 반면 긴급한 상황에서 자신이 유일한 목격자라면 더 돕게 된다는 것이다. 이를 '주변인 효과(bystander effect)'라고 하는데 위급한 상황에서 자신이 유일한 사람일 때 가장 빨리 그리고 가장 자주 잘 돕는다는 실험 결과를 보여주었다.

Latane과 Darley에 따르면 구경꾼이 위험한 상황에 개입하여 남을 도울지 아닌지를 결정하는 것은 연속적인 과정에 달려있다고 한다. 즉 다른 사람에게 도움을 주기 전에 사람들은 5단계의 의사결정 과정을 경험한다는 것이다. 1) 구경꾼은 우선 상황이 잘못되었다는 것을 알아차리고 주목한다. 2) 이러한 상황을 도움이 필요한 위기로 정의한다. 3) 개인적으로 책임이 있는가를 결정한다. 4) 어떤 종류의 도움을 줄 것인지 선택한다. 5) 선택한 행위를 실행할 것인지를 결정한다. 각 단계에서의 결정은 구경꾼의 최종 반응에 영향을 미치기 때문에 알아차리지 못하는 것, 위기로 정의 내리지 않는 것, 개인적 책임이 없다고 결정하는 것, 어떤 도움을 줄지 선택하지 못하는 것, 행위를 실천할지 결정하지 못하는 것 모두는 도움행동을 하지 않게 만든다. 이러한 결정 과정의 단계는 다음과 같다.

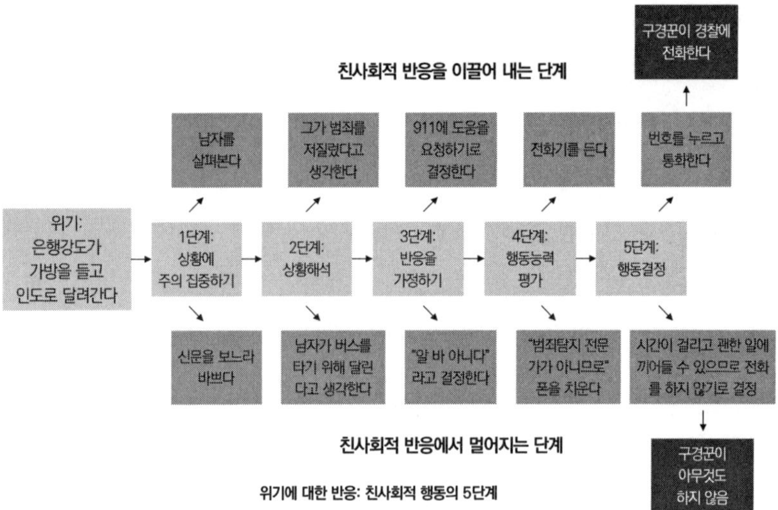

위기에 대한 반응: 친사회적 행동의 5단계

위기에 대한 친사회적 반응은 선택이 필요한 다섯 단계의 지점으로 개념화된다.
각 단계에서 개인은 친사회적 반응이 더/덜 일어나게 된다.

〈그림 2〉 도움행동을 결정하는 단계(Latane & Darlley, 1970)

1단계에서 어떤 사건에 사람들이 주목하는 데 영향을 미치는 요인은 그 당시의 정신이나 기분 상태, 도움이 필요한 상황의 특성과 구경꾼의 주의를 끌 수 있는 정도 등이다. 사건의 특성이나 명료성도 사람들이 사건에 주목하는지 아닌지에 영향을 미친다. 어떤 사건은 다른 사건보다 더 주목받기도 하는데 한 연구에서 지하철에서 병든 사람이 쓰러진 경우 주변 사람들은 더 반응하고 돕는다는 결과를 보여주었다(Piliavin et al., 1976).

2단계에서 즉각적인 도움이 필요한 상황인지 결정하는 데 영향을 미치는 요인은 사건의 특성이다. 희생자가 고통스러워하거나 비명을 지르는 것과 같이 도움의 필요성이 명백해 보일 때 위기 상황으로 정의 내리게 되고 신속한 도움이 필요하다는 것을 알리게 한다(Shotlan & Huston, 1979).

3단계에서 위기 상황에 개입할 동기가 생기게 되는데 이때 남을 도와야 한다는 사회적 규범의 활성화 정도나 개인적 규범의 구성 여부 그리고 개인적 책임의 인정 등에 따라 결정된다. 특히 사람들은 위기 상황에 개입하고자 할 때 주변 사람들에 의해 영향을 받는데, 주위에 잠재적으로 도움을 줄 수 있는 사람들이 많을수록, 도움의 책임이 분산되고, 이는 결과적으로 위급 상황에 개입하려는 적극적 태도를 취하지 않게 만든다.

4단계에서는 도와줄 방법을 고려하는데 비용과 이득의 분석에 기초하여 도왔을 때의 결과를 평가하게 된다. 위기 상황에 개입하는 방법으로는 자신이 직접적으로 돕는 방법이 있고 경찰에 신고하거나 주위 사람들에게 알리는 것과 같은 간접적 개입 방법이 있다.

5단계는 도움행동의 결정을 실천하는 단계이다. 사람들은 자신의 도움행동이 피해자에게 긍정적 결과를 가져온다고 판단할 때 그리고 도움행동에 대한 비용보다 보상이 더 크다고 판단할 때 도움행동을 할 가능성이 커진다.

위험 상황에서의 개입과정에 있어 세 가지 중요한 과정이 강조된다고 볼 수 있는데 상황에 대한 해석, 평가, 그리고 책임의 분산이다. 도움이 필요한 긴급한 상황은 종종 애매모호한 상황일 수 있다. 이러한 상황에 직면할 때 사람들은 무슨 일이 일어났는지를 알기 위해 우선 다른 사람의 반응을 살펴보는데, 다른 사람의 반응은 상황을 해석하는 데 도움을 주기 때문이다. 만일 다른 사람들이 담담한 반응을 보이면 아무 일도 안 일어났다고 결정하거나 그 상황이 도움이 필요 없는 상황이라고 생각할 것이다. 또는 다른 사람들이 행동을 취하지 않는 것은 도울 수 있는 적절한 방법이 없기 때문이라고 생각할 것이다.

사람들은 종종 주위 사람들에게 걱정하는 표시를 드러내지 않고 냉정하게 보이려고 한다. 이러한 상황은 주위 사람들이 서로 돕지 않게 작용하는 효과를 낳게 한다. 냉정한 주위 사람의 수가 많으면 많을수록 서로 돕지 않게 만드는 영향력이 커진다. 그러나 주위 사람의 수와 상관없이 돕게 되는 두 가지 경우가 있다. 다른 사람들이 매우 놀랐음을 목격했을 때와 도움이 필요한 상황이란 사실이 너무 명백해서 상황을 정의하는데 다른 사람의 반응이 불필요할 때이다.

그러나 사람들은 반드시 다른 주위 사람의 반응에만 관심을 두는 것이 아니라 주위 사람들이 자신의 반응을 살핀다는 점을 알게 된다. 즉 사람들은 주위 사람들이 자신에게 무엇을 기대하는지, 어떻게 자신의 행동을 평가할 것인지를 고려하게 된다. 자신에게 내릴 다른 사람들의 평가에 대한 고려는 돕는 행동을 더 하게 만들 수도 있지만 오히려 돕는 행동을 하지 않게 만들 수도 있다. 예컨대 다른 사람들이 자신이 끼어드는 것을 어리석거나 잘못된 일로 평가할까 봐 두려워하면 돕는 행동을 하지 않게 된다. 또한 긴급한 상황에 주위의 다른 사람들이 반응하지 않는 것은 주위 사람들이 그 상황에 간섭하면 안 된다고 생각하는 것으로 추측하고 돕지 않을 수 있다. 그러나 주위 다른 사람들이 상황에 간섭하는 것을 반대하는 것 같지 않다고 평가한다면 남을 돕는 행동을 하려고 결정을 내릴 것이다.

긴급한 상황에서 자신 외에 다수의 목격자가 있다는 사실은 자신이 나서서 도와야 할 개인적인 책임이 있는가를 결정하는 데 영향을 준다. 만일 자신이 유일한 목격자라면 두말할 필요 없이 자신이 도와야 한다는 개인적 책임감을 느낄 것이다. 그러나 자신 외에도 여러 사람이 주위에 있다면 자신이 긴급한 상황에 대처해야 한다는 책임감은 분산되고, '왜 내가 도와야 하나', '다른 누군가가 돕겠지'라는 생각을 하게 된다. 이와 같은 책임의 분산에 의하면 사람들은 자기 외에 다른 누군가가 행동을 취할 것이라는 가정을 하게 되어서 남을 돕지 않게 된다는 것이다. 책임의 분산은 특히 다른 주위 사람들이 도울 만한 능력을 가졌다고 생각할 때 발생한다. 주위 사람들이 거리상 너무 멀리 있다거나 주위 다른 사람들이 긴급한 상황에 대처하기에 너무 어릴 때에는 책임을 남에게 떠넘기지 않는다. 반대로 자신이 주위의 다른 사람보다 무능력하다고 느낄 때에는 책임을 분산하는 경향이 증가한다.

'주변인 효과'에서 알 수 있는 점은 구경꾼들이 위급 상황에 개입하지 않는 것은 구경꾼과 희생자 간의 관계보다는 구경꾼들 사이의 관계를 통해 더 잘 이해될 것이라는 점이다. 이후의 연구들에서도 위기를 목격한 상황에서 혼자일 때보다는 다른 목격자들이 존재할 때 덜 개입하려 하는 사회억제 효과를 보여주었다.

사회억제 효과의 연구는 주위에 다른 목격자나 구경꾼이 있다는 것이 위기 상황에 개입하려는 개인의 의지를 감소하게 만든다는 점을 보여준다. 학생들을 대상으로 한 실험연구에서 연기가 들어가는 방에서 설문지를 작성하도록 하고 세 가지 조건을 비교하였다(Latane & Darley, 1970). 동료들 없이 혼자서 설문지를 작성하는 조건과 세 명의 학생이 동시에 설문지를 작성하는 조건, 그리고 한 학생과 연기를 무시하고 설문지를 작성하는 두 명의 실험협조자가 있는 조건이다. 실험이 시작된 지 6분 후에 방은 연기로 가득해졌고 혼자 있는 상황에서는 75%의 학생들이 방 밖에 있는 누군가에게 연기가 발생한다고 보고하였다. 이와 비교하여 세 명의 학생이 있는 집단에서 개입하는 비율은 38%로 훨씬 더 낮게 나타났다. 이러한 결과는 집단상황이 개입에 대한 강한 억제 효과로 작용한다는 것을 보여준다. 끝으로 두 명의 실험협조자가 있는 조건에서는 10%의 학생만이 개입하여서 혼자 있는 상황에서보다 낮은 개입 비율을 보였다. 이 연구는 다른 사람의 존재와 숫자가 돕는 행동에 영향을 준다는 사회적 억제의 일반적인 경향을 보여준다.

2. 도움 수혜자의 특성

친사회적 행동이나 도움행동에 영향을 미치는 상황 요인 중 하나는 도움을 받는 사람의 특성이다. 사람들은 도움이 필요한 사람이 자신과 가깝다고 생각될 때 더 돕는 경향이 있다. 우리는 자기 가족이나 친구 또는 아는 사람을 더 돕게 된다. 이는 자신과 관계가 있는 사람에게는 규범적인 의무를 가지고 더 강한 공감을 느끼기 때문이며 그들을 돕지 않았을 때에 손실이 매우 크기 때문이라고 연구되어 왔다. 이는 친밀한 관계뿐만 아니라 단순히 한 번 보고 지나친 사람과의 관계에도 적용된다고 한다.

또한 사람들은 자신과 비슷한 사람일수록 더 돕게 되는데 유사성은 호감과 공감을 유도하고, 이는 도움을 유발하는 요인이 되기 때문이다(Miller et al., 2001). 사람들은 일반적으로 자신과 비슷한 사람을 더 가깝게 느끼기 때문에 인종, 국적, 성, 태도, 가치관, 성격, 정치적 견해에서부터 옷 입은 방식과 같은 단순한 부분까지 자신과 유사한 사람들을 돕기 쉽다는 것이다(Dovidio & Morris, 1975; Gaertner & Dovidio, 1977; Jackson & Esses, 1997; Krebs, 1975; Shaw et al., 1994; Sole, Marton, & Horstein, 1975). 대학생들을 대상으로 한 실험연구에서는 자신들과 비슷한 옷차림(청바지와 티셔츠)을 한 사람들이 공중전화를 걸기 위해 동전을 빌려달라고 부탁할 때 자신과 다른 옷차림의 사람이 부탁할 때보다 더 잘 빌려준다는 결과를 보여주었다. 일반적으로 사람들은 평범한 외모를 가진 사람이 광고 전단을 나누어 주는 경우 이상한 외형(긴 머리, 오래된 군복 등)을 가진 사람이 나누어줄 때보다 더 잘 받아주었다(Darley & Cooper, 1972). 일반적인 모습과 이상한 모습의 사람을 이용한 유사성의 가설은 장거리 전화를 위해 10센트를 빌리는 연구(Emswiller et al., 1971)에서도 확인되었는데 평범한 모습의 사람들은 평범한 모습으로 부탁하는 사람들을 더 도왔고 히피는 히피를 더 도왔다.

도움을 받는 사람의 유사성의 역할은 내집단 선호주의로 설명되기도 한다. 유사성은 "우리(we-ness)"의 감정을 촉진할 수 있고, 이는 다시 도우려는 동기를 높이게 된다고 가정한다(Krebs, 1975). '우리'라는 감정이나 의식은 구경꾼의 공감을 증가시키고 도움행동을 더 하도록 영향을 미친다는 것이다(Levine et al, 2005).

친숙성도 유사성과 같이 동정심을 유발하는 요인 중 하나이다. 사람들은 재난 피해자들이 사는 장소에 대하여 많이 알수록 기부를 더 많이 하였다(Zagefka et al., 2013). 또한 생일이나 성과 같이 우연한 유사성을 공유한다고 인식되는 개인의 도움 요청에 더 반응하게 된다는 연구 결과도 있다(Burger et al., 2004). 유사성이 인종과도 관련되는지에 대한 연구 결과는 다소 일치하지 않은 결과를 보여준다. 일부 연구는 사람들이 동일 인종을 더 도우려 한다는 결과를 보여준 반면 다른 연구는 사람들이 다른 인종을 더 도우려는 경향이 있다고 하고, 인종이 어떤 차이도 설명하지 않는다는 연구도 있다(Benson et. al, 1976; Dutton & Lake, 1973; Lerner & Frank, 1974).

도움에 영향을 주는 수혜자의 중요한 특성 중 하나는 다른 사람에 대한 긍정적 느낌이나 매력이다. 매력은 외모나 우호적인 행동, 개인적 특성에 따라 생기는데 사람들은 매력이 없는 사람보다 매력이 있는 사람을 더 돕는다(Dovidio & Gaertner, 1983, Harrell, 1978, Kelley & Byrne, 1976, Kleinke, 1977). 비용-보상의 분석에 따르면 외모가 돕는 행동을 증진시키는 이유 중 하나는 (특히 이성 간에서) 보상의 가능성을 증가시키기 때문이라는 것이다. 예를 들어 도움행동으로 인해 매력적인 사람과의 관계를 시작할 수 있게 되기 때문이다. 그럼에도 불구하고 또 다른 연구들에서는 보상이 확실하지 않은 경우에서도 매력은 돕는 행동을 증가시킨다는 결과를 보여준다(Benson, Karabenick, & Lerner, 1976).

한편, 사람들은 도움을 받는 대상이 도와줄 만한 사람인가 또는 도와줄 가치가 있는 사람인가를 생각한다. 일반적으로 사람들은 도움이 필요한 사람의 문제가 어쩔 수 없는 상황 때문이거나 죄 없는 희생자일 때 더 도우려고 한다. 따라서 사람들은 개인적인 실수나 잘못 또는 규범의 위반 등과 같은 것으로 인해 도움이 필요한 사람들에게는 도움을 주지 않으려고 한다. 대상이 도와줄 가치가 없다고 생각하면 공감이나 도덕적인 의무감이 생기지 않고 따라서 돕기보다는 오히려 상대를 비난할 가능성이 높아진다. 사람들은 위급한 상황에서조차 도울 만한 가치가 있는 사람인가를 고려하는데 예를 들어 지하철에 쓰러져 있는 사람이 술에 취한 사람처럼 보이면 주위 사람들은 그 사람을 일으켜 주려 하지 않을 것이다.

이에 대한 설명은 귀인의 연구에서 이루어졌는데(Berkowitz, 1969) 내부의 원인 때문에 도움이 필요한 경우보다 외부의 원인 때문에 도움이 필요한 경우 더 많은 도움행동을 유발한다는 것이다. 희생자가 궁지에 몰린 것에 대하여 그 당사자를 비난할 만하다고 판단되면 도움을 줄 가능성은 낮아진다(Higgins & Shaw, 1999). 도움행동의 원인 소재 및 통제성에 따른 연구(이수정, 1987)에서는 통제 가능한 이유로 실직한 경우보다 통제 불가능한 이유로 실직한 경우 피실험자를 더 많이 도와주려고 하였다. 또한 실직의 원인이 내적 책임에 의한 것이면서 통제 가능한 경우에서는 동정심이나 공감을 제일 적게 느끼고 분노를 많이 느껴 제일 적게 도와주려고 하는 경향을 보였다.

3. 기타 상황적 효과

앞에서 언급되었던 키티 제노비스 사건에서 이웃들에게 피해자를 돕지 않은 이유를 나중에 질문했을 때 그것이 살인사건이 아니라 연인 간의 다툼이거나 술에 취한 친구들의 소란이라고 생각했기 때문이라고 답하였다. 또한 주변에 목격자가 많아서 누군가가 도와줄 것이라고 판단하는 책임감의 분산이 일어났기 때문이다. 위급한 상황에서 사람들은 지나치게 적극적으로 행동하면 남들 앞에서 창피할까 봐 걱정하기 때문에 일단 차분하고 태연하게 행동하면서 남들의 반응을 관찰하고 실제로 위급한 상황인지 판단하려고 하기 때문이다.

Darley와 Batson(1973)은 선한 사마라아인의 우화에서 도움에 영향을 미치는 또 하나의 결정 요인을 발견하였는데 바로 시간적 압박이다. Batson과 동료들(1978)의 실험에서도 바쁘고 중요한 약속에 서둘러 가야 하는 경우 덜 돕는 경향을 보였는데 저자들은 이들이 냉담하기 때문이 아니라 단지 곤경에 처한 사람에게 집중할 시간이 없었기 때문이라고 강조하였다.

도움을 요청받거나 도움의 제공에 대한 사회적 압력은 도움행동을 유발하는 중요한 상황적 요인으로 볼 수 있다. 유대인의 구조에 관한 연구에서 보면 32%의 구조자는 자신의 의지로 돕는 행동을 시작하게 되었다고 보고하지만 대부분의 구조자들은 도움을 요청받았기 때문에 돕는 경향이 있었다(Oliner & Oliner, 1988). 시간을 할애하여 봉사하는 사람들이나 자선단체에 기부하는 사람들, 헌혈자들에 대한 연구들은 개인적 요청이나 사회적 압력이 참여에 있어 매우 중요한 요인이고(Drake et al., 1982; Heshka 1983; Reddy 1980, Sills 1957), 기부하지 않는 것의 공통적인 이유는 요청받지 않았기 때문이라는 점을 명백히 보여준다.

제4장 왜 친사회적 행동을 하는가

1. 이타적 성격

남을 돕는 사람들이나 이타적인 행동을 하는 사람들은 보통 사람과는 다른 어떤 성격적 특성이 있는가? 이타적 성격이나 친사회적 성격에 대한 연구는 이러한 질문에서 시작된 것으로 기본적인 전제는 행동은 개인의 안정적인 성격적 특성에 따라 결정된다는 것에 근거한다. 사회심리학자들이 명확한 이타적 특성의 집합은 없다는 회의적인 견해를 보여 왔음에도 불구하고 근래에는 이타적 성격의 개념에 관한 과학적 논쟁으로 이어졌다. 이타적 성격이 존재할 수 있다는 증거는 두 가지 근거에 기초한다. 우선 실제 생활에서 큰 비용이 드는 도움을 제공하려는 사람들의 성격과 그렇지 않은 사람들의 성격에서 차이가 있다는 점이고 또한 종단적 연구에서 친사회적 반응이 안정성을 보인다는 점이다. 이타적 성격이 과연 있는가에 대한 의문은 계속 제기되고 있음에도 불구하고 여러 가지 연구 방법을 이용해 이타적 (또는 친사회적) 성격을 찾아내려고 했던 학자들은 이타적 성격이란 '다른 사람의 복지나 권리를 생각하고 그들에 대해서 배려하고 동정심을 느끼며 그들에게 이익을 주는 방향으로 행위를 하려는 지속적인 경향'이라고 정의한다(Penner & Finkelstein, 1998).

이타적 성격을 강조했던 연구들은 일반인과는 다른 특성이 있다는 점을 보여주려고 하였는데 몇 가지 성향들—충동 통제, 솔선, 공평함에 관한 확신, 동정, 책임감 등—이 제시되었다(Staub, 1974). 또 다른 연구자들은 다른 사람을 도와주는 데 영향을 미치는 특성들로 긍정적 정서, 공감, 그리고 높은 자기효능감을 강조하거나(Eisenberg et al., 1991; Krueger et al., 2001; Walker & Frimer, 2007) 상냥함을 꼽기도 하고(Habashi et al., 2016) 타인과 조화로운 관계를 유지하려는 성향인 호감성/원만성(agreeableness)이 환경과의 상호작용에 의해서 친사회적 행동에 영향을 미친다고 주장하기도 한다(Graziano et al., 2007).

과거를 회상하는 인터뷰를 통해 유대인을 구조한 사람들에 관하여 연구하였는데 그 결과 구조하지 않은 사람들과는 다른 여러 가지 특성을 보였다. 구조자들은 유대인에 대하여 더 자비심을 보이고 윤리적 규칙을 지키는 것을 더 강조하며 개인적 책임감에 중요성을 더 부여한다는 점에서 달랐다. 구조자들은 비구조자들에 비해 사회적 책임감과 내적 통제에서 높은 점수를 보였다(Berkowitz & Daniels, 1964; Oliner & Oliner, 1988).

이타적 성격에 관한 연구는 교통사고로 부상을 입은 희생자를 위하여 응급치료에 개입한 사람을 대상으로도 조사되었다(Bierhoff et al., 1991). 돕지 않은 사람에 비교하여 도운 사람들은 사회적 책임감에서 높은 점수를 보였고, 적대적이고 이기적인 의도에서는 낮은 점수를 보였으며 공감의 설문에서는 높은 점수를 보였다(Mehrabian & Epstein, 1972). 이러한 세 가지 척도는 서로 상관관계가 있는 것으로 '다른 사람에 대한 배려'의 기본적인 가치 차원에 속한다고 볼 수 있다. 사회적 책임과 공감은 다른 사람에 대한 높은 배려를 의미하는 반면 적의는 다른 사람에 대한 낮은 배려를 말한다. 결국 다른 사람에 대한 배려는 친사회적 영역과 밀접한 관련이 있는 것이다(Schwartz & Bilsky, 1990).

또한 친사회적 행동의 대표적인 예인 자원봉사자들을 대상으로 일반 사람들과 성격 구조의 차이가 있는지가 연구되었다. 지역 정신건강 사회사업 봉사자에 대한 19개 연구에서 자원봉사자들과 자원봉사를 하지 않는 사람들의 동기와 성격 변인을 비교하였는데, 자원봉사자들이 자원봉사를 하지 않는 사람에 비하여 공감, 사회적 책임, 친밀성, 자기효능감, 내적 통제, 자경심, 그리고 감정적 안정성에서 더 높은 점수를 보여주었다(Allen & Rushton, 1983). 또한 AIDS 환자를 위한 서비스 조직에서 활동하는 자원봉사자들을 대상으로 친사회적 성격 목록(Prosocial Personality Battery)으로 이타적 성격을 측정하였다. 설문지에서 다룬 친사회적 성격 중 두 가지 차원(공감과 도움성)은 조직에서의 서비스 기간과 유의미한 정적 상관관계가 있어서 이타적 성격을 가질수록 자원봉사 기간이 길다는 결과를 보여주었다(Penner & Finkelstein, 1998). 다른 연구에서는 "나는 사람들이 돕기 위해 노력해야 한다고 믿는다"라는 문항으로 공동체 지향의 친사회적 성격을 측정하였는데 연구 결과 친사회적 성격이 노숙자를 지원하려는 의도와 상관관계가 있음을 보여주었다(Bryan, Hammer, & Fisher, 2000).

이타적 성격에 관한 연구 결과들로 미루어볼 때 공통적으로 발견되는 이타적 성격의 주요 요소는 무엇인가? 첫째는 사회적 책임감으로 사회에 대한 자신의 도덕적 의무감에 대한 신념을 가진 사람들은 이에 일치하게 행위하는 경향이 있다(Cialdini et al., 1991). 이타적 성격의 또 다른 기본 요소는 공감으로 여러 연구에서 공감은 사회적 책임감과 정적인 상관관계를 보이기도 하였다(Omoto & Snyder, 1995; Penner & Finkelstein, 1998; Schroeder & Graziano, 2015).

10여 년간의 종단적 연구에서 친사회적 행동과 관련하여 개인이 가지고 있는 기본적인 안정성이 있다는 점을 보여주려고 하였다(Eisenberg et al., 2002). 이러한 연구에서 이타적 성격은 초기 아동기에 형성된다는 점과 안정적인 개인 성격으로 고려할 수 있다는 점을 강조한다. 연령별로 살펴보면 4~5세경의 자발적 나눔(어린이들이 자신이 소유한 물건을 양보하거나 일시적으로 사용하도록 허락하는 것)과 15~16세와 17~18세의 친사회적 행동, 그리고 19~20세의 동정심이 도덕적 추론과 유의미한 상관관계를 보였다. 이러한 결과들은 친사회적 성향이 학령기 이전에 발생한다는 점과 15세 이상까지 꽤 안정적이라는 점을 보여준다.

결국 이타적 성격을 연구한 학자들은 도움에 있어 개인차가 있다는 점을 발견하고 도움행동을 하는 사람들은 장기간 일관되게 이러한 행동을 지속하며, 그들의 도움을 주는 경향은 다른 사람들에 의해서도 감지된다는 점을 보여준다(Hampson, 1984; Penner, 2002; Rushton et al., 1981).

2. 비용-보상 모델

남을 돕는 행동이 상황이나 성격보다는 자신에게 오는 이득과 손실을 계산하는 이기적이고 합리적 동기에서 비롯된다고 보는 견해가 있다. 이와 같은 입장을 비용-보상 모델이라고 하는데 대표적인 학자인 Piliavin과 동료들(1981)은 위급한 상황에 개입할 것인지 결정하는 것은 다른 행동의 결정과 마찬가지로 보상과 비용이 관련된다고 하면서 '인간의 경제적 모델'을 지지한다. 즉 도움이 필요한 다른 사람을 돕는 것은 도왔을 때와 돕지 않았을 때의 비용과 이득을 비교하고 자신의 이득을 극대화할 수 있다고 기대할 때 선택하는 것이라고 본다.

비용-보상(cost-reward) 모델에서는 사람들이 남을 돕기 전에 고려하는 이득과 손실을 세 가지로 구분하는데, 첫째는 남을 도울 때 드는 비용이고, 둘째는 돕는 것으로 인해 받게 될 보상, 그리고 셋째는 돕지 않았을 때 고려되는 비용이다(Dovidio et al., 1991). 남을 도울 때 발생할 수 있는 비용은 위험, 노력, 시간 손실 등을 포함하는 것으로 이러한 손실이나 불편함은 남을 돕는 행동을 결정하는 데 있어 주요 요인이 될 수 있음을 기존 연구에서 보여준다(Berkowitz, 1973; Dovidio, 1984; Piliavin et al., 1981). 남을 돕는 행동은 시간과 노력을 할애해야 할 뿐만 아니라 물질적으로도 비용이 들기 때문에 개인에게 손실을 가져올 수 있다. 또한 남을 돕는 행동은 신체적으로 위험이 따르는 경우도 있다. 희생자가 피를 흘리는 경우(Piliavin & Piliavin, 1972), 스트레스가 높은 상황(Midlarsky & Midlarsky, 1973), 도움을 요청하는 상황이 위험으로 인식되는 경우(Anderson, 1974), 도우려고 하는 사람이 시간적 여유가 없을 때(Batson et al., 1978), 도움을 주는 데 드는 시간이나 자원 등의 비용이 높은 경우(Wagner and Wheeler, 1969) 등이 남을 돕는 행동을 저해하는 주요 요인으로 작용한다.

남을 도움으로 해서 자신이 보상을 받고 자신에게 이득이 된다고 생각하면 남을 돕게 될 수 있다. 예컨대 남을 도움으로 인해서 물질적이고 금전적인 보상을 받거나(Wilson and Kahn, 1975) 수혜자가 표현하는 감사를 받을 수 있고(McGovern, Ditzian, and Taylor, 1975) 사회적 명예 혹은 주위 사람의 칭찬을 받을 수 있다고 생각하기 때문에 남을 도울 수 있다는 것이다(Deutsch and Lamberti, 1986; McGovern an et al., 1975). 또한 남을 돕게 되면 자기 자신에게 자기효능감이나 자부심, 뿌듯함을 느끼게 해 주는 이득이 있기 때문에 남을 도울 수 있다(Cialdini et al., 1987; Schaller and Cialdini, 1988; Thompson et al., 1980).

남을 돕지 않았을 때 발생할 수 있는 비용은 자기 자신에 대한 실망과 자책, 자경심의 손상, 그리고 다른 주위 사람들의 실망과 비난 등을 들 수 있다. 이와 같이 남을 돕지 않았을 때 발생할 수 있는 손실의 측면은 남을 돕게 만드는 요인으로 작용할 수 있다(Archer et al., 1981; Dovidio, 1984; Schaller and Cialdini, 1988). 즉 남을 돕는 행동은 남을 돕지 않았을 때 느낄 수 있는 죄책감과 같은 불쾌한 감정을 줄이거나 주위 사람들의 비난을 의식하여 이루어지는 행동이라고 보는 것이다(〈표 1〉 참조).

〈표 1〉 도움행동(또는 돕지 않는 행동)과 관련된 보상과 비용의 예

도움의 비용과 보상	예
도움의 비용	
심리적 혐오	사람(취객)이나 대상(혈액)과 관련된 상황의 불편함
신체적 피해의 가능성	직접 개입 시 위험(개인적 폭행의 가능성)의 높은 가능성이나 고통(전기충격)
노력과 시간	중요한 또는 희망하던 활동의 중단이나 지연(약속을 못 지킴)
비용의 소비 또는 초과	재정적인 비용이 더 듦(예상보다 큰 금액이 듦)
사회적 반감	개입으로 인해 사회적 규칙을 어김(금지된 장소에 가거나 집단규범을 어김)
도움의 보상	
금전적 보상	더 높은 재정적 보상의 가능성(물질적 보상을 받음)
사회적 보상	사회적 이득의 기대(명성, 감사, 호혜)
피해자를 돕지 않을 때의 비용	
피해자에 대한 걱정과 관련	
도움을 받을만한 피해자	피해자가 무고하거나 문제에 대해 책임이 없음
피해자의 어려움	심각한 어려움을 가진 피해자의 상황(극심한 부상이나 정신적 문제)
명확한 피해자의 어려움	피해자의 어려움이 명확하거나 잘못 해석될 수 없음(도움을 요청하는 비명을 지르는 상황)

개인적 걱정과 관련	
죄책감이나 비난	돕지 않았을 때 예상되는 부정적 결과 (곤경에 처한 사람을 돕지 않은 사람이라고 공개적으로 알려질 가능성)
무책임함	주변인이 가지는 명확한 책임 (직접적으로 책임이 있다고 밝혀짐)
불쾌한 각성	타인의 고통을 목격한 것과 관련된 속상함이나 고통

결국 Piliavin과 동료들이 제시한 모델에서는 다른 사람을 도울 때의 손실이 적을수록, 다른 사람을 도움으로써 얻는 보상이 클수록, 그리고 다른 사람을 돕지 않았을 때의 손실이 클수록 다른 사람을 도울 가능성이 높다고 주장한다(Fritzsche et al., 2000).

Piliavin과 동료들은(1975) 돕는 행동의 비용과 돕지 않는 것의 비용에 기초하여 위기 상황 시 구경꾼의 반응을 예측하였다. 아래에 제시된 〈표 2〉의 모델에서 다음과 같은 예측을 하였다.

(a) 돕지 않을 때의 높은 비용과 도울 때의 낮은 비용의 조합은 직접적으로 개입하여 도울 가능성을 높인다.

(b) 돕지 않을 때의 낮은 비용과 도울 때의 낮은 비용은 딜레마로 작용한다. 이때의 반응은 상황에 적용되는 사회적 승인, 사회적 바람직함, 규범적인 기대에 달려있다.

(c) 돕지 않을 때와 도울 때의 비용이 모두 높은 경우는 간접적인 도움을 유발할 수 있다. 이러한 경우 또 다른 대안은 희생자를 비하하거나 도움이 필수적이지는 않다고 결론지음으로써 상황을 재정의하는 것이다.

(d) 돕지 않을 때의 낮은 비용과 도울 때의 높은 비용은 도움이 일어나지 않게 할 것이고 관찰자는 상황에서 자리를 뜰 것이다.

〈표 2〉 희생자를 직접적으로 돕는 비용과 돕지 않는 비용에 기초한 위기 상황 시 구경꾼의 반응 예측

희생자를 돕지 않는 비용	직접적인 도움의 비용	
	낮음	높음
높음	(a) 직접적인 개입	(c) 간접적인 개입 또는 상황의 재정의, 희생자의 비하, 기타*
낮음	(b) 변수(대체로 상황에서의 인지된 규범의 작용)	(d) 장소를 떠나거나 무시하거나 부인, 기타

출처: Piliavin, I.M., Piliavin, J. A., & Rodin, J. (1975)에서 수정
* 이는 돕지 않는 것의 비용을 낮춤으로써 (d)로 유도

결론적으로 돕는 행동의 비용이 높을 때 직접적인 도움은 일어나지 않을 것이라고 예측된다. 대신 간접적인 도움이나 상황에서 자리를 뜨는 것이 전형적인 구경꾼의 반응으로 기대된다. 반면 돕는 비용이 낮을 경우에는 직접적인 개입이 일어날 가능성이 있다. 그러나 돕지 않는 것의 비용이 부가적으로 고려될 때 예측은 더 복잡해진다. 희생자의 견해를 가지게 되고 희생자를 강조할 때 돕지 않는 것의 비용은 높아지고 일반적으로 돕지 않는 것의 비용이 높으면 도우려는 의지를 증가시키는 경향이 있다.

몇몇 연구에서 돕는 비용과 돕지 않는 비용을 동시에 조작하였는데 그중 가장 설득력 있다고 평가되는 것은 Clark(1976)의 연구이다. 이 연구에서 학생들에게 시각장애인 학생에게 5시간 동안 책을 읽어주도록 부탁하는데 한 집단에게는 시각장애 학생이 중요한 시험을 준비하고 있다고 알려주고(즉 시각장애 학생을 돕지 않는 비용이 높은 경우), 다른 한 집단에게는 시각장애 학생이 평범한 학습프로그램을 하고 있다고 알려주었다(즉

시각장애 학생을 돕지 않는 비용이 낮음). 또한 수혜자와 돕는 사람 간의 거리를 멀게 하거나(돕는 것의 비용이 높은 경우) 좁게 하였다(돕는 것의 비용이 낮은 경우). 시험이 도움을 받는 사람에게 있어 중요하다고 알려준 경우와 수혜자와 돕는 사람의 좁은 거리는 도우려는 높은 의지를 보였다. 다른 세 가지 조건(중요한 시험-먼 거리, 평범한 학습-좁은 거리, 평범한 학습-먼 거리)에서는 돕는 행동이 매우 낮게 나타났다. 이러한 결과는 결국 도울 때 비용은 낮고 돕지 않을 때 비용은 높을 때 더 돕는다는 것을 보여준다.

돕는 것의 비용과 돕지 않는 것의 비용에 근거하여 도움을 예측하는 것은 친사회적 행동이 이기적으로 동기화되었다는 가정에 근거한다. 친사회적 행동은 주로 사람들의 비용-보상에 의해 영향을 받는다는 연구결과는 이후에도 계속적으로 제시되었다(Epley & Dunning, 2000). 사람들이 도움행동을 할 가능성을 높이는 상황적 요인으로 도움이 주는 순수비용을 줄이거나(예를 들어 도움을 개인적인 발전의 기회로 제시하는 것; Perlow & Weeks 2002), 도움이 주는 잠재적 보상을 높이거나(예들 좋은 기분을 만드는 것; Gueguen & De Gail 2003), 또는 도움을 주지 않는 것의 비용을 높이는 것(예를 들어 도움을 주지 않는 것에 대한 죄책감이나 수치심을 유발하는 것; Dovidio et al., 1991) 등이 포함된다.

3. 규범

1) 사회규범

남을 돕는 행동의 동기에 관한 연구에서 규범을 강조하는 학자들은 사회규범이 남을 도와야 한다고 규정하기 때문에 남을 돕는다고 강조한다. 2장에서 간략하게 살펴보았듯이 친사회적 행동과 관련된 사회규범에는 사회적 책임의 규범(Berkowitz, 1972)과 공정함의 규범이 있다. 사회적 책임의 규범(the norm of social responsibility)이란 자신에게 의지하는 사람을 도와주어야 한다는 규범으로, 일반적으로 어려움에 처한 사람이나 힘이 없는 어린이, 노약자를 도와야 한다는 사회규범이 있다.

사람들은 이러한 사회규범을 지키려고 하기 때문에 다른 사람을 돕게 되는데 사회규범이 적용되지 않는 예외가 있다는 점에서 사회규범은 친사회적 행동의 동기로서 제한이 있다. 사람들은 다른 사람의 어려움이 불가항력 때문이 아니라 그 사람의 문제 때문이라고 판단하면 돕기를 꺼려 한다(Frey & Gaertner, 1986). 예를 들어 가난이 사회구조적인 문제보다는 개인의 게으름 때문이라고 생각하면 가난한 사람을 도우려 하지 않고 AIDS와 같은 질병이 수혈 때문이 아닌 난잡한 성생활 때문이라고 생각하면 덜 도우려고 한다는 연구 결과가 있다(Weiner, Perry, & Magnusson, 1988). 일반적으로 타인의 문제에 대하여 개인이 통제력이 있는지 없는지의 여부가 화를 느끼게 할 수도 있고 동정심을 느끼게 할 수도 있으며 이에 따라 도울 것인지 아닌지가 결정된다(Gretemeyer & Rudolph, 2003).

또한 남을 돕는 행동에는 상황에 반응하는 개인차도 영향을 미치는데 자유주의와 보수주의자는 자연재해의 피해자에 대한 반응이 달라서 보수주의자들은 홍수에 사전 대비를 더 준비했던 마을을 지원하는 경향이 있었다(Skitka, 1999). 개인주의 문화인지 집단주의 문화인지에 따라 다른 사람의 의존성을 보는 반응도 달랐는데 집단주의 문화(홍콩)에서는 개인주의 문화(런던)에서보다 타인의 도움의 필요에 더 반응하는 것으로 나타났다(Barrett et al., 2004; Ma, 1985). 다른 사람에게 의존하는 데 있어 성

차이에 대한 전통적인 연구도 있는데 여성들은 남성보다 더 도움을 요청하는 경향이 있었다(Enzle & Harvey, 1979). 이와 같이 사회적 책임의 규범은 일반적인 규칙일 뿐이지 모든 상황이나 모든 사람에게 똑같이 적용되는 것은 아니라는 점에서 도움행동의 동기로 부적당하다는 견해가 있다.

남을 도와야 한다는 또 다른 사회규범으로는 호혜성의 규범(the norm of reciprocity)이 있다. 호혜성의 규범이란 자신을 도와주었던 사람이 어려운 상황에 놓이면 도와주어야 한다는 것으로 다른 사람과 안정적이고 상호적인 관계를 유지하기 위해 사회에서 필요한 규범이다(Gouldner, 1960). 호혜성은 도와준 사람을 다시 만나게 될 경우에 영향을 미치기도 하지만(Cialdini, 2001; Whatley et al., 1999) 그렇지 않은 경우에도 영향을 미친다는 결과를 보여준다(Burger et al., 2006; Carnevale, Pruitt, & Carrington, 1982; Ggoranson & Berkowitz, 1966). 또한 도움을 많이 받으면 이후에 더 도움을 주었고(Kahn & Tice, 1973) 자신에게 도움을 준 사람에게 되갚지 못할 경우에는 제3자를 도움으로써 호혜성을 유지하려는 경향이 있었다(Berkowitz & Daniels, 1964; Diamond & Kashyap, 1997).

호혜성의 규범의 기저에는 형평을 유지하려는 균형의 원칙과 공정하고 공평한 세상에 대한 믿음이 있다. 형평이란 사람들의 관계에 있어서 똑같이 공헌하고 똑같이 보상받을 때 발생하는 균형을 의미한다(Adams, 1963; Walster et al., 1978). 사람들은 이러한 관계에서 불균형을 느끼면 균형을 유지하려 하는데 예를 들어 과도하게 보상을 받은 사람이나 불이익을 받은 사람은 형평에 맞지 않는다고 느끼고 불편함이나 괴로움을 느끼게 된다. 과도하게 보상받은 사람은 자기가 받은 보상의 일부를, 불이익을 받은 사람에게 되돌려줌으로써 형평을 다시 유지하려고 노력한다. 형평이론의 입장에서는 도움행동도 이러한 맥락에서 발생하는 것으로 본다. 불공정한 상황을 목격한 사람이 불이익을 받은 사람을 도와주려고 하거나 불쌍한 사람을 돕거나 기부금을 내는 자선 행위가 그 예라고 본다.

그러나 이러한 불균형이 반드시 도움행동의 동기가 되는 것은 아닌데 사람들은 자신이 공헌한 가치를 평가절상하는 경향이 있기 때문이다. 한편, 불이익을 받은 사람은 공헌을 덜 하게 되는데 자신들이 불공평하게 취급받았다고 느끼는 노동자들을 대상으로 한 연구에서 이들은 다른 사람이나 자신이 속한 조직을 덜 돕는다는 것을 발견하였다(George, 1991). 따라서 불균형이 도움행동을 유발하지 않을 수 있다는 결과를 보여준다.

공평한 세상 가설(Lerner, 1980)이란 좋은 일은 좋은 사람에게 일어나고 나쁜 일은 나쁜 사람에게 일어난다는 이론이다. 즉 사람들은 세상 모든 일이 공정하고 공평하고 정당하게 돌아간다고 생각하기 때문에 다른 사람을 도우면 좋은 일이나 행운이 일어날 것이고 다른 사람을 돕지 않는 나쁜 사람은 불행해질 것이라고 믿는다. Zukerman(1975)의 실험에서 공평한 세상 가설을 믿는 학생일수록 시험 전에 남을 돕는 경향이 있었지만, 시험 후에는 돕지 않는 결과를 보여주는데 이는 다른 사람을 돕는 것이 시험 결과를 좋게 할 것이라는 믿기 때문이라는 점을 보여준다. 또한 공평한 세상 가설에 대한 강한 신념이 있는 사람일수록 불이익을 받은 사람을 더 도우려고 한다는 연구 결과가 있다(Bierhoff et al., 1991).

그러나 공평한 세상에 대한 믿음은 정반대의 반응으로 나타나기도 하는데 종종 사람들은 희생자가 그런 일을 당할만한 사람이기 때문이라고 믿고 죄가 없는 희생자를 평가절하하여 돕지 않게 되는 경우도 있다(Miller, 1977). 또한 공평한 세상을 믿을수록 장애에 대하여 더 부정적이기도 하였고(Furnham, 1995), 사회적 약자들에 대한 정부 보조를 반대하는 경향이 있었다(Applebaum, 2002). 이러한 경향은 강간과 같은 범죄의 무고한 희생자가 오히려 책임이 있다고 비난받는 경우와 같은 맥락으로 공평한 세상에 대한 믿음이 오히려 불공평한 판단을 하게 만드는 아이러니를 보여준다.

지금까지 살펴본 바와 같이 사회적 책임이나 호혜성, 사회정의와 관련된 사회규범은 너무 광범위하여 구체적인 상황에서 행동을 유발하기에 모호하고 너무 일반적이라는 비판이 있다. 또한 주어진 상황에 적용할 수 있는 사회규범들이 사회의 모든 사람에게 똑같이 받아들여지지 않기도 하고 때로는 서로 상충될 수 있어서 사람들은 어느 규범에 따라야 하는지 혼란스럽고 결국 사회규범이 개인의 행동에 적용되기 힘들다고 할 수 있다. 이와 같이 사회규범이 도움행동과 같은 구체적인 행동을 설명하기에 한계가 있다는 문제점을 보완하기 위한 규범적 설명이 대두된다.

2) 개인규범

사회규범들이 사회의 모든 사람에게 받아들여진다면 왜 사람들이 남을 돕는 정도에 차이가 있는가? 개인의 구체적인 행동과 개인행동의 차이를 설명하기 위해 제시된 것이 개인규범이론(personal norms theory)으로 개인규범이란 개인마다 내면화된 가치체계이다. 개인규범은 종종 사회규범과 일치하기도 하지만 개인마다 내면화되는 정도가 다르다

(Schwartz, 1977; Schwartz and Howard, 1981). 개인규범은 특정한 상황에 특별한 행위를 수행해야 한다는 도덕적 의무감으로서 개인행동의 차이를 설명해 줄 수 있다.

개인규범이론에서는 남을 돕는 행동도 개인규범에서 비롯된다고 보는데 남을 돕는 행동을 크게 다음과 같은 세 단계로 구분하여 본다. 1단계는 의식 단계로 다른 사람이 도움이 필요한 것을 알아차리고 적절한 행동을 생각하여 행동을 수행할 수 있는 자신의 능력을 인식한다. 2단계는 동기부여 단계로 이러한 행동이 얼마나 개인의 내면화된 도덕적 가치를 표현하는가, 이 행동에 따른 사회적·물질적 비용과 이익이 얼마나 되는가, 그리고 이와 관련된 적절한 행동을 하기를 얼마나 원하는가 등을 생각한다. 3단계는 방어단계로 만일 돕고자 하는 동기부여와 돕지 않으려는 동기부여가 비슷하여 갈등이 생긴다면 이러한 갈등을 줄이려고 자신이 가진 개인규범을 중화하여 돕는 행동을 회피하려고 한다. 이러한 과정에서 다른 사람이 도움이 필요하다는 것을 부인하거나 도울 가능성을 부인하거나 자신의 개인적 책임감을 부인하게 된다.

결국 개인규범이론에서 남을 돕는 행동의 과정을 주목→책임감의 일반화→예상적인 평가→방어→행동의 단계로 구분하는데 다음과 같은 9개의 과정으로 세분된다.

주목: 1. 도움이 필요한 사람의 인식

2. 도움을 줄 수 있는 행위에 대한 지각

3. 도움을 제공할 수 있는 자신의 능력에 대한 인식

책임감의 일반화: 4. 관련된 책임감의 이해

5. 개인적 책임감의 활성화

예상적인 평가: 6. 비용의 평가와 가능한 결과의 평가
방어: 7. 부정을 통한 상황의 재평가와 재정의
8. 재평가에 근거한 초기 단계의 상호작용
9. 돕는 행동과 돕지 않는 행동

많은 후속 연구들에서도 개인규범은 개인의 돕는 행동에 있어서의 차이를 설명해 주는데(Harrison, 1995; Piliavin & Libby, 1986), 개인적으로 남을 돕는 것이 옳은 행동이라고 생각하고 남을 도와야 한다는 도덕적 의무감이나 책임감을 가진 사람이 남을 도왔다. 이후 연구에서는 개인적 책임감이나 도덕적 의무감을 표현하는 사람들이 자원봉사에 더 참여하고(Hart et al., 2004), 기부를 더 많이 하였다(Piliavin & Charng, 1990; Sargeant, 1999; 이정기, 정은정, 2011; 이창식, 송국범, 2013; 정영석, 2000; 홍은진, 2005). 최근 국내 연구에서는 대학생들의 헌혈과 기부 행동에 있어 도덕규범이 중요한 요인임이 조사되었다. 헌혈에 관한 연구에서는 헌혈에 관련한 도덕규범이 남녀대학생 모두에게서 중요한 요인이었고(전신현, 2020) 기부에 관한 연구(전신현, 2022)에서도 도덕규범이 첫 기부에서뿐만 아니라 지속적인 기부의도에 영향을 미치는 것으로 나타났다.

4. 감정, 기분

친사회적 행동이나 남을 돕는 행동에 영향을 미치는 중요한 요인 중의 하나로 연구되어 온 것이 감정(emotion)과 기분(feelings)이다. 어떠한 감정이나 기분이 친사회적 행동에 영향을 미치는지 여러 학자들이 연구

해 왔는데 특정 감정들은 개인의 도덕적 규범행위에 있어 중요한 설명 요인으로 주목받았다. 도덕적 규범행위에 영향을 미치는 특정 감정을 상징적 상호작용론자들은 역할담당감정이라 분류하였고 심리학자들은 도덕적 감정 또는 자의식적 정서[6]라고 정의하기도 하였다.

감정은 크게 두 종류로 구분할 수 있는데, 두려움, 화, 슬픔과 같이 원초적이고 생득적인 감정은 문화에 상관없이 경험될 수 있는 감정이라고 볼 수 있다. 반면 공감, 동정심, 죄책감, 수치심, 자부심과 같은 감정들은 인간의 인지과정과 관련된 감정으로, 특히 규범이나 문화에 따라 영향을 받는다고 할 수 있다. 이러한 감정은 규범이 있기 때문에 느낄 수 있는데 사회화를 통해 학습되며 단순한 외부의 자극보다는 인간의 상호작용 가운데 규범을 인지함으로써 느낄 수 있는 감정이다. 상징적 상호작용론자들은 이러한 감정들을 이차적 감정(secondary emotion)(Kemper, 1987) 또는 역할담당 감정(role-taking emotion)이라고 부르며(Shott, 1979) 타자와의 역할 관계 속에서 인지적으로 형성되는 것이라고 보았다.

역할담당 과정은 다른 사람과의 상호작용 혹은 역할 관계 속에서 다른 사람 혹은 사회 전체의 입장이나 관점을 가지게 되는 것으로, 다른 사람의 입장에서 자신을 대상으로 하여 바라보는 의식적인 성찰 과정을 말한다(Mead, 1934). 역할담당 감정은 역할담당 과정을 통해 느끼는 감정으로 사회 상호작용 가운데 '다른 사람이 나를 어떻게 볼까'라는 인지과정을 통해 느끼는 감정이다. 즉 인간이 자기 자신을 객체로 보면서 사회적 대상이 되는 것과 같은 방법으로 감정도 사회적 대상이 된다는 것이다. 이러한 감정은 지켜야 하는 규범이나 역할 관계가 있기

6) Emotion을 사회심리학에서는 감정 또는 정서라고 번역하여 사용한다.

때문에 경험 가능한 것으로 규범을 인지함으로써 느낄 수 있는 것이다. Shott은 역할담당 감정은 자기 자신을 다른 사람의 입장에 놓고 다른 사람의 입장에서 바라보지 않으면 일어날 수 없는 것이라고 강조한다. 따라서 이러한 감정은 실제 혹은 상상의 일반화된 타자의 역할을 인지적으로 취하게 됨으로써 경험하게 되며 규범적, 도덕적 행동의 유의미한 동기가 되어서 결국 사회통제 및 개인통제를 가능하게 한다. 결론적으로 사회는 이러한 감정이 없이 존재할 수 없다고 본다.

또 다른 사회심리학자들은 타자나 공동체의 태도를 자신에게 통합함으로써 느낄 수 있고 외부의 보상이나 처벌이 없이도 사회규범을 따르게 하는 유형의 감정들을 도덕적 감정(moral emotion)이라고 정의하면서 이러한 감정은 규범을 따르게 하는 도덕적 동기라고 강조하였다(Eisenberg, 2000; Hoffman, 1983, 2000; Tangney and Dearing, 2002). 죄책감과 수치심 또는 공감과 같은 감정은 도덕적 특징을 가지며 도덕적 행동을 유발하고 부도덕한 행동을 제거시키는 데 도움이 되는 대표적인 감정이라고 한다. 다른 심리학자들은 이러한 감정을 '자의식적 정서(self-conscious emotion)'라고 분류하는데 자의식적 정서란 자기를 자각할 수 있는 자의식의 발달 또는 자기개념의 출현을 전제로 하며 자기평가와 연결되는 감정이다. 즉 자의식적 정서란 자신의 행동에 대한 반응으로 나타나는 감정으로(Tangney et al., 1996) 이는 감정을 사회적 대상으로서 보는 역할담당 감정과 같은 개념이라고 할 수 있다.

다른 사람의 문제에 대해 특정 감정을 느끼도록 결정하는 요인은 무엇인가? 크게 두 가지로 볼 수 있는데 하나는 사건 자체의 특성이고 또 하나는 희생자가 도움이 필요한가의 여부를 해석하는 것이다. 우선 사건 자체의 명확성, 심각성, 강도는 감정에 영향을 미치는 중요한 요인이다. 명백하게 심각한 상황은 그렇지 않은 경우보다 사건을 더 각성하게 만들고, 이는 경험하는 감정의 종류에 다시 영향을 미친다. 반대로 상황이 덜 심각하고 덜 급박한 경우 목격자들은 도움이 필요한지를 더 자세히 평가할 수 있는 시간과 기회를 가지게 된다. 즉 해석의 여지가 주어지면서 사람들은 다른 사람이 도움이 필요한 이유를 나름대로 판단하게 된다. 도움이 필요한 이유가 희생자의 내적이고 통제 가능한 원인(예를 들어 노력의 부족)이라면 이는 목격자에게 화를 유발하고 결국 도움행동을 하지 않게 만든다. 반면 개인의 문제가 통제할 수 없는 원인(예를 들어 운이 나빠서)이라면 동정심을 유발하게 되고, 이는 목격자가 도움을 주는 원인으로 작용한다.

친사회적 행동에 영향을 주는 여러 가지 감정에 대한 연구가 많지만 여기서는 친사회적 행동의 주요 요인으로 연구되어 온 대표적 감정인 공감과 죄책감 그리고 기분에 대하여 살펴보도록 한다.

1) 공감

공감(empathy)은 도움행동에 미치는 중요한 요인으로 연구되어 온 대표적인 감정으로(Dovidio et al., 2006) 그 정의에 있어서는 학자들의 일치된 견해를 보이지 않는다. 학자들은 공감의 감정적인 측면이나 인지적인 측면을 강조하는 경향이 있는데, 이는 공감이 한편으로는 공유된 감정적 경험과 관련되고, 다른 한편으로는 자신을 다른 사람의 입장에 놓음으로써 다른 사람의 생각과 감정을 이해하는 것과 관련되기 때문이다. Hoffman(1981, 1982)은 공감이란 '타인의 정서를 이해하여 경험하는 능력'이라고 정의하면서 단순한 감정상의 반응 이외에 다른 사람의 내적 상태를 이해하는 인지적 능력을 포함한다고 보았다. Eisenberg(1986)는 공감을 '고통받는 다른 사람의 감정 상태를 이해함으로써 그 사람의 감정 상태와 동일하고 유사한 감정상의 반응을 나타내는 것'이라고 정의하여 공감의 감정적 측면과 인지적 측면을 모두 강조하였다.

공감이란 다른 사람의 입장에서 그 사람을 이해함으로써 느끼는 감정이라고 보는 견해는 앞서 살펴본 상징적 상호작용론에서도 유사하다. 상징적 상호작용론자인 Shott은 다른 사람과 상호작용하는 가운데 자신을 다른 사람의 위치에 놓고 다른 사람의 관점을 가지는 인지과정을 통해 느끼는 감정을 역할담당 감정이라고 정의 내리고 공감이 여기에 속한다고 분류하였다. Shott은 공감을 두 가지 유형으로 구분하였는데, 하나는 우리가 다른 사람과 같은 상황에 처했다고 가정함으로써 느끼는 것이고, 다른 하나는 다른 사람이 느끼는 감정을 가정해 봄으로써 대신 느끼는 것이다. 많은 학자들이 공감을 전자의 입장에서 정의한 것과 달리 Shott은 후자의 입장에서 공감을 정의하였다. 즉 공감을 다른 사람이 느끼는 감정을 대신하여 느끼는 경험으로 보고 다른 사람들이 어떻게 느낄 것인가를 상상함으로써 느끼는 역할담당감정이라고 보았다.

공감에 관한 다양한 연구를 수행해 온 대표적 학자인 Batson도 공감을 두 가지 차원에서 연구하였다. Batson은 공감이란 '다른 사람이 괴로워하는 것을 본 결과 경험하는 타인지향적 걱정의 느낌 또는 동정심'이라고 정의 내리면서[7], 고통받는 사람을 목격할 때 발생할 수 있는

7) Batson은 동정(sympathy)과 공감을 같은 의미로 사용한 반면 다른 학자들은 다른 의미로 사용하는데, 공감이 관찰하는 다른 사람의 느낌 그대로 또는 매우 유사하게 느끼는 것이라고 한다면, 동정은 다른 사람으로서가 아닌 다른 사람을 '위해' 느끼는 감정이라고 구분한다(Hoffman,

감정상의 반응은 개인적 고통과 공감적 관심 두 가지라고 보았다(Batson et al., 1981). 개인적 고통(personal distress)이란 고통받는 사람을 보았을 때 개인적으로 느끼는 걱정, 불편함 등의 감정 상태를 말하는 반면 공감적 관심(empathic concern)이란 고통받는 사람에 대해 느끼는 동정심, 애정 등의 감정 상태이다. 두 가지는 모두 타인의 고통에 대한 감정이지만 타인의 관점을 채택하는지 아닌지의 측면에서 구분되고 이는 도움행동의 동기가 이기적인가 이타적인가에서도 차이를 보이게 된다고 한다.

Batson의 이러한 분류는 Shott의 분류와 유사하다고 볼 수 있는데, 우리가 다른 사람과 같은 상황에 처했다고 가정함으로써 느끼는 감정과 다른 사람의 고통으로 인해 느끼게 되는 개인적 고통은 모두 초점이 타인보다는 자신에게 더 주어진다. 반면 다른 사람이 느끼는 감정을 가정하는 것은 다른 사람의 입장에서 느끼는 공감적 관심으로 이때는 초점이 자신보다 타인에게 있다고 볼 수 있다.

사회심리학자들이 공감에 대하여 다양한 정의와 분류를 하였지만 일반적으로 공감이란 어렵고 곤경에 처한 사람의 입장에 서서 고통을 받는 사람과 동일하고 유사한 고통을 느끼는 감정적 반응이라고 본다. 또한 공감은 사회적 관계 속에서 다른 사람의 입장에서 바라볼 수 있는 능력에 기초하기 때문에 인지적 측면을 가정하고 있다. 따라서 공감은 감정적인 측면과 인지적인 측면을 모두 포함한다는 점, 그리고 타인지향적인 배려와 관심에서 비롯되는 사회적 감정이라는 점을 알 수 있다. 이러한 특성을 가진 공감은 도움행동의 중요한 동기 중 하나라는 점을

1975; Eisenberg and Strayer, 1987). Wispe(1986)는 공감이 동정과 다른 점은 능동적으로 자신을 다른 사람으로 대신하는 감정으로 다른 사람을 이해하기 위해 자아의식이 높아진다고 하였다.

많은 학자들이 연구하여 왔다.

공감이 도움행동에 영향을 미치는가? 영향을 미친다면 어떻게 작용하는가? 첫 번째 질문과 관련하여 기존의 많은 연구 결과들은 도움이 필요한 사람에 대한 공감이 도움행동을 하게 만든다는 점을 보여준다(Batson, 1991, Coke et al., 1978; Dovidio, Allen, & Schroeder, 1990; Eisenberg & Miller, 1987; Krebs, 1975; Li et al., 2013). Midlarsky와 Bryan(1967) 그리고 Aronfreed(1968)의 실험연구에서 실험자의 입장이 되어 공감을 느끼는 아이일수록 남을 돕는 자선 행위의 가능성을 더 보였다. 성인 대상의 연구에서는 공감을 극도로 느낀 사람이 다른 사람을 돕는다는 결과가 있고(Krebs, 1975), Aderman과 Berkowitz(1970)의 연구에서도 도움을 청하는 학생들에게 공감을 느끼는 성인이 실험 대상자가 되어달라고 요구하는 실험자에게 더 호의적이라는 결과를 보여준다. 실험연구에서뿐만 아니라 다양한 조사연구에서도 고통을 받는 사람에 대해 공감을 느끼는 사람일수록 도움행동에 참여할 가능성이 높다는 결과를 보여준다(Finn, 1999; 전신현, 1998; 홍종필, 김유경, 2004).

공감이 우리 사회에서 중요한 이유는 긍정적인 방식으로 도움행동을 촉진하기 때문이라는 점에서 많은 연구들이 동의하지만, 공감의 진정한 동기에 대해서는 학자들이 이견을 보인다. 즉 공감과 도움의 관계에 있어 그 동기가 이기적이라고 주장하는 입장과 이타적이라고 주장하는 입장이 있다. 앞서 살펴보았듯이 자신에게 초점을 두느냐, 타인에게 초점을 두느냐에 따라 공감은 개인적 고통으로 느껴질 수도 있고 공감적 관심으로 느껴질 수도 있다. 따라서 남을 돕는 행동이 돕는 사람의 개인적 고통이나 보상을 위한 것이라면 이는 이기적 동기에서 비롯된 것이라 할 수 있지만 고통받는 사람에 대한 공감적 관심에 근거한 것이라면 이타적 동기 때문이라고 본다(Batson et al., 1981). 도움행동이 이타적 동기에 의한 것이라고 보는 학자들은 "공감-기쁨 가설(Smith et al., 1989)"로 설명하는데 다른 사람의 필요가 충족되는 것을 보았을 때 경험하는 기쁨 때문에 친사회적 행동이 발생한다고 주장한다.

반면 이기적 동기를 강조하는 학자들은 공감이 어떻게 영향을 미치는지에 대하여 부정적 상태 감소모델로 설명한다. 부정적 상태 감소모델에서는 사람들이 어려움에 처한 다른 사람을 보면 느끼는 공감은 개인적 고통으로 경험되고 이러한 불편한 감정을 줄이기 위해 도움행동을 하게 된다는 것이다. 그 결과 희생자의 고통 감소는 관찰자의 고통도 감소시키게 되고 이때의 도움행동은 이기적인 것이라고 본다(Baumann et al., 1981; Cialdini et al., 1987; Schaller & Cialdini, 1988).

Batson과 동료들은(1988) 남을 돕는 행동이 개인적 고통을 줄이려는 동기에서 비롯되는지 공감적 관심에서 비롯되는지 구분하기 위해 실험연구를 하였다. 이 실험에서 피실험자에게 고통을 당하는 피해자를 관찰하게 하고 피실험자별로 이를 회피할 수 있는 상황의 용이성을 달리하였다. 개인적 고통을 줄이려고 하는 사람은 회피하기 쉬운 상황일 때 남을 돕지 않고 그 상황을 회피함으로써 자신의 개인적 고통을 줄이려 하지만 공감적 관심을 갖는 사람은 아무리 회피하기 쉬운 상황에 처한다 할지라도 그 상황을 회피하지 않고 남을 도울 가능성이 높다고 보는 것이다. 실험 결과 다른 사람의 고통을 목격했을 때 그 상황을 회피하기 쉬워도 회피하지 않고 남을 도왔고 개인적 고통보다 공감적 관심 때문에 남을 돕는다는 것을 보여주었다.

또한 도움행동이 남을 도울 때 기대되는 보상 때문인지 아니면 공감적 관심 때문인지 살펴보았다. 도움행동의 이유가 보상인 경우 자신 이

외의 다른 사람이 어려운 사람을 돕는다면 남을 도움으로 해서 얻는 이득이 남에게 돌아가기 때문에 불편할 것이다. 반면 도움행동의 원인이 공감적 관심 때문이라면 다른 사람이 도와도 자신이 도운 것처럼 기뻐하고 편안한 감정이 들게 된다는 것이다. 연구 결과 남을 돕는 사람들은 대체로 후자의 경우에 해당하였고 남을 돕는 행동이 보상보다는 공감적 관심에 의한 것임이 보여졌다. Batson의 이후의 연구와 기타 연구에서도 기존의 다양한 연구들을 검토함으로써 남을 돕는 행동의 주요 요인이 다른 사람에 대한 공감적 관심에 있음을 강조하였다(Batson, 1987; Batson et al., 1981; Batson et al., 1988; Batson et al., 1995; Batson et al., 1997; Batson, 2001, 2006, 2011; Dovidio, 1991; Staub, 1991; Stocks, et al., 2009).

Batson의 연구 외에 다른 조사연구에서도 어려운 상황에 놓인 사람에 대한 공감적 관심이 도움행동의 중요한 요인이라는 결과를 보여준다(Dovidio et al., 1990; Eisenberg & Miller, 1987; Fultz et al., 1986; Schroeder et al., 1988). Fultz와 동료들의 연구에서는 남을 도울 때 기대되는 다른 사람들의 평가나 이목과 상관없이 공감이 남을 돕는 행동을 결정하는 주요 요인이 된다는 결과를 제시했다. 또한 Shroeder와 동료들에 따르면 남을 돕는 행동이 자신의 기분을 좋게 하지 않을 것이라 믿는 사람도 공감 때문에 남을 돕게 된다고 밝히고 있다.

공감과 관련된 보다 구체적인 변인에 관한 연구들은 다양한 결과들을 제시하는데 우선 대상의 특성에 따라 공감이나 도움행동의 정도가 달라질 수 있다고 한다. 대상의 유사성에 초점을 둔 연구들에서 낯선 사람보다는 자신과 유사한 대상에게 동질감을 가져 공감을 더 느끼고 더 돕게 된다고 한다(Batson, 1995; Dovidio et al., 1991; Houston 1990; van Lange & Kuhlman, 1994). 또한 대상이 자신과 같은 집단의 일원일 때 공감의 영향력이 크다는 연구가 있는데(Brewer and Kramer, 1986; Maner & Gailliot, 2007; Sturner, 2005; Worchel et al., 1989) 이때 집단정체성(Tajfel, 1981; Turner, 1987)이나 집합의식이 공감에 중요한 영향을 미친다고 본다. 또한 여성과 남성은 다른 사회화 과정을 통해 성장하는데, 여성은 가정과 가족 성원을 보살피는 역할을 담당하면서 타자지향적이고 애정적인 인간관계를 중시하게 되고 그 결과 남성보다 공감적이어서 남을 도울 가능성이 높다고 한다(Eisenberg & Lennon, 1983; Hochschild, 1981; 전신현, 1998). 연령이 증가할수록 공감과 도움행동의 상관관계가 높게 나타난다는 연구도 있는데(Underwood ad Moore, 1982) 이는 유아기의 자기중심적인 공감적 고통이 아동기와 청소년기로 성장하면서 점점 다른 사람의 기분을 이해하게 되는 성숙한 공감으로 분화되기 때문이라고 주장한다(Hoffman, 2000).

공감과 관련된 연구는 심리학 분야에서 유전과 발달이라는 주제와 관련하여 많이 진행되어 왔는데 여기서 이러한 분야에 대하여 더 자세히 소개하도록 한다.

일반적으로 다른 동물들과 달리 인간에게서는 유전적 유산이라고 정의할 수 있는 전형적인 이타적 행동을 관찰하기 어렵다. 앞서 살펴본 바와 같이 새들이 동족에게 경고음을 보낸다든지 벌들이 벌집을 위협하는 상대에 대해 자신의 목숨을 걸고 이타적 반응을 보이는 것과 같은 본능이 인간에게서는 흔하게 발견되지 않는다. 그렇다면 인간에게 이타적 유전자는 작용하는가? 이러한 유전적 경향이 있다면 어떻게 행동으로 옮겨지는가?

이타적 유전자는 인간의 행동에 간접적인 방법으로 영향을 줄 가능성이 크다. 유전자로 인해 신경 체계의 부분에 영향을 주거나 사람들로 하여금 환경의 특정 측면(예를 들어 예기치 않은 큰 울음소리)이나 특정 감정에 특히 민감한 성향을 가지게 만든다고 볼 수 있다. 감정을 주관하는 인간 두뇌의 일부인 대뇌변연계는 인지 및 판단과 연관된 것으로 비교적 일찍 진화했다. 따라서 감정은 유전자가 이타적 행위를 하게 만드는 구조를 제공해 주었을 것이다. 즉 특정한 범주의 감정(슬픔, 괴로움, 공감, 죄책감 등)들은 도움이나 이타주의의 동기를 부여할 수 있다. 다른 사람의 문제나 고통에 동정심을 경험하는 능력은 유전적인 성향과 즉각적인 행동을 연결하는 핵심 요인일 수 있다(Cunningham, 1985/1986; Hoffman, 1981; MacDonald, 1984). 여기서 인간의 도움행동이나 이타주의에 영향을 준다고 연구되어 온 특별한 감정적 반응 중 하나인 공감을 중심으로 유전적이고 생물학적 기반의 증거를 알아보려고 한다.

유전과 이타적 행동을 연결할 수 있는 요인으로서 공감에 관심을 가지는 이유는 두 가지이다. 첫째로 공감을 경험하는 능력과 친사회적 행동에 참여하려는 의지 간에는 상당한 관계가 있다고 보여지기 때문이다. 예를 들어 Eisenberg와 동료들(Eisenberg & Fabes, 1990; Eisenberg et al., 2002; Eisenberg & Miller, 1987; Eisenberg & Morris, 2001)은 더 공감적인 아이들이 더 친사회적으로 행위를 할 가능성이 높다는 것을 보고하였다. 앞서 살펴보았듯이 유사한 관계는 성인에게서도 발견되었다(Batson, 1991; Batson & Oleson, 1991; Davis, 1994). 일반적으로 공감을 측정하기 위해서 간접적으로 유도된 신체적 자극을 이용하는데 다른 사람의 고통에 대한 반응으로서의 심박동 수 변화를 보는 것이다. 몇몇 연구들은 심박동 수의 변화가 사람들이 얼마나 도울 것인가와 얼마나 빨리 도울 것인가를 예측한다는 것을 발견하였다(Dovidio et al., 1991; Eisenberg, Fabes, & Miller, 1990). 공감이 도움행동에 있어 중요한 요인임에도 불구하고 생물학적 요인이 이타적 행동의 원인이라는 점을 증명하는 것은 아니다. 인간의 학습경험은 다른 사람이 곤경에 처했을 때 공감을 느낄 가능성에 큰 영향을 미치기 때문이다.

유전과 이타적 행동의 중요 요인으로 공감에 관심을 가지는 두 번째 이유는 다른 사람에게 공감하는 생리적이고 신경학적인 능력을 가능하게 하는 뇌의 특정 부위가 있다는 점이 보고되기 때문이다. 다른 사람에게 감정적으로 관여하는 것을 가능하게 하는 것으로 보이는 뇌의 부분을 변연계라고 한다(Maclean, 1973, 1985). 사실 변연계는 1억 8천만 년 전 초기 포유류에게서도 보이는 것으로 아주 초기의 원시시대 조상도 공감 능력을 가졌을 것임을 추측하게 한다. 공감적 반응은 이타적 행동을 하게 할 수 있고, 근대적 진화이론에 따르면 이타적 행동은 유전자군(유전자풀)이나 친족집단의 생존에 있어 상당한 중요성을 가진다. 즉 공감은 인간이라는 종이 생존할 가능성을 높여주었고 신피질[8]이 발생하고 커지면서 계속 복잡한 형태로 진화를 계속했을 수 있다고 본다(Hoffman, 2000).

최근에 다른 이론가들은 공감과 친사회적 행동의 신경 기초가 변연계에만 제한된 것은 아니라고 주장한다. Preston과 deWaal(2002)은 소위 '거울 신경세포'[9]가 사람으로 하여금 다른 사람의 행위를 이해하고 모방할 수 있게 하며 타인의 감정적 상태에 공감할 수 있는 능력을 갖게 한다고 제안한다. 또한 공감적 반응은 다소 자동적이기도 하다고 강조한다. 이들의 주장에서 가장 흥미로운 것은 타인을 돕는 경향은 기본적인 인간 속성의 산물이라는 것이다. 이와 유사한 주장을

8) 신피질의 주된 역할은 운동, 체지각, 시각, 청각, 고도의 정신작용, 연합(학습) 등에 관한 것이다.

9) 거울 신경세포는 특정 행동에 대한 관찰만으로도 그러한 행동을 수행하는 것과 같이 활성화되는 신경세포로 인간의 뇌에 존재한다는 점이 몇몇 연구에 의해 뒷받침되고 있다.

Buck(2002)도 하는데 좌뇌가 우뇌보다 더 친사회적 감정과 강하게 연관되어 있고, 또한 친사회적 감정은 종의 구성원 사이에 긍정적 교류를 촉진하며 결과적으로 이러한 상호작용은 진화적 이득을 제공하는 협동적 교환관계를 낳는다고 한다. 따라서 친족선택이나 호혜적 이타주의보다는 의사소통의 유전자가 진정한 이타주의의 기반이라고 강조한다. 공감과 친사회적 행동의 신경적 근거에 관한 새로운 이론들은 모두 흥미롭지만, 신경과학자, 진화심리학자, 그리고 발달심리학자와 사회심리학자들에게서 비판을 받기도 한다.

이제 이타주의적 성향이 어떻게 인간에게서 발달할 수 있었는지 살펴보기 위해 두 가지 접근법인 행동유전학과 공감의 학습에 대하여 소개하려고 한다.

(1) 행동유전학

행동유전학은 종종 특성의 유전가능성에 관심을 두고 이를 알아보기 위해 쌍둥이를 대상으로 연구하는데 공감의 연구에서도 같은 방법을 사용한다. 만약 동일한 환경에 있었음에도 불구하고 일란성 쌍둥이가 이란성 쌍둥이보다 어떤 형질에 있어 더 유사하다면 이는 유전가능성의 증거로 간주해야 할 것이다.

쌍둥이에 관한 연구에서 다른 사람의 고통에 반응하는 공감에 있어 71%의 변이성이 유전적 영향에 의한 것으로 밝혀졌다(Matthews, Batson, Horn, & Rosenman, 1981). 또 다른 연구에서 Rushton과 동료들은 600명의 일란성 성인 쌍둥이와 800명의 이란성 성인 쌍둥이에게 자기보고식 측정의 방법으로 공감을 조사하였다(Rushton, Fulker, Neale, Nias, & Eysenck,

1986). 그 결과 조사대상자의 공감 경향 차이의 50%는 유전적 영향 때문이라는 점을 보고하였다. 더 최근의 조사(예를 들어 Davis, Luce, & Kraus, 1994; Robinson, Zahn-Waxler, & Emde, 2001)에서도 이와 유사한 공감의 유전가능성의 추정 결과를 보여준다. Davis와 동료들은 509쌍의 일란성 쌍둥이와 330쌍의 이란성 쌍둥이에게 긍정적 공감(불행한 타인에 대한 동정심과 걱정), 부정적 공감(타인의 고통에 대한 개인적 불편함과 고통), 그리고 인지적 공감(다른 사람의 입장에서 사물을 보는 능력)을 측정하는 질문을 하였다. 긍정적이고 부정적인 공감 모두에서 이란성 쌍둥이보다 일란성 쌍둥이의 점수가 더 높은 상관관계를 보였다. 그러나 Davis와 동료들의 공감에 대한 유전가능성의 추정은 Rushton의 연구 결과인 50%보다 낮았다 (공감적 관심은 28%, 개인적 고통은 32%). 더욱이 인지적 공감의 측정(조망수용)에 있어서는 일란성 쌍둥이와 이란성 쌍둥이 간의 차이가 유의미하지 않아서, 인지적 공감의 유전적 요인에 대한 설명은 하지 못하였다.

초기 연구에서 Zahn-Waxler, Robinson과 Emde(1992)는 14개월 된 일란성 쌍둥이와 이란성 쌍둥이를 대상으로 긍정적이고 부정적인 공감을 관찰하고 기록한 후 그들을 다시 20개월이 되었을 때 관찰하였다. 연구자들은 14개월의 아이들의 경우 공감적 성향의 차이의 30%가 유전에 의한 것이라고 결론지었다. 그러나 20개월이 되면 공감의 유전가능성이 다소 감소한다는 것을 발견하였다. 또한 부정적 공감의 유전가능성의 추정은 더 이상 유의미하지 않게 나타났다(Zahn-Waxler, Schiro, Robinson, Emde, & Schmitz, 2001). 이러한 결과들은 유전적 요인 때문에 환경이나 사회적 영향이 감소하는 것은 아니라는 점을 보여준다. 2살 이전의 아이들에게서조차 환경적 영향과 사회화의 힘은 유전적 기여보다 강할 수 있다.

(2) 공감의 발달과 학습

유전이 친사회적 행동에 미치는 영향을 연구하는 방법 중에 하나는 출생부터 공감의 발달을 연구하는 것인데 출생 시에는 환경의 영향이나 사회화의 영향이 아주 적기 때문이다. 따라서 공감의 발달을 연구하는 것은 유전과 환경이 미치는 영향의 상호작용을 보여줄 수 있다.

① 공감의 전조

공감과 유사한 반응은 인간의 매우 어린 시절부터 관찰된다. 90여 년 전 연구자들은 생후 4개월 된 아기가 다른 아이들의 울음소리를 들으면 운다는 것을 발견하였다(Arlitt, 1930; Humphrey, 1923). 4개월 된 유아가 다른 사람의 고통과 그들의 고통스러운 환경을 연관 짓는 것을 이미 배웠다고 논리적으로 주장할 수도 있지만 그보다는 공감하는 본능적 능력을 제시한다고 볼 수 있다. 연구자들은 태어난 지 하루 된 아기가 다른 신생아의 울음소리를 따라 우는 것을 발견하였다(Martin & Clark, 1982; Sagi & Hoffman, 1976; Simner, 1971). Martin과 Clark는 생후 1일 된 신생아들에게 세 아기의 울음소리를 듣도록 하였다. 즉 다른 신생아의 울음소리와 11개월 된 다른 아기의 울음소리, 그리고 자신의 울음소리를 들려주었다. 그 결과 대부분의 신생아들이 자신의 울음소리보다 다른 신생아의 울음소리를 듣고 더 많이 울었다.

물론 이러한 신생아 연구가 공감이 본능적 감정 과정이라는 점을 증명하지는 않는다. 생후 1일 된 신생아도 다른 사람의 고통과 자신에게 불쾌한 결과의 단순한 관련성을 배울 가능성이 있기 때문이다(Hoffman, 1978). 또한 신생아가 자신이 들은 소리를 단순히 재생산했을 수도 있다

(Thompson, 1987). 그러나 이러한 경우에도 최소한 신생아가 진정한 공감의 전조를 보였다는 사실은 인상적이고, 인간은 공감의 경향이 있다는 가능성을 제시한다고 할 수 있다.

② 공감의 발달적 경향

Hoffman은 타인의 고통에 대한 반응으로서의 공감이 유전적 근거가 있고 이것이 도움행동을 할 수 있게 한다는 생각을 지지한 사람 중의 하나이다. 그러나 Hoffman(1978, 1984, 1990)은 진정한 공감은 유아가 몇 가지의 발달단계를 거쳐야 생기는 것이라고 보았다. 가장 초기는 전반적인 공감의 단계로 신생아가 다른 아이의 울음에 반응하여 우는 것이 대표적인 예이다. Hoffman에 따르면 생후 1년 동안에는 자기 자신이 다른 사람과 구별되는 독특한 존재라는 감각이 없고 자신을 다른 사람과 구분하지도 못한다고 한다. 따라서 다른 사람에게 일어나는 일이 본질적으로 자신에게 일어나는 것으로 여겨진다는 것이다.

Hoffman(1990)은 이러한 발달단계의 아이들이 어떻게 반응하는지에 대한 구체적 예를 제공하였다. 생후 11개월 된 여아가 다른 아이가 넘어져서 울기 시작하는 것을 보면 자신도 마치 울 것같이 보였고, 자신이 다쳤을 때 그렇듯이 엄지손가락을 입에 넣고 머리를 엄마의 무릎에 묻었다. 이는 어느 정도의 공감을 나타낸 것으로 다른 아이의 고통을 이해한 것으로 볼 수 있다. 그럼에도 불구하고 Hoffman은 이러한 종류의 자기중심적 감정반응(개인적 고통의 감정)은 다른 아이를 위한 도움행위를 유발할 가능성이 없다고 강조한다.

아이가 한 살이 될 무렵이면 자신이 다른 사람과 신체적으로 별개라는 것을 의식하기 시작하고 자신은 고통에 있지 않지만, 다른 사람은 고통스러울 수 있다는 가장 기본적인 의식이 발달하게 된다. 그러나 그들의 공감은 여전히 다소 자기중심적이다. 즉 아이들은 고통스러워하는 다른 사람이 자신이 느낄 수 있는 고통과 아주 똑같이 느낀다고 가정한다. 고통스러워하는 다른 아이들의 반응을 본 1세 또는 2세 유아의 전형적인 반응은 자신이 가장 좋아하는 인형을 주거나 자신이 안정감을 얻기 위해 껴안는 담요를 주는 것이다. 예를 들어 어떤 아이는 친구의 엄마가 가까이 있음에도 불구하고 자신의 엄마를 불러와서 괴로워하는 친구를 위로한다(Hoffman, 1978). 아이들이 2세 또는 3세가 되면 공감의 기술이 더 완전하게 발달한다. 그들은 이제 여러 가지 다른 사항들이 각각의 다른 사람들을 고통스럽게 할 수 있고 이런 고통을 완화하기 위해 여러 종류의 행위가 필요하다는 것을 알게 된다. 더 나아가서 그들은 이제 마음대로 언어를 사용할 수 있기 때문에 다른 사람들의 보다 복합적인 감정을 이해할 수 있다.

Hoffman의 공감 발달모델의 마지막 단계는 아동기 후기에 발생한다. 이 단계에서 아동은 다른 사람의 단순한 즉각적 환경보다는 인생사건에 대하여 공감을 경험할 수 있다. 이러한 대리적 반응은 자신이 만난 사람에게 발생한 사건에 의해서 생길 수도 있고, 자신이 만난 사람에게 일어날 사건을 예측하는 것을 통해서도 발생할 수도 있다. 결국 공감의 감정을 경험하는 것은 아동으로 하여금 잘 알지 못하는 사람을 돕거나 위로하게 하는 원인이 된다.

비록 Hoffman의 모델이 폭넓게 받아들여지고 있지만 이는 유아가 실제로 어떻게 행동하는지를 체계적으로 관찰한 것에 근거한다기보다는 아동의 일반적인 발달 이론에 근거한 것이다. 유아의 공감과 친사회적 행동을 직접적으로 관찰하려는 보다 종합적인 시도는 Radke-

Yarrow와 Zahn-Waxler가 하였다. 그들의 연구는 두 가지 측면에서 중요한데 첫째는 Hoffman의 아이디어를 어느 정도 경험적으로 검증했다는 것이고, 둘째는 공감 및 친사회적 행동의 유전적 성향과 부모 행동 및 학습경험의 효과 간의 상호작용을 고찰했다는 것이다.

Radke-Yarrow, Zahn-Waxler와 동료들(Radke-Yarrow & Zahn-Waxler, 1984; Radke-Yarrow, Zahn-Waxler, Wagner, & Chapman, 1992)은 아이들이 자신의 부모나 친구, 타인과 상호작용하는 자연스러운 환경을 관찰함으로써 공감과 친사회적 행동을 연구하였다. 전형적인 실험실 연구와 달리 아이들을 그들의 집에서 관찰하였다. 그러기 위해 연구자들은 부모들에게 돕는 행동을 관찰하도록 요청하였는데 이를 위해 다른 사람의 괴로움에 반응하는 아이들을 체계적으로 관찰하고 기록하도록 부모들을 훈련하였다. 때로는 아이들이 본 고통이 실제적인 경우도 있었고 때로는 엄마들이 특정한 감정을 가장하였다. 연구자들은 실제 상황에서 아이들이 순수한 방관자인 경우와 다른 사람의 괴로움에 책임이 있는 경우를 관찰하였다. 13~15개월, 18~20개월, 23~25개월의 세 집단의 아이들을 대상으로 하여 다른 사람의 아픔에 대한 반응이 성장하면서 변화하는가 아닌가를 연구하였다. 공감(연구자들은 "괴로워하는 사람에 대하여 동정적 염려를 반영하는 것으로 보이는 감정적 반응"이라고 정의하였다)과 친사회적 행동(예를 들어 육체적 혹은 언어적 위안을 제공하는 것, 직접적으로 도움을 제공하는 것, 가치 있는 무언가를 나누는 것)을 살펴본 결과 아이들은 자라면서 공감과 친사회적 행동에 있어 상당한 변화가 있었다.

13~15개월의 아이들은 다른 사람의 괴로움에 공감적 반응을 할 가능성이 낮아서 10% 미만만이 괴로워하는 사람(심지어는 엄마도)에게 공감의 반응을 보였다. 괴로워하는 사람에 대한 친사회적 행동도 역시 매우

적었다. 그러나 2세 무렵의 아이들은 25% 정도가 괴로워하는 사람에 대한 공감을 보였고 거의 절반이 친사회적으로 행동하였다(예를 들어 괴로워하는 사람을 안아주거나 말로 위안을 하는 것). 연령에 따라 공감과 친사회적 행동이 증가하는 것은 아이가 다른 사람에게 고통을 준 경우에서조차 발생하였다. 아이들이 자라면서 공감과 도움은 꾸준히 증가하는 것으로 관찰되었다.

연구자들은 여러 가지 다양한 연구에서 변화의 패턴을 발견하였지만 이러한 발달적 양상 안에서도 아이들 간에 상당한 차이가 있음을 지적하였다. 어떤 아이들은 다른 아이들보다 더 공감적이고 친사회적이라는 것이다. 어떻게 이러한 개인적 차이를 설명할 수 있는가? 이는 아이들 간의 유전적 차이 때문인가 아니면 환경의 차이 때문인가? 앞서 생물학적 영향과 문화적 영향 간의 상호작용에서 살펴보았듯이 이는 아마도 본성과 양육 양쪽 모두 때문일 것이다.

③ 공감의 사회화

Eisenberg와 그 외 연구자들(Liew et al., 2003; Valiente et al., 2004)은 공감의 개인차를 유발하는 유전적 차이와 양육 습관이 어떻게 상호작용할 수 있는지 모델을 제시한다. 이들은 공감의 개인차가 부분적으로는 아이들의 유전적 기질 차이 때문이라고 믿었다. 어떤 아이들은 다른 아이들보다 주변 세상에 더 감정적이고 민감하게 태어났을 수 있다. 이러한 유전적 차이는 아이들로 하여금 타인의 괴로움을 보았을 때 더 감정적으로 반응하도록 한다. 그러나 이렇게 타고난 감정적 반응에 대응하고 처리하는 부모의 방법은 공감의 발달에 결정적인 역할을 하고 아이들이 다른 사람보다 더 공감적이 되도록 한다. 아주 어렸을 때부터 더 공감적인 아이들이 괴로워하는 타인을 보고 강한 감정을 느끼는 선천적 성향을 엄마가 강화시켰을 수 있다. 그 결과 아이들은 괴로워하는 타인을 보았을 때 공감을 가지고 도움을 주는 성향을 가지게 된다. 그러나 아이들이 자라면서 엄마들은 어떻게 자신의 감정을 조절하고 통제하는지도 가르치게 된다. 따라서 아이들이 괴로워하는 타인의 감정보다는 자신의 감정에 더 관심을 두게 될 수 있다.

공감 발달에 영향을 미칠 수 있는 방법으로 사회화를 들 수 있는데 특히 고전적 조건화의 법칙을 사용하여 아이들이 공감적으로 반응하게 가르치는 것이 가능하다(Aronfreed, 1970; Aronfreed & Paskal, 1965). 이는 인간과 인간이 아닌 종을 모두 대상으로 한 연구들에서 일관적이었다.

2) 죄책감

공감은 친사회적 행동의 중요한 동기가 된다고 고려되어 왔는데 1990년대 이후에는 친사회적 행동에 있어 죄책감의 중요한 역할에 대한 이론과 조사가 증가하기 시작했다(Baumeister et al., 1994). 사회적 감정으로서 죄책감에 대한 새로운 관심은 Freedman과 동료들(1967)의 실험연구에서 시작되었다. 이후 사회심리학자들은 공감과 죄책감 두 가지 감정 모두 다른 사람의 견해를 고려할 때 느낄 수 있는 감정이고 친사회적 행동의 동기가 된다는 점에서 유사하다고 보았다.

사전적 의미에서 죄책감이란 자신이 저지른 잘못에 대하여 책임을 느끼는 감정이다. 사회심리학적으로 죄책감이란 자신의 행동이 자신의 도덕 기준에 위반될 때 발생하는 부정적 느낌으로 정의된다(Ausubel, 1955). Ferguson과 Stegge(1998)는 '죄책감이란 행위자가 피하고 싶은 사건과 관련되거나 자신이 그 사건의 실제 원인이 되었거나 원인이라고 예측할 때 발생하는 후회스러운 고통감'이라고 정의한다. 이에 덧붙여 '죄책감에서는 행위자가 종교적, 도덕적, 윤리적 행위의 내면화된 기준을 위반한 행동에 대하여 책임감을 인정하는 것'이라고 하면서 좀 더 특별한 정의를 제시하였다. 사람들은 자신이 지켜야만 한다고 생각하는 개인적 기준을 위반했을 때 죄책감을 느끼는데 예를 들어 다른 사람에게 해를 끼쳐서는 안 된다고 생각하는 사람이 남에게 해를 끼치는 경우 죄책감을 느끼게 된다. 지나친 죄책감은 개인의 정신건강이나 사회생활에 부정적인 영향을 미치지만 적당한 수준의 죄책감은 사회 적응적인 기능을 한다(Barrett, 1995). 죄책감은 자신이 한 행동에 대해 타인이 어떻게 바라볼지 고려하고 자신의 역할 행동이 어떠해야 하는지에 대한 통찰을 가져다줄 수 있는 기능을 가지기 때문에 도덕적 행동을 하게 만든다(Eisenberg, 1986; Harris, 1989; Schulman & Mekler, 1985; Tangney, 1998).

죄책감이 친사회적 행동에 미치는 영향은 1960년대와 1970년대의 경험 연구들에서 확인되었다. 예를 들어 헌혈(Darlington & Macker, 1966), 불쾌한 충격 실험에 참여하려는 의사(Freedman et al., 1967), 생태학적 캠페인을 위해서 전화를 걸어주려는 의사(Carlsmith & Gross, 1969), 학생들의 조사연구를 위해 돈을 기부하려는 의사(Regan, 1971) 등에서 죄책감이 친사회적 행동에 영향을 미친다는 것을 보여주었다. 대표적인 실험에서 상대방에게 전기충격을 주었거나 고가의 실험장비를 고장 나게 한 상황에 놓인 피실험자들이 죄책감을 느꼈고 이로 인해 남을 돕는 행동을 더 하는 경향이 있었다. 특히 이들은 요청을 받은 도움이든 자발적인 도움이든, 공적인 도움이든 개인적인 도움이든, 의도적으로 돕든 비의도적으로 돕든, 피해자를 직접 돕든 제3자를 돕든, 어떤 행동이든지 간에 남을 더 도우려고 하였다.

죄책감은 반드시 이전의 위반된 실제 행동을 전제로 하지는 않는다. 죄책감은 어떤 위반행동을 한다고 가정하고 예상되는 결과를 상상함으로써도 느낄 수 있다(Baumeister et al.).

큰 사고나 자연재해에서 유일하게 살아남은 생존자들은 종종 생존의 기쁨과 죄책감(생존의 죄책감)이란 상반된 감정을 동시에 느낀다고 한다. 그런데 생존의 죄책감이 반드시 개인이 직접적으로 관여된 사건에만 관련되는 것은 아니다. 다른 나라에서 발생한 대참사에 대한 소식을 들은 사람들도 자신의 상황을 다른 사람의 비극적 운명과 비교하면서 자신의 이기적인 관심이 진정으로 자신이 생각하는 만큼 중요한 것인지 의문을 가질 수 있다(Hoffman, 2000). 이러한 약한 생존의 죄책감은 많은 사람들에게서 발생할 수 있는 반면, 강한 생존의 죄책감은 전형적으로, 재난으로 가족들은 죽고 자신은 살아남은 경우에 발생한다(Lifton, 1968). 생존의 죄책감은 공평함에 대한 고려와 관련이 있는데 생존자와 사망자 간의 운명의 큰 차이가 단적으로 보면 불공평하게 보이기 때문이다. 생존의 죄책감도 자원봉사나 친사회적 행동에 참여하는 동기로 작용할 수 있다는 연구가 보고된다(Hoffman, 2000)[10].

죄책감은 왜 친사회적 행동을 유발하게 되는가? 아마도 친사회적 행동은 규범을 위반했을 때 느끼는 죄책감을 감소시켜 자기 자신이나 다른 사람에게 자신의 도덕성을 확신시키려는 시도로 볼 수 있다(Eisenberg, 2000; Eisenberg & Fabes, 1991, 1995; Hoffman, 2000; Zahn-Waxler et al.,

---

10) 반면 생존의 죄책감이 장기적으로 경험되는 경우 이러한 만성적인 죄책감은 무력함과 우울과 같은 정신병리에 영향을 미치기도 한다(Bybee & Quiles, 1998).

1995; 전신현, 이성식, 1995). 사회적으로 인정받는 행동을 하는 것은 자신이 이미 행한 위반을 상쇄시켜 주어 죄책감을 감소시키고 손상된 자존감을 다시 세워주기 때문일 것이다(Apsler, 1975; Carlsmith and Gross, 1969; Freedman,1970; Krebs, 1970, 1982; McMillen, 1971). 죄책감을 없애 줄 다른 방법을 찾은 위반자는 이를 통해 자존감을 되찾을 수 있기 때문에 돕는 행동을 할 필요가 없게 된다. 신앙고백을 한 신자가 기부금을 덜 내거나 피해를 입은 사람이 아닌 제3자를 돕는 경우가 여기에 해당한다. 다른 사람에게 칭찬받을 행동을 보여주는 것은 자존감을 높일 수 있는데 관련되지 않은 사람을 돕는 것이 희생자를 돕는 것보다 손상된 이미지를 회복하는데 더 효과적일 수 있기 때문이다.

공감에서 설명했던 부정적 상태 완화 모델이 죄책감과 친사회적 행동의 관계에서도 적용된다. 죄책감은 자아 고통을 유발하는 불쾌한 감정으로 자아 고통을 감소시키기 위해서는 여러 가지 기술(보상, 고백, 속죄, 책임의 부인, 합리화)이 사용되는데 친사회적 행동은 위반자의 기분을 좋게 해 줄 수 있는 보상적 행동 중 하나이다(Bybee & Quiles, 1998; Chapman et al., 1987; Cialdini et al., 1982; Tangney, 1991). 왜 친사회적 행동이 보상으로 작용하는가? 친사회적 행동은 과거의 보상적 사건과 관련되어 있기 때문인데, 사람들은 어릴 때 친사회적 행동이 사회적으로 바람직하다는 점과 책임 있는 시민으로서 사회의 기대를 이행하는 방법으로 좋다는 점을 배우기 때문이다. 사람들은 좋은 일을 했을 때 칭찬을 받고 다른 사람들이 자신의 좋은 행동을 기대한다는 것을 알기 때문이다.

친사회적 행동이 나쁜 기분을 조절하는 기술로 사용되는 것은 어린이들의 사회화가 완성된 후에야 가능하다는 연구가 있는데 친사회적 행동이 기분을 좋게 하는 효과가 6~8세의 어린이에게서는 나타나지 않았지만 10~12세와 15~18세에서는 나타났다(Cialdini & Kenrick, 1976). 또한 죄책감이 다른 방법으로 감소될 수 있는 경우에는 (실험에서 위반자가 칭찬을 받거나 돈을 받았을 때) 죄책감이 친사회적 행동을 유발하지 않았다.

죄책감이 친사회적 행동의 동기가 되는 이유에 대한 또 다른 설명으로는 형평성 이론이 있다. 형평성 이론에 따르면 사람들은 다른 사람과의 관계에서 불공평을 인지하면 이를 감소시키려는 경향이 있다고 한다(Walster et al., 1978). 개인의 위반 행동은 사회관계에서 불공평의 원인이 될 수 있고 위반자들은 이러한 불공평을 회복시키려고 할 것이다. 인지된 불공평으로부터 발생한 불쾌한 느낌을 감소시킬 수 있는 두 가지 방법이 있는데 배상과 합리화이다. 배상은 위반자가 보상을 제공하는 것을 의미한다. 합리화는 위반자가 희생자를 헐뜯거나 손해를 최소화함으로써 불공평을 정당화하는 것을 의미한다. 그렇다면 어떤 때 위반자가 보상을 선호하고 또 어떤 때에는 합리화를 선호하게 되는가? 아마도 불공평을 가장 효율적으로 감소시킬 수 있는 전략을 선택하게 될 것이라고 한다(Berscheid & Walster, 1967). 예를 들어 손해를 완전히 보상할 수 있는 자원이 가능하다면 합리화보다는 배상을 선택할 것이다. 그러나 위반으로 인한 손실이 너무 크고 이를 보상할 수 있는 자원은 제한되어 있다면 배상보다는 합리화를 선택할 것이다. 전쟁으로 다른 나라에 막대한 피해를 입힌 국가가 경제적으로 매우 번영했음에도 희생자들에게 많은 배상을 제공하지 않은 경우가 많다. 그 이유 중 하나는 전체적으로 배상해야 하는 정도가 너무 막대하여 달성할 수 없고 따라서 과거를 감추는 것이 더 쉽기 때문이다.

3) 기분

기분은 기쁘거나 불만스러운 것과 같은 일시적인 감정으로 많은 연구 결과에 따르면 사람들은 기분이 좋은 날 다른 사람을 더 잘 돕는 경향이 있다. 기대하지 않은 선물을 받는 것(Levin and Isen, 1975), 화창한 날을 즐기는 것(Cunningham, 1979), 성공하는 것(Berkowitz and Connor, 1966; Isen, 1970; Kazdin and Bryan, 1971), 칭찬(Forgas et al., 2008)과 같은 경험들은 이타적 행동의 가능성을 높였으며 동전을 우연히 발견하거나(Levin & Isen, 1975) 좋은 향을 맡거나(Baron, 1997) 고무적인 음악을 들음으로 인해(North et al., 2004) 좋은 기분이 생겨도 친사회적으로 행동하는 경향이 증가하였다. 좋은 기분은 사람들로 하여금 자발적으로 남을 돕게 할 뿐만 아니라 도움을 요청받았을 때도 더 잘 돕게 만든다. 그러나 기분이란 너무 빨리 변하는 것이어서 좋은 기분이 사라지면 돕는 행동도 쉽게 사라지게 된다.

좋은 기분은 어떻게 남을 돕게 만드는가? 우선 성공과 같은 사건은 다른 사람에 대한 선의를 고조시키고(Berkowitz, 1972) 자기 자신에게 덜 집중하게 만들어 자신의 문제를 덜 걱정하게 한다. 따라서 사람들은 다른 사람의 요구나 문제에 민감하게 반응하고(Isen, 1993; McMillen et al., 1977) 더 쉽게 공감을 하거나 자비심이 증가하게 된다(Isen, A. M., & Levin, P. F., 1973). 또한 좋은 기분을 느끼는 사람들은 불행한 사람들과 비교하여 상대적으로 행운아라고 느끼기 때문에 어려운 사람들을 도움으로써 자신의 행운과 다른 사람들의 불행 사이의 균형을 맞추려고 한다. 그리고 기분이 좋은 사람들은 세상을 좀 더 긍정적으로 보는 동시에 자신의 행복감을 계속 유지하기를 원한다(Masters and Furman, 1970). 다른 사람을 돕는 것은 다른 사람의 고통을 덜어주는 것으로 이것이 자신의 긍정적인 감정을 계속 유지시켜 줄 것이라 생각하기 때문이다. 그러나 사람들은 자신의 좋은 기분을 해칠 수 있는 불쾌하거나 당황스러운 도움행동은 피하려고 할 수도 있다.

나쁜 기분도 돕는 행동에 영향을 미치는가? 친구와 다투었거나 시험에 낙방하는 것과 같이 일이 잘되지 않아 기분이 나쁠 때 과연 사람들은 남을 도울 것인가 덜 도울 것인가? 많은 연구 결과들은 나쁜 기분은 상황이나 조건에 따라 돕는 행동을 더 하게 만들기도 하고 덜하게 만들기도 한다고 한다. 나쁜 기분이 도움행동에 영향을 미치는 과정에서 중요한 요인으로 작용하는 것이 도움의 필요성이 중요하거나 확실한가의 여부이다. 다른 사람의 도움의 필요성이 뚜렷하지 않은 상황에서는 사람들은 돕는 행동을 하지 않을 것이다. 왜냐하면 나쁜 기분 상태에 있는 사람들은 일반적으로 자신의 근심거리나 문제에 집중하기 때문에 다른 사람의 요구를 잘 알아차리지 못하게 되고 따라서 좋은 기분 상태의 사람이나 평상적인 기분 상태의 사람들보다 덜 돕게 된다. 기분이 도움행동에 영향을 미치는 과정에서 중요한 요인으로 작용하는 또 다른 요인은 남을 돕는 데 드는 비용의 정도다. 남을 돕는 데 드는 손실이 너무 크면 나쁜 기분을 가지고 있는 사람들은 남을 도우려 하지 않을 것이다. 왜냐하면 나쁜 기분은 사람들로 하여금 종종 자신이 다른 사람보다 운이 없거나 불이익을 받았다고 생각하게 만들기 때문에 남을 돕는 데 자신의 자원을 사용하지 않으려고 한다. 이러한 요인들과 관련한 연구 결과에 따르면 실패가 남을 돕는 행동에 불리하게 작용하는 원인은 일반화된 비관주의와 자신에게의 집중이었다(Cialdini and Kenrick, 1976; Moore et al., 1973; Underwood et al., 1977).

반면 남을 도움으로 인해 생기는 이득은 나쁜 기분을 느낀 사람이 다른 사람을 돕는 것에 영향을 미친다(Barnett et al., 1980; McMillen et al., 1977). 부정적 상태 완화 모델에서 살펴본 바와 같이 기분이 나쁜 사람들은 자신의 기분을 좋게 만들 수 있는 행동을 하려고 하는데 이때 좋은 방법이 남을 도움으로써 다른 사람들로부터 칭찬을 받거나 인정받는 것이다. 이러한 칭찬이 자신의 사기나 자존심을 높여줄 수 있다면 남을 돕는 행동은 나쁜 기분을 없애주는 방법으로 작용하게 될 것이다. 그러나 부정적 기분이 너무 강하다면 친사회적 행동을 통해서 얻어지는 위로가 도움이 되지 않기 때문에 친사회적 행동에 영향을 미치는 요인으로 작용하지 않을 수도 있다.

제5장 누가 친사회적 행동을 하는가

사회학적인 입장에서는 남을 돕는 행동에 있어 개인보다는 집단의 차이에 주목한다. 즉 어떠한 집단이 어떠한 사회적 특성으로 인해 다른 집단보다 남을 도울 가능성이 높은지에 관심을 둔다. 기존 연구에서는 사회인구학적 요인인 성, 연령, 교육 수준, 직업, 수입, 종교, 지역 등에 따라 도움행동이 달라진다고 보았다(Wilson, 2000). 이 장에서는 남을 돕는 행동이 과연 이러한 요인들에 따라 달라지는지 그리고 그 이유는 무엇인지에 관하여 살펴보기로 한다.

1. 성

도움행동에 있어서 남녀의 차이가 있을까? 대중적인 고정관념에 따르면 여성이 남성보다 더 잘 돕는다(Eagly & Crowley, 1986). 사람들은 남성보다는 여성이 더 잘 돕는다고 생각하고 또한 여성들은 자신들이 남성보다 더 잘 돕는다고 평가한다. 그러나 친사회적 행동에 있어 성별 차이에 관한 기존의 연구들은 일관적이지 않은 결과들을 보여주었다.

여기서 친사회적 행동이 일어나는 상황이나 친사회적 행동의 유형을 고려할 필요가 있는데 예를 들어 위급한 상황에서는 남성들이 더 잘 돕는다. 긴급하고 위험한 상황에서 도움이 필요하다면 남성이 더 개입할 가능성이 높다(Eagly, 1987). 카네기 영웅 재단(Carnegie Hero Fund Commission)은 생명을 구하거나 동료를 구한 뛰어난 용기와 선행에 대하여 상을 주는데 이들은 주로 남성이고 단지 9%만이 여성으로 나타난다(Eagly, 2009). 99개의 경험적 비교에 기초한 메타분석에서도 이러한 가설이 확인되었는데(Eagly & Crowley, 1986) 연구의 62%에서 성별 차이가 관찰되었고 남성이 여성보다 더 잘 도왔다. 이러한 성별 차이는 지하철 위기에 관한 초기 실험연구 결과와 일치하는 것으로 지하철에 있던 남성과 여성의 비율에 기초해 볼 때 남성이 개입할 가능성이 더 높았다(Piliavin et al., 1969). 또한 실제 긴급한 상황에서도 남성이 더 개입할 가능성이 높았다(Bierhoff, Klein, & Kramp, 1991).

더욱이 도움을 받을 가능성의 측면에서 보면 남성보다는 여성이 더 높았고(Eagly & Crowley 1986; Penner et al., 1973; Pomazal & Clore, 1973; West et al., 1975), 남성들은 같은 남성보다는 여성을 더 도우려고 하였고, 반면에 여성들은 여성과 남성을 똑같이 도우려고 하였다. 특히 남성이 여성을 돕는 경우가 일반적인데 남성보다는 여성이 수혜자라는 결과는 다른 메타분석에서도 확인되었다(Steblay, 1987). Glick과 Fiske(1996)는 여성이 남성의 도움을 더 이끌어낸다는 사실에 대하여 여성에게 "호의적인 성차별"이라고 명명하고, 여성에 대한 보호적인 태도(또는 보호적인 가부장주의)가 남성의 여성에 대한 친사회적 행동에 기여하는 요인이라고 하였다. 또한 남성들은 매력적이지 않은 여성보다는 매력적인 여성을 더 자주 도왔다(Nims et al., 1975; West & Brown, 1975).

남성이 더 잘 돕는 것의 특별한 측면은 기사도로 설명된다. 애틀랜타, 시애틀, 콜럼버스의 승강기 실험에서 남성과 여성 실험자들이 연필이나 동전을 떨어뜨렸을 때 남성 실험자들은 여성 실험자보다 덜 도움을 받았고 남성은 여성보다 더 도왔다(Latane & Dabbs, 1975). 이러한 성별 효과는 다른 사람에 의해 사건이 목격되었을 경우 특히 더 강하게 나타난다. 대중의 존재가 규범적 행동을 하도록 기대하기 때문이다(Froming, Walker, & Lopyan, 1982). 특히 여성들은 남성보다 더 도움을 구하는 경향이 있어서(Addis & Mahalik, 2003) 도움을 더 받게 될 수 있다.

남성이 더 잘 돕는다는 결과를 보여준 연구들에서 돕는 행동의 유형을 고려하면 대부분 짧은 시간 동안 만난 낯선 사람을 돕는 자발적이고 직접적인 도움이었기 때문에 친구와 가족 간의 지원과 같은 개인적인 유형은 간과되었다(Smithon et al., 1983). 정서적인 지지나 일상적인 보살핌이 필요한 상황에서의 돕는 행동의 성 차이에 대한 연구에서는 여성이 다른 사람을 도울 가능성이 더 높았다. 대체로 여성이 남성보다 남을 도울 가능성이 높다는 것을 지적하는 연구들에 따르면 여성의 성역할이 개인적인 관계, 양육, 보살핌과 더 관련되기 때문이라고 강조한다(Anderson, 1993; Eagly, 1987; Eagly and Crowley, 1986; Eisenberg and Lennon, 1983; Einolf, 2011; Eisenberg et al., 1989; Erdle et al., 1992; Radke-Yarrow et al., 1983; Piliavin and Unger, 1985; Salminen and Glad, 1992; ; Wilson, 2000; 전신현, 1998).

여성과 남성은 다른 성역할 사회화 과정을 통해 성장하게 되고 서로 다른 가치와 태도를 내면화한다. 남성 특히 가부장 사회에서의 남성은 가사보다는 사회활동을 중시한다. 그러나 여성은 전통적인 성역할 사회화로 일의 성취, 취업, 성공보다는 가사나 자녀 양육에 보다 관심을 갖도록 학습된다. 여성은 혼인을 하고 자녀를 낳아 잘 키우는 것이 사회규범상 기대되는 역할이다. 여성의 역할은 주로 가정에서의 역할에 국한되기 쉽다. 가정 내 역할에서 특히 중요한 것은 가족 성원을 보살피는 것이다. 어머니로서의 역할에서나 부부 관계에 있어서도 여성은 안락한 가정을 이끌어가고 따뜻한 애정을 베푸는 존재로 인식된다.

이러한 성역할의 차이는 가치지향의 차이에도 영향을 준다. 남성에게는 주체성이고 지배적이며 자기주장적이고 경쟁적일 것을 요구하는 반면 여성에게는 공동체성, 우호적, 이타적이며 타인지향적일 것을 요구한다(Eagly, 2009). 남성은 성취지향적이고 도구적이며 경쟁지향적인 것이 중요하기 때문에 자신과 다른 사람과의 구분이 강하고 남에게 베풀거나 무엇을 공유하고 협력하기보다는 개인적이고 실리를 따지며 계산적이라고 한다(Bakan, 1966; Spence and Helmreich, 1983). 반면 여성은 타자지향적이고 인간관계 중심적이어서 인간관계에 있어서 도구적 인간관계보다는 표현적 인간관계를 중시한다(Eagly, 1987; Gilligan, 1982)[11]. 남성은 독립, 자기통제, 성공의 관심, 지배의 속성이 강하지만 여성은 친절과 온정을 베풀고 남을 보살피고 돕는 속성을 얻게 된다. 여성은 다른 사람을 우선적으로 생각하고 다른 사람의 생각, 의도, 입장을 이해하는 소위 역할담당(role-taking)의 능력이 강해지게 된다. 따라서 남성보다는 여성이 공감적이고 다른 사람의 감정이나 고통을 더 이해하여(Davis, 1983; Eisenberg and Lennon, 1983; Beutel and Marini, 1995; Eisenberg et al., 1989) 남성보다 더 남을 도울 가능성이 높다고 할 수 있다(Eisenberg et al., 1989; Einolf, 2011; Kumru et al., 2012; Piliavin and Unger, 1985; Wilhelm & Bekkers, 2010; wit & Bekkers, 2016).

이러한 성역할 사회화로 인해 여성은 어려움에 처한 사람을 돕거나 남을 보살피는 도덕적 의무감을 더 갖게 되고, 남성보다 더 도움행동이나 나눔행동에 참여하게 된다고 볼 수 있다. 남성의 경우 도덕규범보다는 사회적 지위나 성취감이 도움행동이나 나눔행동의 동기가 된다

11) Baken(1966)은 남성은 여성보다 더 주체성(agency) 지향적이고 여성은 남성보다 의사소통 지향적이라고 하였는데 이는 Parsons(1964)가 분류한 '도구적 대 표현적'이라는 기능상 구분과 관련된다고 할 수 있다.

(Cronson & Gneezy, 2009).

여러 가지 다양한 실험에서는 소년보다 소녀들이 더 잘 도왔다(Eisenberg, Cialdini, McCreath, & Shell, 1987 연구에서 유치원, 2학년, 5학년 대상; Eisenberg, Miller, Shell, McNally, & Shea, 1991 연구에서는 13세에서 16세 대상; Grusec & Redler, 1980 연구에서는 7~8세 대상; Rice and Grusec, 1975에서는 3학년과 4학년 대상). 그러나 다른 연구에서는 친사회적 행동의 수준에 있어서 성 차이를 보이지 않았고(Rushton, 1975) 다른 변인들과 복잡한 상호작용을 보였다(Rosenhan and White, 1967).

미국의 대학 신입생들을 대상으로 한 2016년 조사에서는 여성들이 더 '곤경에 처한 다른 사람을 돕는 것'이 중요하다고 응답하였고(Eagan et al., 2017) 여성들이 스스로를 잘 도와주는 사람으로 기술하는 경향이 있었다(Nielson et al., 2017). 여성들은 또한 유대인 대학살 구출과 신장 기증 및 평화봉사단 자원 등에 더 많이 참여하는 것으로 나타났다(Backer & Eagly, 2004). 또 다른 연구(Mesch & Pactor, 2015)에서는 여성들이 더 많이 기부하고, 남성들은 결혼을 하면 더 많이 기부하게 되며 모든 소득 수준에서 여성 주도의 가계가 남성 주도의 가계보다 더 많이 기부한다는 점을 보여준다. 국내의 성인 대상 연구에서는 여러 유형의 친사회적 행동에 있어 여성이 더 많이 참여한다는 결과를 보여준다. 자원봉사의 경우 여성이 남성보다 더 많이 참여하였고(이용관, 2015), 기부의 경우도 여성이 남성보다 더 많이 한다는 결과가 있다(유재연 외, 2015).

요약하자면 남성과 여성이 맡은 사회적 역할은 다르다. 남성의 성역할은 자기주장적인 행동과 개인적인 의사결정에 있어서의 자신을 강조한다. 반면 여성의 성역할은 관계, 양육, 보살핌을 강조한다. 어떤 유형의 도움(예를 들어 가족 내에서의 도움)은 여성의 성역할과 더 일치하고 다른 유형의 도움은(예를 들어 교통사고의 피해자를 위해서 많은 군중이 보는 가운데 돕는 것) 남성의 성역할과 더 일치한다. 가족 내에서 부모와 형제를 돕는 것에 관한 연구에서 여성의 성역할과 일치하는 도움 유형의 경우 소녀들이 더 돕는 성향을 보였는데 특히 소년들보다 감정적 지원, 현실적인 도움, 양육, 사랑과 애정 및 보호적인 관심을 제공하였다(Midlarsky, Hannah, & Corley 1995).

그러나 여러 가지 도움행동의 성 차이가 불분명하다는 연구 결과(Eagly & Crowley, 1986; 강철희 외, 2015)가 있고 최근 남녀에 대한 사회화가 점점 비슷해지면서 친사회적 행동에서의 남녀 차이가 크지 않을 수 있다는 주장(Jackson, 2006)이 있으며, 나눔이나 기부 행동의 동기가 남녀 간 다르다는 조사 결과(Cronson & Gneezy, 2009; Elnolf, 2011; 구지윤, 2013; 이경혜, 황지민, 2013) 등이 있는데 이러한 논의들을 앞으로 주목할 필요가 있다.

2. 사회경제적 지위

사회경제적 지위는 여러 행동에 영향을 미치는 주요한 요인이지만 일반적으로 친사회적 행동이나 돕는 행동이 경우 신뢰할 만한 예측 요인은 아니라고 한다(Amato, 1983). 한 연구에서는 중상층의 성원이 노동계층의 성원보다 더 잘 돕는다는 가정이 지지되는 반면(Feldman, 1968; 보스톤, 아테네, 파리 연구), 다른 연구에서는 하층의 성원이 상대적으로 더 높은 수준의 돕는 경향을 보였다(Korte & Ayvalioglu, 1981; 튀르키예의 이스탄불과 앙카라의 슬럼 연구). 그렇다고 반드시 사회경제적 지위가 돕는 행동의 요인으로 중요하지 않다는 것을 의미하는 것은 아닌데 아마도 사회적 지위는 다른 변인과의 상호작용을 통해서 친사회적 행동에 영향을 미치기 때문일 것이다. 예를 들어 중간계층의 사람은 중간계층의 피해자를 더 돕고 낮은 계층의 사람은 낮은 계층의 피해자를 더 돕는 것은 유사성의 효과와 관련이 있을 수 있다.

사회경제적 지위가 단독의 독립변인으로서 친사회적 행동에 영향을 줄 수는 없지만 사회경제적 지위의 중요한 요소들은 친사회적 행동과 밀접한 관계를 보인다. 수입이 높은 사람일수록 남을 도울 가능성이 높다고 하는데 연구 결과들도 소득이 자원봉사 및 기부와 정적인 관계가 있다는 점을 보여준다(Drollinger & Johnson, 1995; Putnam, 2002; Smith, 1994; 강철희 외, 2015; 임선영, 민소영, 2015; 정영석, 2000; 홍은진, 2005). 교육 수준 역시 도움행동과 정적인 관계를 보이는데 자원봉사에 관한 연구(McPherson & Rotolo, 1996; Penner et al., 2005; Putnam, 2002)와 기부행동에 관한 연구(강철희, 1998; 유수진, 2001)에서 모두 교육 수준이 높을수록 도움행동을 더 하였다.

교육과 소득 수준을 모두 고려했을 때 양자가 모두 자원봉사와 연관이 있다는 결과도 있지만(이용관, 2015) 그 영향이 대체로 낮다는 연구 결과도 있다(김성경, 2007). 기부에서는 소득과 교육 수준이 어느 정도 영향력을 갖는다는 결과가 있지만(강철희 외, 2015; 주성수, 2014; 홍은진, 2005), 유재연 외(2015)의 기부활동에 관한 연구에서는 오히려 소득이 중요하지 않았고 교육 수준이 유의미하다는 결과를 제시하기도 한다.

Piff와 동료들(2010)은 특권이 낮은 사람들이 특권이 높은 사람들보다 더 관대하고 신뢰할 수 있으며 도움을 준다고 하는데, 이는 특권이 낮은 사람들이 사회적 대우를 덜 받는다고 느끼면서 더 동정심을 느끼기 때문이라고 한다(Piff, 2014; Stellar et al., 2012). 끝으로 자원봉사와 기부에 참여한 사람들은 안정된 직업을 가진 비중이 높다고 보고되는데 기부의 경우 회사원과 가정주부가 참여하는 비중이 높다고 보고된다(강철희, 1998).

3. 종교

종교는 다른 사회인구학적 요인들과 달리 기존 연구에서 도움행동에 있어 일관적으로 중요한 요인으로 나타난다. 여러 종교에서 일반적으로 중요시하는 것 중의 하나는 동정심과 자비로 이는 친사회적 가치를 촉진하고 도움행동에 영향을 미치는 주요한 요인이라 할 수 있다. 구체적으로 보면 유대인들의 경전인 탈무드에서는 자비심과 자선을 세상의 기둥이라고 표현한다. 이슬람교의 경전인 쿠란에서의 자카트(zakah)란 자선과 자발적 공헌을 의미하는 것으로 친절을 표현하고 불행한 사람들에게 위안을 주는 방법을 말한다. 중국의 유교에서도 유사한 내용을 포함하는데 보편윤리인 인(仁)은 남을 위해 베푸는 어진 마음이자 사랑의 정신을 의미한다. 불교의 중요한 사상 중 하나인 자비는 모든 존재에게 행복을 주고자 하는 사랑을 의미하는 자(慈)와 고통받는 존재를 불쌍히 여겨 그 고통을 덜어주고자 하는 비(悲)를 합친 용어이다.

세상의 주요 종교들에서 강조하는 사회적 행동의 공통 규칙에 포함된 자비와 사랑의 신념은 그리스도교 윤리의 근본 원리인 황금률(Golden Rule)에 나와 있다. 무엇이든지 남에게 대접을 받고자 하는 대로 너희도 남을 대접하라. 이는 구약성서에 있는 '네 이웃 사랑하기를 너 자신과 같이 사랑하라'와 논어의 '기소불욕 물시어인(己所不欲勿施於人)(자기 스스로 하고 싶지 않은 일을 다른 사람에게도 시키지 말아라)'와 같은 내용으로 이는 모두 친사회적 행동과 관련된다고 볼 수 있다. 각각의 종교에서 사용하는 단어는 달라도 기본적인 정서는 우리가 다른 사람으로부터 대접받고 싶은 대로 다른 사람을 대하라는 것이다. 결국 종교에서 강조하는 인간 행동의 친사회적 규칙은 어떤 한 문화에서만 나온 것이 아니라 보편적인 규칙이라고 보아야 할 것이다.

사람들은 종교와 관련된 단어인 영혼, 신성한, 하느님, 성스러운 것과 같은 문장을 정리한 후에 더 기부하려는 의향을 보이거나(Pichon et al., 2007; Schumann et al., 2014; Shariff et al., 2015) 종교적 사고가 도덕적 신념과 일치하는 행위를 지속하는 선한 행동을 증가시킨다는 연구(Carpenter & Marshall, 2009; Toburen & Meier, 2010)는 종교가 친사회적 행동에 미치는 영향력을 보여준다. 종교가 있는 사람이 남을 더 돕고, 종교가 없는 집단에서 가난한 사람을 돕는 행동이 가장 낮게 나타나기도 한다(Regnerus et al., 1998). 유럽에서 나치로부터 유대인을 구한 사람들에 대한 연구에서도 종교가 관련이 있음을 보여준다(Oliner, S. P., & Oliner, P. M., 1988). 종교의 중요성은 자원봉사자로 일하는 시간을 예측하는 독립적 요인인데(Kupper & Bierhoff, 1999) 종교를 더 중요하게 생각하는 자원봉사자들은 종교에 많은 관심을 가지지 않은 자원봉사자보다 더 참여하는 경향이 있었다(Benson et al., 1980; Hansen et al., 1995; Lam, 2002; Lee et al., 1999; Penner, 2002; Ruiter & De Graat, 2006; Winsemam, 2005).

종교와 계획된 도움 간의 관계는 지역사회 조직에서 더 중요하게 나타나는데 Putnam(2000)은 취미 단체, 전문가 협회, 자조집단 및 봉사단체를 포함한 22개 조직 유형을 분석한 결과 종교집단의 멤버십이 다른 시민참여의 유형들(투표, 배심원 봉사, 공동체 계획, 이웃과의 대화 및 자선행사 참여)과 밀접하게 관련이 있음을 보고하였다. 또한 종교를 가진 사람들이 자선기관의 구성원이 될 가능성이 더 높다는 점을 보여주었다.

국내 조사에서도 종교가 자원봉사 활동에 대한 호의적인 태도에 가장 영향을 미치며 기부 및 자원봉사 활동 참여에 큰 영향을 미치는 것으로 나타났다(강철희 외, 2015; 유재연 외, 2015; 이용관, 2015; 임선영, 민소영, 2015; 홍은진, 2005; 황창순, 2000).

4. 도시화

사회경제적 지위나 인구학적 변인 외에 집중적으로 연구되는 사회학적 요인은 도시화이다. 도시화 수준에 따른 도움행동의 차이에 관한 많은 연구들은 도시와 농촌을 비교하였다. 미국 매사추세츠 농촌지역의 거주자들과 보스톤 시민을 비교한 대표적인 연구(Korte & Kerr, 1975)에서 매사추세츠의 작은 지역사회의 주민이 친사회적 행동을 더 보여주었다. Korte와 Kerr의 조사는 비교적 적은 표본에 근거한 반면 House와 Wolf(1978)는 설문조사에 응답하거나 거절한 비율의 자료를 분석하였다. 이 연구의 기본 가정은 설문에 참여하는 것 자체는 도움행동을 측정할 수 있는 척도인 반면 설문조사에 대한 거절의 비율은 비도움성을 반영한다는 것이다(Smithson et al., 1983). 1950년대, 1960년대, 1970년대에 시행한 미국의 국가투표 조사에 따르면 비응답률은 도시의 특성과 관련이 있었는데 농촌지역보다 대도시에서 거절률이 더 높았다. 이와 같은 결과는 1960년대와 1970년대의 조사에서 특히 강하게 나타났다.

도시와 농촌의 일반적 차이를 설명하는 한 가지 설명은 '정보 과부하

가설'로 도시지역의 사람들은 과도한 환경적 자극에 노출되어 있다고 본다(Milgram, 1970; Levine et al., 1994; Yousif & Korte, 1995). 과잉정보에 노출된 도시민들은 개인적으로 관련되지 않은 정보는 차단하려고 하고 무관심한 태도를 습득하게 된다. 따라서 대도시 사람들은 자신과 관련되지 않은 다른 사람의 일에 무관심하게 되고 낮은 수준의 친사회적 행동을 보인다. 많은 연구가 이러한 가설을 지지했는데 35개의 연구를 살펴본 결과 지방에 사는 사람들이 도시에 사는 사람들에 비해 친사회적 행동을 더 많이 했고, 어린 시절을 어디에서 보냈는지와는 상관이 없었다(Steblay, 1987).

친사회적 행동에 있어서 도시와 농촌의 차이에 대한 또 다른 설명은 책임의 분산 개념이다(Latane & Darley, 1970). 주변에 도울 사람이 많을 때는 자신이 도와야 한다는 책임감이 줄어드는데 도시의 높은 밀도는 높은 책임의 분산 가능성을 의미하고 이것이 돕는 행동을 예측하는 주요한 요인으로 작용한다는 것이다(Amato, 1983; Levine et al., 1994). 전형적으로 도시에서는 주위에 사람이 많고 도와주어야 하는 책임감을 다른 사람에게 전가하게 된다. 따라서 개인의 돕는 수준은 소규모 지역사회보다는 대도시에서 더 낮다고 가정된다. 앞에서 살펴본 두 가지 가설 모두 돕는 수준이 소규모 지역보다 대규모 지역에서 낮을 것이라고 예측하는데 인구의 크기는 책임의 분산뿐만 아니라 정보의 과부하를 일으킬 수 있기 때문이다.

도시에서 친사회적 행동이 더 적은 원인에 대한 또 다른 설명은 다원적 무지(pluralistic ignorance)이다. 다원적 무지란 다른 사람들이 자신의 의견과 다르다고 잘못 믿는 현상(Katz & Allport, 1931)으로 특정한 문제에 관하여 다수 의견을 소수 의견이라고 오해하거나 소수 의견을 다수 의견이라고 오해하는 일을 말한다. 앞서 살펴보았던 Kitty Genovese의 사건에서 사람들은 아무런 행동도 하지 않는 이웃의 반응을 통해서 별일이 아니라고 생각하고 그 상황을 위험하지 않다고 잘못 판단했을 수 있다(Latane & Darley, 1970).

도시와 농촌의 차이는 튀르키예의 조사에서도 발견되었는데(Korte & Ayvalioglu, 1981), 이 조사에서 도움은 다음과 같은 세 가지 과정으로 측정되었다: 잔돈을 바꾸어 달라고 하는 것, 짧은 인터뷰에 참여해달라고 요청하는 것, 길에서 상자를 잃어버린 것에 반응하는 것. 조사 결과 일반적으로 도움은 도시보다 농촌에서 더 높은 것으로 나타났다. 도움 행동에 있어 도시와 농촌의 차이에 관한 가장 포괄적인 연구는 오스트레일리아에서도 이루어졌는데(Amato, 1983) 55개 지역에서 표집된 5단계의 인구 규모를 다음과 같이 분류하였다: 거주자 1,000명 이하, 1,000~4,999명, 5,000~19,999명, 20,000~30,000명 사이, 30,000명 이상. 이 연구에서는 6가지 유형의 돕는 행동이 사용되었는데 복합경화증 단체에 기부하는 것, 인구조사에 응답하는 것, 자신이 좋아하는 색을 물어보면 종이에 쓰는 것, 다리를 다친 사람을 돕는 것, 떨어뜨린 편지봉투를 줍는 것, 잘못된 방향을 바르게 알려주는 것 등이다. 돕는 행동의 측정은 계획-자발적, 심각-비심각, 하는 것-주는 것의 차원에서 구분되었다.

연구 결과 작은 사회에서 큰 사회로 갈수록 도우려는 의지가 감소하는데 가장 크게 감소하는 결과는 20,000명에서 300,000명 사이의 인구가 있는 지역에서 발생하였다. 특히 이 연구에서는 돕는 행동에 있어서 인구 크기 외에 다른 결정요인들(이질성, 사회계층, 지리적 고립)이 분석에 포함되어 있기 때문에 인구 크기의 상대적 중요성을 평가할 수 있었다.

이러한 결과는 책임의 분산 가설뿐만 아니라 정보 과부하 가설을 확증해 보이는 것으로 높은 수준의 도시화가 낮은 수준의 친사회적 행동과 상관관계가 있다는 결론을 내리게 한다.

III
지속적인 친사회적 행동

제6장 지속적인 친사회적 행동은 어떻게 이루어지는가

남을 돕는다는 것은 극단적인 상황에서의 행동이거나 일시적인 행동인 경우일 수도 있지만 그렇지 않은 경우도 많다. 예를 들어 자원봉사, 수재민 돕기, 헌혈 등은 평범한 상황에서 지속적으로 이루어질 수 있는 행위로 실제적으로도 남을 돕는 행동의 많은 부분을 차지한다. 이러한 유형의 돕는 행동들은 여러 사람들이 상호협조적인 행동에 참여하는 것이고, 한 사람만의 돕는 행동으로는 도움을 필요로 하는 사람들에게 충분하지 못하며, 도움의 수혜자는 보통 익명성을 갖게 되고, 이러한 종류의 도움은 일시적으로 끝나기보다는 지속적이고 반복적이라는 특징을 갖고 있다.

왜 사람들은 계획적이고 장기적인 도움행동에 참여하는가? 왜 장기간의 비용이나 노력에도 불구하고 도움행동을 지속하게 되는가? 이러한 질문에 답하기 위한 여러 가지 이론들이 있는데 그중 역할 정체성 모델과 사회자본론적 접근을 이 장에서 소개하고자 한다.

1. 역할정체성 모델

사회심리학적 논의인 상징적 상호작용 이론에 근거한 학자들은 남을 돕는 행동 중 자원봉사, 헌혈 등과 같이 보다 지속적인 상황에서 이루어지는 돕는 행위를 설명하기 위해 자아의 역할을 강조하는 역할정체성 이론을 제시한다.

상징적 상호작용 이론은 인간의 행위를 설명하는 데 있어 자아의 중요성을 강조한다. 자아는 근본적으로 사회관계를 통해 형성되는 것으로 다른 사람의 입장에서 자기 자신을 대상으로 바라보는 역할담당(role-taking) 과정을 통해 형성된다. 즉 자아는 자신의 행동에 대한 다른 사람의 반응을 해석하는 것을 통해 발전하므로 자신이 지각한 다른 사람들의 자신에 대한 기대가 자아개념의 형성과 그에 상응하는 행위를 결정한다고 주장한다.

상징적 상호작용 이론을 근거로 하여 발전한 역할정체성 이론(role-identity theory)은 사회적 역할과 자아의 관계를 강조한다. 인간은 사회관계 속에서 다양한 사회적 역할을 수행하고 이에 따라 다양한 역할정체성을 소유하게 되는데 이 중 특정한 역할정체성들은 자아개념을 구성하고 개인의 행위에 영향을 주는 중요한 요인이라고 본다. 대표적인 학자인 McCall과 Simmons(1978)이나 Stryker(1980)와 같은 학자들은 여러 가지 역할정체성은 상대적 중요성에 따라 위계화되어 있고 사람들은 여러 가지 역할정체성 중 높은 층에 있는 정체성에 부합하는 행동을 할 가능성이 높다고 한다. 이들이 역할정체성의 상대적 중요성이나 위계 서열에 초점을 둔 반면 Turner(1978)는 자아와 역할의 관계를 개인과 역할의 동화 정도로 설명한다. Turner는 모든 사람은 많은 역할을 수행하면서 특정 역할을 자아에 일치시키는 경향이 있는데 이러한 특정 역할은 일반적으로 어떠한 상황에서나 수행되고 다른 역할들을 수행하는 데에도 영향을 미친다고 한다. Turner는 이를 '역할과 개인의 통합(role-person merger)'이라고 하고 자아의 일부분으로 내면화된 역할이 행동을 예측하는 데 중요하다고 강조한다.

역할정체성 이론가들은 역할정체성이 개인행동에 영향을 미친다고 하는데, 역할정체성은 결국 개인의 사회적 지위와 관련되어 있다는 점을 강조함으로써 개인을 사회구조에 연결하여 보았다고 할 수 있다. 즉 사회관계 속에서 형성되는 다른 사람의 기대나 역할정체성을 강조함으로써 행동에 있어서 역할이 갖는 의미와 사회구조의 중요성을 강조하였고, 결국 역할과 관련된 사회적 의미를 내포하는 행동을 설명한 것이다. 역할정체성은 장기간에 걸쳐 형성되는 개인의 역할에 근거하므로 역할정체성에 근거하여 남을 돕거나 친사회적 행동을 하는 경우 그 동기와 과정을 살펴볼 수 있다. 여러 연구에서 돕는 역할이 자신의 자아정체성으로 발전되어 지속적으로 참여하게 되는 경우를 보여준다. Lee와 동료들(1999)은 정체성이 시간, 돈, 헌혈, 기부에 중요한 영향력을 갖는다는 것을 밝히고 있으며, 헌혈자에 대한 연구(Piliavin & Callero, 1991), AIDS 자원봉사자 연구(Penner & Finkelstein, 1998), 일반적인 자원봉사자의 연구(Grube & Piliavin, 2000; Piliavin et al., 2002) 등에서 역할정체성은 장기간의 도움행동에 있어 중요한 역할을 한다는 것을 보여준다.

여기서는 헌혈자에 대한 연구를 더 자세히 소개하려고 한다. 현대사회의 사람들은 일생 동안 평균 3번 정도의 수술을 하고 수술환자 중 많은 사람이 수혈이 필요한 것으로 추정되므로 헌혈은 누구에게나 꼭 필요한 부분이라 할 수 있다. 여러 나라에서 시행되는 헌혈제도는 각기 다른 전략에 근거하고 있는데 이는 헌혈에 참여하는 사람들의 이유가 다양하기 때문이다. 예를 들어 헌혈에 참여하는 이유가 헌혈에 대한 보상을 기대하기 때문일 수도 있고 지역사회에 대한 책임감 때문일 수도 있다.

헌혈의 이유를 연구하기 위해 Piliavin과 Callero(1991)는 미국과 폴란드의 헌혈 방식을 비교하였다. 미국은 지역사회 책임 방식으로 헌혈자가 자유롭게 결정하고 어떠한 물질적 보상도 제공받지 않는다. 반면 폴란드는 자원제 방식과 지불제 방식이 있는데 전자는 헌혈참여자들이 특권(1일 유급휴가)은 받지만, 보수는 받지 않는 경우이고, 후자는 참여자들이 헌혈에 대한 보수를 받는 방식이다. 연구 결과 미국의 지역사회 책임 방식과 폴란드의 자원제 방식에서 정기적인 헌혈이 지역사회 구성원의 안녕을 위한 헌혈자의 자아정체성의 결과임을 보여준다. 즉 헌혈자로서의 역할정체성의 발달로 인해 사람들은 자신을 정기적인 헌혈자라고 정의하고 반복적인 헌혈을 하였다. 또한 헌혈의 경험 횟수가 증가할수록 내적 동기가 더 강조되었다. 반면 폴란드의 지불 방식에서는 헌혈자들이 헌혈하는 동기로 사회적 압력이나 사회적 승인 등의 외적 동기를 매우 강조하였고 헌혈 횟수가 증가할수록 외부적인 동기가 더 중요하였다.

이러한 결과는 헌혈캠페인을 계획하는 데 있어 어떠한 점을 시사하는가? 일반적으로 헌혈자에게 어떠한 보수도 제공되지 않는 방식이 내적 동기의 발달을 가져오고 이에 따라 형성되는 헌혈자로서의 자아개념이 헌혈을 촉진한다는 것이다. 또한 보수를 제공하는 방식은 헌혈자가 되려는 의지를 증가시키는 것에는 효과적일 수 있지만 헌혈에 기여하려는 의지는 점점 더 물질적 동기에 의해 결정된다는 점을 제시한다. 따라서 정기적인 헌혈과 헌혈에 참여하려는 안정적인 의지는 헌혈자라는 역할에 맞는 자아정체감의 발달에 의해 영향받는다는 점을 보여준다.

최근 국내연구에서는 자원봉사자로서의 정체성이 자원봉사 참여에 있어 중요한 원인이 되고(김성경, 2007), 자선단체 기부에 있어서도 다른 기부의 동기들보다도 자선단체조직과 관련된 정체성이 가장 큰 영향을 미친다는 것을 제시한다(김주원, 김용준, 2008). 또한 국내의 온오프라인에서의 도움행동(전신현, 2015)과 헌혈(전신현, 2017)에서도 역할정체성이 중요한 요인임을 보여준다.

이와 같이 역할정체성 모델은 장기간의 친사회적 행동이나 자원봉사의 참여를 설명하는 데 있어 역할정체성이 중요한 기여를 한다는 점을 보여준다. 이 부분에 대한 구체적인 내용은 7장에서 더 다루기로 한다.

2. 사회자본적 접근

사회학자들은 남을 돕는 행동에 관한 연구에서 개인의 특성보다 사회 요인에 주목한다. 대표적인 사회학적 논의인 사회자본론적 접근은 개인 수준의 도움행동에의 참여보다는 사회구성원의 집합적 참여에 관심을 가지면서 사회네트워크나 사회구성원들의 관계, 조직 성원으로서의 소속감이 자원봉사 등의 도움행동 참여에 중요한 영향력을 갖는다고 본다. 사회자본이란 구성원들 간의 사회관계, 신뢰, 네트워크, 호혜적 규범과 같은 사회조직의 특질로서 구성원들의 협력 참여에 중요한 요인이 된다(Putnam, 2002).

Wilson과 Musick(1997)은 자원봉사 참여에 관한 통합론적 모델을 제시하는데 인적 자본, 문화적 자본, 그리고 사회적 자본의 요인이 모두 중요하다는 것을 강조하였다. 인적 자본이란 개인의 경제력이나 교육 수준 등을 의미하고, 문화적 자본은 종교적 신념이나 도덕적 의무감 등을 말한다. 사회적 자본이란 사회네트워크 내 구성원들 간의 관계와 상호작용 및 상호신뢰감 등을 나타내는 데 사회자본 요소와 같은 사회맥락적 요소가 중요하다는 점을 강조한다.

사회네트워크란 사회구성원들 간의 연결망으로 구성원들이 공식집단이나 조직에 얼마나 많이 참여하여 서로 연결되어 있는가를 의미한다. 사회네트워크가 연결되고 클수록 구성원들은 상호 간 여러 정보를 얻게 되므로 자원봉사와 기부 등에 참여할 것을 요청받을 기회가 더 많게 된다. 또한 구성원 간에 연결되어 있는 연대감이나 상호호혜성이 발전하여 나눔과 도움행동 등에 더 참여하게 된다. 또한 사회신뢰란 구성원들 간에 대한 상호 신뢰감으로 다른 사람들도 공동의 이익을 위한 행동들에 참여할 것이라는 기대와 믿음을 의미한다. 따라서 사회신뢰가 높을수록 구성원들의 나눔과 도움행동의 가능성은 높아지게 된다(Brooks, 2005; Brown & Ferris, 2007; Wang & Graddy, 2008).

사회자본이론의 대표적 논의자인 Putnam(2002)은 자원봉사의 조직론적 특성을 언급하면서 조직 혹은 집단에 참여하는 사람이 그렇지 않은 사람보다 자원봉사에 10배의 시간과 노력을 할애한다고 보고하고, 지역사회 네트워크와 지역사회 시민으로서의 정체성 및 상호협력 규범의 역할을 강조했다. 이렇듯 사회자본 요소는 비교적 근래에 주목받는 주제로 국내외 연구에서 주로 집합적 자원봉사 참여의 설명 요인으로 언급되고 있다(Eckstein, 2001; 주성수, 2014; 홍성모 외, 2011).

조직 내 구성원의 관계나 조직 내 소속감 등과 같은 사회자본이 강할수록 도움행동이나 기부에 참여할 가능성이 높다는 주장은 많은 연구에서 보인다. 사회자본의 네트워크 요인으로 시민조직에의 참여가 기부에 중요한 요인이라는 연구와 사회신뢰가 자원봉사와 더 관련이 있다는 결과가 제시되었다(Bekkers, 2012; Brown & Ferris, 2007). Mata와 Pendakur(2014)는 사회자본의 여러 요소 중에서 조직에의 참여와 성원감, 그리고 일반적 신뢰가 중요하다고 제시하였고, Glenville과 동료들(2016)은 타인에 대한 일반적 신뢰가 자원봉사, 기부, 그리고 가족과 친지를 돕는 행동에 있어 중요한 요인임을 보여주었다.

사회자본이 기부행동에 미치는 국내연구들도 있는데 강철희(2007)는 사회신뢰는 자원봉사와 기부에 영향을 미치는 중요한 요인임을 제시하였고 이후의 연구(강철희 외, 2012; 강철희 외, 2015)에서도 공공의 연대감이나 공적 책임의식 또는 상호호혜성과 같은 공동체 의식이 기부에 있어 중요한 요인이라는 연구 결과를 보여주었다. 다른 학자들의 연구에서도 공동체 의식이 기부 동기나 태도에 긍정적 영향을 미친다는 결과(이창식, 장하영, 2017)와 소속감과 정서적 유대감과 같은 공동체 의식이 온라인에서 정보공유나 기부에 영향을 미치는 중요한 요인이라는 결과를 보여준다(전현규, 이건창, 2015). 한편, 서영숙과 진관훈(2016)은 사회자본 요소 중 사회참여와 신뢰가 기부에 영향을 미친다는 연구 결과를 보여주었고 김주원과 김원준(2008)의 연구에서는 자선단체 조직에서의 정체성이나 조직 내에서의 상호호혜성과 같은 요인이 기부에 영향을 미치는 중요한 요인임을 제시하였다.

사회자본이 도움행동에 미치는 영향에 관한 국내연구로 청소년의 자원봉사와 기부활동의 참여 요인에 관한 연구와 온라인 도움행동에 관한 경험연구가 있다(전신현, 이경상, 2016; 전신현, 2011). 청소년의 도움행동 중 자원봉사와 기부활동에 주목한 연구(전신현, 이경상, 2016)에서는 초·중·고등학생을 대상으로 조사한 결과 사회자본요인이 자원봉사와 기부활동 모두에 있어서 가장 중요한 요인으로 나타났다.

온라인 도움행동에 관한 연구(전신현, 2011)에서는 대학생을 대상으로 온라인상에서 남을 돕는 행동에 영향을 주는 요인이 무엇인가 조사하였는데 사회자본 요인이 여러 가지 유형의 도움(경제도움, 정서도움, 시간과 노력의 도움)에서 가장 중요한 설명 요인이었음을 보여주었다.

사실 사회자본적 시각의 접근은 앞서 설명한 역할정체성의 논의와 크게 다르지 않다고 볼 수 있다. 조직 내 구성원들 간의 관계와 네트워크를 통해 그 일원으로서의 정체성이 형성되면 그것이 집합적 도움행동에 영향을 주는 것이라 볼 수 있기 때문이다.[12] 역할정체성 이론에서도 어떠한 이유로 역할정체성이 형성되는가를 연구하였는데 구성원들의 네트워크나 역할에의 관여도가 역할정체성을 형성하게 한다고 보았다(Charng et al., 1988; Piliavin et al., 2002). 예컨대 헌혈의 경우 헌혈자들의 모임과 조직에서의 구성원들 간 상호작용과 역할기대가 클수록 헌혈자로서의 역할정체성이 자아의 큰 부분을 차지하고 그것이 지속적인 헌혈행동에 영향을 주게 되었다.

---

12) 그러한 면에서 사회정체성이론도 왜, 어떤 사람들이 오랫동안 남을 돕는지를 이해하는 데 기여할 수 있다. 이 이론에 따르면 사람들은 특정 집단에 속하게 되면서 자신이 속한 집단과 동일시하고 내·외집단을 구분하게 된다고 한다. 결국 도움행동도 집단 내 성원과 유대를 형성하면서 집단의 일원으로서 집단규범을 따르려고 하는 반복적인 행동의 하나라고 주장한다(Yamagish & Mifune, 2009).

제7장 지속적인 친사회적 행동의 유형

지속적인 친사회적 행동에는 여러 가지 유형이 있는데 대표적인 것이 자원봉사, 조직 시민 행동, 그리고 협동이다. 자원봉사와 조직 시민 행동은 최근에 친사회적 행동의 한 부문으로 연구되고 있는데 두 가지 모두 조직 환경 내에서 일어나는 이슈와 관련이 있고 자발성과 장기적 가능성이 있다는 점에서 공통성을 가진다(Penner et al., 1997). 그러나 자원봉사와 조직 시민 행동의 결정적인 차이는 전자는 비물질적인 목적을 위해 이루어지는 무보수의 일과 관련되는 반면 후자는 고용자가 자신의 직무상 주어지는 역할 외의 행동을 하는 것과 관련된다는 점이다. 협동은 자원봉사나 조직 시민 행동과는 다른 특성을 가진다. 자원봉사와 조직 시민 행동의 경우 도움을 제공하는 사람과 도움이 필요하여 받는 사람은 동등한 관계가 아닌 경우가 많다. 반면 협동은 두 명 이상의 사람들이 파트너로 모여 상호 의존적으로 공동의 목표를 달성하기 위해 함께 작업하는 과정이다.

다음 부분에서는 자원봉사와 조직 시민 행동 그리고 협동에 관하여 알아보려고 한다.

1. 자원봉사

자원봉사는 조직적 맥락에서 계획적이고 장기적으로 지속되는 친사회적 행동을 말한다(Penner, 2002). 자원봉사란 라틴어 voluntas에서 유래하였는데, 이는 자발적인 것, 자주적 또는 임의적 자유의지라는 의미를 가진다. 즉 개인 또는 단체가 지역사회, 국가 및 인류사회를 위하여 대가 없이 자발적으로 시간과 노력을 제공하는 행위를 자원봉사 활동이라 한다. 대표적인 자원봉사는 비영리단체에서 무보수로 서비스를 제공하는 것으로 Omoto와 Snyder(1995)가 말한 바와 같이 "의무가 없는 도움(nonobligated helping)"이란 특성을 포함한다. 자원봉사란 직·간접적으로 물품이나 서비스를 개인이나 집단에게 제공하거나 제공하도록 초래하는 것으로 돕는 사람과 수혜자 간의 개인적 유대나 관계가 극히 드물다. 대부분의 대인관계 도움은 특정 인물에 대한 개인적인 의무감에 의한 것일 경우가 많지만, 자선단체나 서비스 조직에서 자원봉사를 하는 것은 일반적으로 이러한 동기가 작용하지 않는다.

자원봉사는 돕는 사람과 수혜자가 전혀 만난 적이 없어도 이루어지는 경우가 많다. 자원봉사는 광범위한 여러 가지 활동을 포함하는데 장애인을 돌보는 것, 독거노인을 방문하는 것, 기부금 모금활동, 재해현장의 구호활동, 지역문화 행사지원 등 다양하다. 우리나라 1365 자원봉사포털의 분류에 따르면 생활편의, 주거환경, 상담, 교육, 보건의료, 농어촌, 문화행사, 환경보호, 행정보조, 안전·방범, 인권·공익, 재해·재난·응급, 국제협력, 멘토링 등의 분야가 있다. 사람들은 매우 다양한 유형의 자원봉사에 관심이 있는데 어떤 사람들은 불운의 희생자들을 직접 만나는 활동을 선호하는 반면 어떤 사람들은 사무적인 일을 선호한다. 자원봉사는 다른 사람의 안녕을 제공하기 위해 시간과 노력을 기부하는 것으로 자원봉사 활동이 많다는 것은 사회에서 자원봉사의 요구가 높다는 점을 보여준다.

자원봉사는 자연발생적인 도움과 다르게 계획을 세울 필요가 있고(예를 들어 자원봉사를 하기 위해 특정한 시간에 맞추어 준비해야 하는 것) 자신의 일상에서 우선순위를 정해야 하며(일요일 아침에 집에서 쉬는 것보다 자원봉사를 하기 위해 일찍 일어나는 것을 선택하는 것) 자원봉사 임무에 필요한 요구사항에 맞추어 개인의 능력을 조정하여야 한다(자원봉사자가 위급 상황에서는 자신의 응급처치 지식을 이용하는 것). 이러한 사항들은 친사회적 행동의 정의에 속하기도 하지만 자원봉사의 특성을 적절하게 기술하기 위해서는 두 가지 특성이 부가되어야 한다. 친사회적 행동이 몇 달 이상부터 수년 동안 장기적으로 수행되고, 사회적이거나 개인적인 문제의 해결을 위해 조직(자조집단과 같은 지역적 조직에서부터 국제사면위원회와 같은 세계적인 규모까지)에 헌신해야 한다. 여러 연구에서(Kupper & Bierhoff, 1999; Simon et al., 2000) 자원봉사에 장시간 참여한 조사응답자들이 일주일에 평균 7시간 정도를 할애한다고 보고하였고 장기간 동안 꽤 지속적으로 참여한다고 응답하였다(Hofer, 1999; Penner & Finkelstein, 1998).

이러한 것들을 종합하여 볼 때 자원봉사의 특성으로는 자발성, 무보수성, 공익성, 지속성을 들 수 있다. 자발성이란 자신의 의사로 시간과 재능, 그리고 경험을 도움이 필요한 이웃이나 지역사회 공동체에 아무런 대가 없이 제공하는 활동이다. 무보수성은 경제적 보상과 관련되는 것으로 자원봉사 활동에 대해 금전적 대가를 받지 않는 것을 의미한다. 공익성이란 이웃과 지역사회 내에 산재하고 있는 문제를 해결하여 삶의 질을 향상시키려고 하는 활동과 관련된다. 끝으로 지속성은 자원봉사 활동에 참여하게 되면 일정 기간 동안 지속적이고 정기적으로 봉사활동에 참여하는 것을 의미한다.

사람들은 왜 자원봉사 활동에 참여하는가? 자원봉사 활동 참여의 동기에 대하여 많은 학자들이 여러 가지 요인을 제시하는 연구를 수행하였지만, Smith(1994)의 연구는 대표적이라 할 수 있다. 그는 1975년부터 1992년까지 자원봉사 활동 참여에 미치는 영향 요인에 관한 문헌들을 종합적으로 검토하여 주요 요인을 분류하였다. 이 연구에서 자원봉사 활동 참여에 영향을 미치는 요인을 크게 다섯 가지로 분류하였는데 환경 요인, 사회경제적 배경 요인, 성격 요인, 태도 요인, 상황 요인이다. 환경 요인의 예로는 거주 지역의 규모나 자원봉사 조직 또는 집단의 특성 등을 들었고, 사회경제적 배경 요인으로는 학력 및 성 등이 대표적 예이다. 성격 요인으로는 도우려는 성향이나 외향성 등이 있고, 태도 요인으로는 지원을 받는 집단에 대한 동정 등이 있으며, 상황 요인으로는 다른 사람들과의 관계 등이 있다. 한편, Hart와 동료들(2004)은 자원봉사를 연구하는 데 있어 심리학적이고 사회학적인 접근을 통합하기 위한 방법을 제시하는데, 성격적인 요소와 사회구조(가족, 문화)가 자원봉사의 발생에 중요한 역할을 한다고 강조한다.

지금까지 살펴본 바와 같이 자원봉사의 특성과 자원봉사의 참여 동기는 대인관계 도움과 다르며, 따라서 그에 대한 연구도 다른 접근 방식이 필요하다는 점을 알 수 있다. 또한 자원봉사의 동기가 참여 시작점과 유지 과정에서 다르게 나타나고 있다는 연구 결과들이 있다. 따라서 사람들이 왜 자원봉사에 참여하게 되는가, 자원봉사 활동을 지속하게 되는 이유는 무엇인가에 대한 답을 얻기 위해서는 자원봉사 활동의 시작과 유지 과정을 나누어 살펴볼 필요가 있다.

다음 부분에서는 사람들이 어떻게 자원봉사를 시작하게 되는지 그 이유에 대한 연구를 요인별로 살펴보도록 한다.

1) 자원봉사의 초기결정

(1) 사회인구학적 변인

어떤 사회인구학적 집단이 자원봉사를 가장 많이 하는가? 자원봉사 결정에 영향을 미치는 사회인구학적 요인으로는 성, 연령, 교육 수준, 혼인 상태, 소득, 직업, 인종 등이 주로 다루어져 왔다.

일반적으로 여성이 남성보다 자원봉사 참여율이 더 높다는 결과가 북미의 연구(Independent Sector, 2002; Reed & Selbee, 2000)에서 보고된 바 있지만, 이러한 결과가 유럽이나 호주에서는 발견되지 않았다(Gaskin, Smith, & Paulwitz, 1996; Volunteering Australia, 2003; Wilson, 2000). 우리나라에서도 자원봉사자의 참여 비율이 여성이 더 높게 나타난다(자원봉사 참여율-지표누리). 자원봉사 활동의 유형에서도 성 차이를 보이는데 여성은 공적이거나 지도자의 직책에서 하는 활동보다는 돌봄이나 개인적인 임무를 하는 활동에 더 참여하는 경향이 있었다.

여성의 경우 자원봉사 참여는 혼인 상태나 직업의 유무에 따라 영향을 받는데 중년기 기혼 여성이거나 직업이 없는 전업주부의 경우 자원봉사 활동에 더 많이 참여한다는 연구 결과(Smith, 1986; MacRae, 1995; 최현기, 1992)가 있다. 우리나라도 중년기 기혼여성들이 자원봉사 활동의 중추적 역할을 담당한다고 한다(김혜경, 2004; 한국여성개발원, 1999). 여성의 경제활동 참여 정도에 따라 자원봉사 활동의 참여가 달라지는데(Carlin, 2001; Freeman, 1997; 김봉근, 박봉석, 2013), 직업과 일에 대한 욕구가 큰 여성이나 시간제로 일하는 여성이 자원봉사 활동에 더 많이 참여한다는 연구도 있다(Finlayson, 1969; Mueller, 1975).

연령은 자원봉사 활동의 참여에 영향을 미치는 매우 중요한 요인으로 꼽힌다(Fischer & Schaffer, 1993; 조휘일 1990). 일반적으로 연령이 증가할수록 자원봉사 활동의 참여가 증가한다는 결과(Hodgkinson, 1988; 강철희 외, 2015; 조선주, 2011)도 있지만 연령이 적을수록 자원봉사를 더 많이 한다는 연구(이용관, 2015)와 연령이 많을수록 자원봉사 참여율이 낮다는 연구 결과(Herzog et al., 1989)도 있어 상반된 입장을 보인다. 또한 자원봉사는 성인기가 되면 줄어드는 경향을 보이다가 중년기 이후 다시 증가한다는 연구 결과가 있다(Musick & Wilson, 2008). 연령에 따라 자원봉사 활동 참여는 역U자 곡선을 보여 30대와 40대에 가장 높은 비율을 보인다고 한다(Herzog & House, 1989; 백종혜, 1995; 한국여성개발원, 1994). 또한 연령은 자원봉사 활동에서 주요 변인이 아니라는 주장도 있다(김성경, 2007; 유재연 외, 2015; 주성수, 2014).

최근 서구의 조사에서는 노인 자원봉사자 수가 증가하고 있는데 미국의 경우 55세 이상 고령자의 자원봉사 참여율이 25%에 달하기 때문에 연령에 따른 자원봉사 활동의 참여율이 변화하고 있다고 볼 수 있다(강은나, 류병주, 2017). 연령은 그 자체만으로 자원봉사 활동의 유의미한 요인이라고 보기는 어려운데 혼인 상태, 건강, 사회경제적 지위와 같은 다른 사회인구학적 요인과 매우 밀접한 관련이 있기 때문이라고 할 수 있다.

교육 수준과 자원봉사는 상대적으로 강한 연관이 있다(Independent Sector, 2002; McPherson & Rotolo, 1996; Putnam, 2002; Wilson & Musick, 1997). 이러한 결과를 설명할 수 있는 한 가지 가능성은 교육을 더 많이 받은 부유한 사람(예를 들어 시간제 직원보다는 월급제 직원)들이 직장에 의해 제약을 덜 받기 때문에 더 많은 여유 시간을 자원봉사에 할애할 수 있다는 것이다. 그러나 이 설명에는 문제가 있는데 미국, 영국, 캐나다, 호주에서의 자원봉사자 경우 실업자보다는 직장에 다니는 사람들이 훨씬 많다(Independent Sector, 2002; Institute for Volunteering Research, 1997; Reed & Selbee, 2000; Volunteering Australia, 2003). 따라서 경제적 상태와 자원봉사 간의 관계를 단순히 여유 시간에 의한 것으로 설명할 수 없으며, 다른 요인들에 의한 것이라 할 수 있다. 예를 들어 높은 교육 수준은 사람들의 문제를 더 의식하게 하고 공감을 증가시키며 자원봉사의 효과성에 대한 기대를 더 갖게 해 주기 때문에 자원봉사에 더 참여하게 만든다는 것이다(Wilson, 2000). 교육 정도가 개인의 자원봉사 활동에 영향을 미치는 또 다른 이유는 교육이 개인의 사회적 지위나 수입과 관련이 있기 때문이다. 교육 수준이 높을수록 사회경제적 지위가 높아지게 되며 자원봉사 활동에 참여할 수 있는 기회가 늘어나기 때문이다.

소득은 자원봉사 활동을 결정하는 중요한 요인으로 수입이 많을수록 자원봉사 활동에 많이 참여한다는 연구들(Fischer et al., 1991; Freeman, 1997; Independent Sector, 2002; Mogan, 1986; 박기태 외, 2004)이 있다. 미국의 경우 가장 부유한 층의 자원봉사 수준이 가장 저소득층에서보다 훨씬 높았다(Independent Sector, 2002; Putnam, 2002). 그러나 수입의 경우 어떤 수준까지만 자원봉사와 정적인 관련이 있어서 수입과 자원봉사 활동은 역U자 곡선의 관계가 있다는 연구 결과(김봉근, 박봉석, 2013)도 있고 수입과 자원봉사의 참여는 관계가 없다는 결과(조선주, 2006)도 있다. 한편, 소득이 낮은 집단이 자원봉사 활동에 더 많이 참여한다는 연구 결과(김경아, 이정우, 1990)도 있다.

사회경제적 수준이 높고 종교 활동에 적극적인 사람들이 낮은 사회경제적 수준에 있는 사람들보다 지역사회에 더 잘 통합되고 참여한다는 주장도 있다. 지역사회의 시민적, 사회적 활동에 더 많이 참여하고 더 긍정적인 도덕적, 시민적 태도를 가진 사람들이 자원봉사에 더 참여한다는 사실은 미국과 캐나다 모두에서 입증되었다(Hart et al., 2002; Reed & Selbee, 2000). 사람들은 지역사회에 더 많이 참여할수록 자원봉사 요청을 받을 가능성이 높고 요청을 받으면 그에 응답할 가능성도 더 크기 때문이다.

직업과 자원봉사 활동 참여의 관계는 직업의 유무와 직업의 유형에 따라 다르게 나타난다. 직업이 있는 경우 소득의 증가와 함께 조직의 지원으로 인해 자원봉사 참여율이 높아진다는 결과(Smith, 1994)가 있는 반면 직업으로 인해 시간적 제약요인이 생기기 때문에 자원봉사 참여가 낮아진다는 연구도 있다(Bryant, 1992). 직업 유형에 따라서 자원봉사 참여가 달라질 수 있는데 이는 소득 및 사회적 지위와 관련이 있기 때문에 이러한 요인들을 고려해야 한다.

직업과 자원봉사 활동 참여는 성별에 따라 다른 결과를 보이기도 하는데 직업이 있는 남성의 경우 자원봉사 활동에 접할 기회가 많아 봉사활동에 많이 참여한다. 또한 직업의 지위와 성격에 따라 자원봉사 활동의 종류가 다르게 나타나는데 기술직이나 전문직 남성은 자신의 직업 성격과 유사한 자원봉사 활동에 참여하고, 지위가 높은 남성의 경우 물질적 자원봉사에 참여하는 경우가 많다(Ibrahim & Brannen, 1997).

미국에서는 역사적으로 유색 인종 집단(아프리카계 미국인, 히스패닉/라틴계 미국인)들이 유럽계 미국인들보다 자원봉사를 덜 해왔다. 그러나 최근 조사에서는 아프리카계 미국인들의 자원봉사 비율은 급격히 증가한 것으로 나타났다(Independent Sector, 2002). 이러한 인종 간 차이의 일부 원인은 사회적 배제 때문일 수 있는데(Ferree et al., 1998), 교육 수준, 소득 및 기타 사회경제적 요인들을 통제하면, 이러한 인종/민족 간 차이는 대체로 사라진다고 보고된다(Latting, 1990).

미국의 많은 연구에서 자원봉사자의 대다수가 백인이거나 50세 이하이며 고용되어 있고(특히 시간제로) 여성인 경우로 보고되며 교외나 농촌 지역에 살 가능성이 높다고 한다. 또한 미국을 비롯한 여러 나라들에서 자원봉사 참여와 가장 일반적으로 관련이 있다고 보고된 세 가지 인구학적 변인은 교육, 수입, 직업적 지위였다(Clary와 Snyder, 1991; Independent Sector, 2002; Penner, 2002; Putnam, 2002; Wilson, 2000). 누가 자원봉사에 더 참여하는가에 관한 우리나라 연구(이용관, 2015)에서는 자원봉사 참여 여부를 결정하는 요인과 자원봉사 참여빈도를 결정하는 요인을 2단계 추정법으로 분석하였다. 그 결과 자원봉사 참여 여부는 남성보다는 여성이, 연령이 적을수록, 학력과 소득이 높을수록, 경제활동을 안 할수록, 중소도시에 거주할수록 높게 나타났다.

우리나라 통계지표에 따르면 지난 1년간 자원봉사 활동에 참여한 적이 있는 인구 비율은 1999년에서 2013년까지 13~19% 수준이었다가 2015년부터 감소 추세를 보이면서 2023년 현재 10.6%로 떨어졌다. 자원봉사 참여율은 여성이 약간 더 높게 나타나고 20세 미만의 학령 인구를 중심으로 이루어지고 있어서 성인의 자원봉사 참여는 상대적으로 낮은 것으로 보고된다(20세 미만 27.2%, 20대 8.9%, 30대 6.1%, 40대 11.1%, 50대 12%, 60세 이상 8.6%).

또 다른 지표인 자원봉사 참여율(성인 총인구수 대비 1365 자원봉사포털에 등록하여 1회 이상 봉사활동에 참여한 성인 자원봉사자의 인원 비율)에 따르면 2018년부터 2022년까지는 폭염, 미세먼지, 코로나19 확산 등 외부적 환경 요인으로 인하여 자원봉사 참여 인원이 감소하였고 2023년 3.9%로 보고된다. 어떠한 통계지표를 사용하든 우리나라 자원봉사 참여율은 선진국에 비해 낮은 수준인데, 자원봉사 활동이 가장 활발한 영국의 경우 참여율이 44%에 달하는 것으로 보고된다. 2017년 독일 조사기관 GfK가 한국과 미국, 중국, 일본 등 17개국의 15세 이상 2만 2천여 명을 대상으로 한 온라인 조사 결과, 최소 한 달에 한 번 이상 봉사활동을 한다고 응답한 사람의 비율이 가장 높은 나라는 멕시코(49%), 미국(46%), 네덜란드(45%), 중국(44%) 순이었고 한국은 20%로 나타났다.

다른 연구(Clary & Snyder, 1991)에서는 유럽 내 국가의 자원봉사 수준의 차이를 보여준다: 네덜란드 38%, 스웨덴 36%, 영국 34%, 벨기에 32%, 덴마크 28%, 아일랜드 25%. 연구자들은 국가 간의 이러한 차이는 부분적으로는 문화적 전통의 결과라고 주장한다. 결국 자원봉사에 영향을 주는 사회인구학적 요인에 관한 많은 연구들은 인구학적 특성과 자원봉사의 참여 간의 관계는 간접적이라는 점을 주목할 필요가 있다고 강조한다.

(2) 사회제도와 사회자본 요인

사회제도의 여러 측면 중 종교와 가족은 자원봉사 참여를 결정하는 중요한 역할을 한다고 보고된다(Wilson, 2000).

종교는 자원봉사 참여의 중요한 동기로, 청소년과 성인 모두의 경우 특정 종교에 소속된 사람들과 자원봉사 활동 간의 정적인 상관관계를 보인다(Lam, 2002; Reed & Selbee, 2000; Uslaner, 2002). 교회, 회당, 또는 이슬람 사원에서의 자원봉사는 미국에서 가장 일반적인 자원봉사의 형태이고 (Independent Sector, 2002; U.S. Department of Labor, 2005). 종교단체나 종교인들의 자원봉사 활동은 동서양에서 공통적으로 발견되는 현상이다. 서구의 기독교 정신은 자원봉사의 기반으로 작용하였고 자원봉사 활동은 종교기관을 통하여 조직적으로 이루어졌다. 종교를 가진 사람일수록 자원봉사를 많이 한다는 연구가 대부분인데(Fischer et al., 1991) 신앙심은 자원봉사 활동의 유의미한 예측 요인이다. 종교는 이타적 가치와 행동을 권장하고, 종교단체의 일상적 활동의 한 부분이 봉사활동이기 때문에 종교인들의 자원봉사 활동이 높다(한경혜, 1999).

종교의 유무보다는 종교 활동의 적극성 여부가 자원봉사 활동에 영향을 미치는 요인이라는 연구(Hodgkinson et al., 1990; 백종혜, 1995; 조휘일, 1990)도 있다. 또한 종교 조직에 더 강하게 관련된 사람들이 다른 형태의 자원봉사 활동도 더 많이 수행하는 경향이 있다(Penner, 2002; Piliavin, 2004). 한편, 종교와 자원봉사 참여의 관련성은 약하다는 연구 결과(박태규 외, 2004)도 있다.

가족의 여러 가지 요인(구조적, 기능적, 정서적 관계 등)들은 자원봉사 활동에 중요한 영향을 미친다고 연구된다. 가족 유형과 관련하여 자원봉사 활동에 참여하는 기혼여성은 핵가족 주부인 경우가 많다는 국내 연구(임성숙, 1993)가 있는 반면 자녀가 많을수록 자원봉사에 참여한다는 외국 연구(Carlin, 2001)도 있다. 부모의 경제적 지위는 자녀의 자원봉사 참여와 정적인 관계를 보이는데(Piliavin, 2004; Sundeen & Taskoff, 1995) 부유한 가정의 부모와 자녀는 재원이나 자원봉사 시간을 제공할 수 있기 때문이다.

서구에서는 자원봉사 활동의 참여가 어려서부터 가족 단위로 이루어지는 경우가 많고, 가족으로부터의 권유로 자원봉사 활동에 참여하게 되는 사람이 많다(Covelli, 1985; Independent Sector, 2002; 백종혜, 1995). 가족 구성원 중 자원봉사자가 많을수록 자녀를 포함한 다른 가족 구성원들도 자원봉사에 참여할 확률이 증가한다(Freeman, 1997). 가족 구성원의 자원봉사 경험은 다른 구성원에게 긍정적인 영향을 미치는데(박태규, 2004), 10대들은 자신의 부모가 자원봉사자인 경우 더 자원봉사를 하였다(Janoski & Wilson, 1995; Rosenthal et al., 1998; Sundeen & Raskoff, 1995; Piliavin, 2004). 이는 가족 구성원의 자원봉사 경험으로 자원봉사 활동에 대한 접근성이 높아질 뿐만 아니라 부모와 가정환경을 통해 자원봉사와 같은 도덕적 교육이 학습되고 사회화되기 때문이다.

사회자본적 접근을 강조한 Wilson과 Musick(1997)은 자원봉사에 영향을 미치는 다양한 형태의 '자본'을 제시하는데, 인적 자본(교육, 수입, 건강 상태)과 사회적 자본(자녀 수, 사회적 상호작용 유형) 그리고 문화적 자본(신앙심, 돕는 것에 가치를 둠)이다. 이들은 특히 사회적 자본 변수인 자녀 수와 사회적 상호작용이 자원봉사 활동과 관련이 있다는 점을 확인하였다. 사회자본에 관한 다른 연구에서는 사회적 상호작용, 자원봉사와 관련된 회의 참석, 종교예배 참석, 자원봉사 요청과 같은 변수들이 자원봉사 시간에 영향을 미친다는 것을 보여주었다(Musick 외, 2000).

Burr와 동료들(2007)의 연구에서는 자원봉사 참여와 비공식적인 도움 행동은 관련이 있었는데, 사회적 자본 및 비공식적 사회활동과 비공식적 네트워크는 자원봉사 참여 시간의 증가에 영향을 주는 요인임을 보여주었다. Tang(2006)은 비공식적 사회 통합이 자원봉사 참여 시간과 참여하는 조직의 수에 미치는 영향을 강조하였다. 비공식적 사회 통합이란 개인이 가족, 친구 및 지역사회와의 비공식적인 관계를 통해 사회에 연결되는 과정을 의미하는데 이는 개인의 사회적 네트워크와 상호작용을 통해 형성되는 것이다. 결국 강한 사회적 연결망은 자원봉사 기회를 제공하고 개인이 자원봉사에 참여하도록 유도하는 데 중요한 역할을 한다는 점을 보여준다.

Hart와 동료들(2004)은 자원봉사에 대한 사회학적 접근과 심리학적 접근을 통합하려는 혁신적인 모델을 제안하였는데 미국의 전국 조사 데이터를 사용하여 성격적 요인과 사회적 구조가 자원봉사에 미치는 영향을 보여주었다. 연구 결과에 따르면 성격과 인구 통계적 특성이 자원봉사에 미치는 영향은 개인적 인지 과정(태도, 정체성, 이상에 대한 헌신)과 사회적 네트워크에 의해 매개된다고 강조하였다. 결론적으로 자원봉사 활동은 개인의 정체성과 사회적 유대감을 강화하는 데 기여하며 이는 지속적인 자원봉사로 이어진다고 주장한다.

사회자본적 맥락에서 지역사회에서의 시민 활동과 사회활동에의 적극적인 관여와 참여는 자원봉사 참여와 강한 연관이 있다고 보는데 이는 미국과 캐나다 두 나라 모두에서 보였다(Bellah, Madsen, Sullivan, Swidler, & Tipton, 1985; Hart et al., 2002; Putnam, 2002; Reed & Selbee, 2000). 또한 사회적 애착은 봉사하는 시간의 가장 강력한 예측 요인으로 국제사면위원회나 아동학대 예방센터와 같은 다양한 조직에서 일하는 자원봉사자에 대한 연구 결과에서 나타난다(Kupper & Bierhoff, 1999).

(3) 개인적 동기

심리학자들은 개인이 자원봉사에 왜 참여하게 되는가를 알기 위하여 개인의 성격, 욕구, 그리고 그들이 직면하는 사회적 상황이 자원봉사에 미치는 영향에 더 집중해 왔다(Clary & Snyder, 1991; Katz, 1960; Smith, Bruner, & White, 1956; Snyder & DeBono, 1989).

자원봉사의 참여 동기를 크게 이기주의적(혹은 도구적) 요인과 이타주의적 요인으로 분류하기도 하고(Pearce, 1993; Clary, E. G., & Snyder, M., 1999), 개인적 이익이나 관심과 관련된 '자기 지향' 동기와 타인과 공동체에 관련된 관심에서 비롯된 '타인 지향' 동기로 구분하기도 하는데(Cornelis et al., 2013) Frisch와 Gerrard(1981)는 적십자 자원봉사자들의 참여 동기를 이러한 기준을 중심으로 조사하였다.

Omoto와 Snyder(1995)는 AIDS 지원기관에서 일하는 자원봉사자를 대상으로 한 연구에서 참여동기를 다섯 가지로 구분하였다는데 가치(나는 다른 사람을 돕는 것을 즐기기 때문에), 이해(AIDS가 무엇이고 사람들에게 어떤 영향을 미치는지 이해하기 위해), 개인적 발달(새로운 사람을 만나고 친구를 만들기 위해), 지역사회에 대한 관심(게이 커뮤니티의 성원을 돕기 위해), 자존감의 향상(내가 필요한 존재임을 느끼기 위해) 등이다. 연구 결과 가치가 자원봉사에 참여하는 가장 강한 요인이었고 지역사회에 대한 관심, 이해, 개인적 발달, 자존감의 향상 순으로 자원봉사의 동기임을 보여주었다.

Clary와 Snyder(1999)는 자원봉사의 동기를 다음과 같이 여섯 가지로 구분하였다: 가치(이타적이고 인본주의적 관심 및 가치를 실현하기 위해); 이해(새로운 경험을 얻고 세상에 대한 이해를 넓히기 위해); 향상(심리적 성장이나 개인적 만족을 얻기 위해); 경력(직업적 기술이나 경력을 쌓는 데 도움이 되기 위해); 사회관계(친구나 가족과의 관계를 유지하거나 새로운 사회적 관계를 형성하기 위해); 자기 보호(죄책감이나 부정적인 감정을 피하기 위해). 이러한 동기들 중 이해, 향상, 경력, 사회관계, 보호는 자기 지향 동기에 포함되고, 가치는 타인 지향 동기에 포함된다고 하였다.

많은 연구자들은 자원봉사자들이 가치에 근거하고, 타자 지향적이고 친사회적 동기에 의해 동기화되었다는 것을 보여준다(Independent Sector, 2002; National Centre for Volunteering Research, 2002; Reed & Selbee, 2000). Penner와 Finkelstein(1998)은 AIDS 기관에서 활동하는 자원봉사자의 동기에 대한 장기간 연구에서 남자 자원봉사자들의 초기 참여 동기를 조사하였는데 인본주의적 가치가 활동에 참여하는 정도와 높은 상관관계가 있었고 10개월 후의 조사에서도 참여 시간과 높은 상관관계를 보였다. 유사하게 Clary와 Orenstein(1991)도 이타적이거나 가치를 중시하는 동기가 위기상담 자원봉사자의 돕는 정도와 관련이 있음을 발견하였다.

자원봉사 활동에 있어 타인에 대한 공감의 중요성을 강조하는 다수의 연구들이 있다(Atkins et al., 2005; Davis et al., 1999; Hart et al., 2004; Penner, 2002; Penner et al., 1995; Penner et al., 1997). Davis와 동료들은 공감과 자원봉사 활동에 참여할 의지 사이에 연관이 있음을 발견했다. Penner와 동료들의 연구 및 Hart와 동료들의 연구에서는 공감을 포함한 성격적 특성이 자원봉사를 결정하는 데 중요한 역할을 한다는 점을 보여주었다. 특히 Penner와 동료들(1997)은 이타적 동기가 자원봉사의 참여와 관련이 있다는 몇 가지 연구를 언급하였는데 수많은 자원봉사에 헌신하는 중요한 이유가 '사회적 책임감'이었고(Moschner, 1998), 여러 개의 조직에서 일하는 자원봉사자들은 단 한 개의 조직에서 일하는 자원봉사자들보다 사회적 책임감에서 높은 점수를 보였다. Tietz와 Bierhoff(1996)의 연구에서도 사회적 책임감이 자원봉사 활동을 예측하는 유일한 예측 변인이었다. 또한 자원봉사 집단의 구성원들이 유사한 가치를 공유할 때 동기와 만족도가 어떻게 증가하는지를 분석하였는데 이는 자원봉사 활동의 지속성과 효과성을 높이는 데 중요한 요소로 작용한다고 강조한다.

한편, Piliavin과 Callero(1991)의 헌혈에 관한 연구에서는 타인의 인지된 기대(그리고 때로는 다른 사람이 주는 직접적인 압력)가 초기 기증을 결정한다는 점을 발견하였다. 이들의 연구는 이후에 소개할 자원봉사의 유지에 영향을 미치는 요인을 연구함과 동시에 역할정체성 이론을 소개하고 발전시키게 되었다. 다른 연구(Clary et al., 1998; Clary & Snyder, 1999; Omoto &

Snyder, 1995)에서는 자신의 경력 발전과 사회관계의 발전과 같은 요인에 의해 자원봉사에 참여하게 된다는 결과를 보여준다. AIDS 자원봉사자에 관한 연구에서는 지식과 이해의 기능이 자원봉사 의지를 예측하는 요인이었다(Simon et al., 2000).

우리나라 20세 이상 자원봉사 활동 참여자에 대한 조사 결과(2023년 전국 자원봉사 활동 실태조사) 자원봉사 활동의 참여동기로 '타인과 사회에 도움이 되고 싶어서'가 53.2%로 가장 높게 나타났다. 그 외 동기에 대한 응답은 다음과 같다: 시간을 의미 있게 활용하기 위해서 39.1%, 다양한 사회문제를 해결하는 데 관심이 있어서 24.9%, 다양한 경험을 해보고 싶어서 17.9%, 나와 가까운 사람(가족, 친구, 동요 등)과 관련된 일이기 때문에 17.2%, 해당 활동이 갖는 이유에 공감해서 16.4%, 종교적 신념 때문에 12.3%, 나 자신이 위로받기 위해서 7.5%, 취업, 승진, 진학, 전문성 향상 등 자기 계발에 도움이 되기 때문에 4.9%; 사람들을 만나거나 친구를 사귀고 싶어서 3.6%; 기타 2.9%.

이타적 동기는 자원봉사자가 경력을 시작하는 데 있어 일차적 동기가 될 수 있는 반면 이기적 동기는 오랜 시간 자원봉사에 계속 참여하는 것과 더 관련된다고 주장하기도 한다. Pearce(1983)나 Smith(1982)의 연구는 자원봉사자들의 참여동기가 시간이 지남에 따라 변화한다는 점을 보여준다. 최초의 참여동기는 이타주의적인 경향이 지배적이지만, 시간이 지남에 따라 이타적 동기의 수준이 떨어진다고 한다. 또한 자원봉사 활동이 지속되면서는 이타주의적 동기보다는 이기주의적 혹은 도구적인 동기가 지속적인 활동을 가능하게 하는 요인으로 작용한다는 것이다. 즉 자원봉사자들의 초기 참여 동기와 지속적인 봉사 동기가 일치하지 않는 경우도 있는데 이타주의적인 동기로 봉사조직에 참여하였지만, 참여의 지속은 참여와 관련된 비용과 편익에 근거한다는 것이다(Philips, 1982). 또한 환경적인 요인이 이타주의적인 동기 등 내적인 동기 요인에 영향을 미쳐 이타적 동기를 약화시키기도 하였다(Clary & Miller, 1986).

요약하자면 자원봉사의 참여는 일련의 태도에 의해 영향을 받는데 여기에는 이타적이고 이기적인 차원이 포함된다. 사회적 책임은 일반적인 자원봉사에 있어서 중요한 요인일 가능성이 큰 반면 사회적 애착과 같은 이기적 동기는 자원봉사 참여의 유지를 촉진한다. Omoto와 Snyder(2002)의 연구에서는 지역사회의 일원이 되는 것 그리고 자신을 그렇게 분류하는 것 양자는 모두 자원봉사의 참여 여부와 참여의 정도에 영향을 미쳤다. 자원봉사의 초기결정에 영향을 주는 요인은 충동적 도움에서와 유사하다. 공감, 타자 지향과 자기 지향적 동기, 그리고 다른 사람이 도움이 필요한 것을 인식하는 것 모두가 자원봉사의 결정 초기에 영향을 준다. 그러나 자원봉사는 장기간의 행위이다. 자원봉사의 종단적 연구에 따르면 자원봉사를 일단 결정하면 많은 사람들이 수년간 자원봉사자로 남았다(Finkelstein & Penner, 2004; Omoto & Snyder, 1995; Piliavin & Callero, 1991). 따라서 자원봉사 활동을 유지하게 되는 요인과 이를 설명하는 이론에 대하여 살펴볼 필요가 있다.

2) 자원봉사 활동의 유지

자원봉사는 장기적인 활동이 될 수 있으므로 활동을 유지하는 과정에 대해서도 살펴볼 필요가 있다. 자원봉사를 장기적으로 지속시키는 요인에 대한 대표적 모델은 두 가지가 있는데 Omoto와 Snyder의 자원봉사 과정 모델(1995, 2002)과 Piliavin과 동료들이 제안한 역할 정체성 모델(Grube & Piliavin 2000, Piliavin & Callero 1991; Piliavin, Callero, & Grube, 2002)이다. 이 모델들은 조직 변수를 포함하는 등 많은 부분에서 일치하기 때문에 경쟁적 모델이라기보다는 모델의 초점이나 강조하는 면에서 차이가 있다고 할 수 있다. Omoto와 Snyder의 모델은 개인 내부의 변수(특히 동기)에 더 큰 관심을 기울이는 반면 Piliavin과 동료들의 모델은 자원봉사가 이루어지는 사회적 역할과 사회적 맥락에 더 중점을 둔다. 두 가지 모델을 하나씩 살펴보면서 각각이 강조하는 주안점들을 소개하기로 한다.

(1) 자원봉사 과정 모델(The Volunteer Process Model)

자원봉사 활동의 참여와 지속에 관한 많은 모델이 제시되었지만, 그 중의 가장 대표적이고 잘 알려진 것은 Omoto와 Snyder(1995)의 자원봉사 과정 모델이다. 이 모델은 자원봉사자들이 겪는 과정을 잘 설명할 뿐만 아니라 자원봉사 기간과 활동 결과로 인한 태도 변화를 예측하는 데 중점을 두었다.

자원봉사 과정 모델에 따르면 자원봉사의 시작과 지속은 세 가지 주요 단계인 선행 요인, 경험, 결과로 나뉘며 각 단계에서 영향을 미치는 여러 가지 중요한 요인을 포함한다. 첫째, 선행 요인 단계에서는 자원봉사자가 자원봉사 활동에 참여하기로 결정하는 데 영향을 미치는 다양한 요인들이 포함되는데 개인의 가치관, 사회적 배경, 그리고 자원봉사에 대한 태도 등이 이 단계에서 중요한 역할을 한다. 여기서 개인의 성향(개인적 속성)은 자원봉사에 참여하는 초기 결정에서 더 큰 역할을 한다고 강조되는데 이러한 결과는 Penner와 Finkelstein(1998)의 연구에서도 밝혀진다. 둘째, 자원봉사 경험의 단계로 자원봉사자가 실제로 자원봉사 활동을 수행하는 과정에서의 경험과 관련된 단계로, 자원봉사자가 활동 중에 느끼는 만족감, 사회적 상호작용, 그리고 개인적 성장 등이 포함된다. 자원봉사 활동 중의 경험은 지속적인 참여를 촉진하거나 저해할 수 있다. Omoto와 Snyder는 특히 두 가지 요소, 즉 자원봉사 활동에 대한 만족도와 조직 통합이 자원봉사 활동의 지속 여부에 영향을 미치는 중요한 요인임을 주목하였다. 즉 자원봉사 활동에 만족할수록 그리고 소속된 조직의 목표와 가치를 공유하며 이를 통해 조직에 더 깊은 유대감을 형성할수록 자원봉사 활동을 지속하게 된다. 셋째, 마지막 단계인 자원봉사 결과 단계는 자원봉사 활동이 미치는 결과가 고려되는 단계로 자원봉사자, 수혜자, 조직, 그리고 사회 전체에 미치는 결과를 모두 포함한다. 즉 자원봉사자가 얻는 심리적 보상, 사회적 관계의 형성, 그리고 지역사회에 대한 기여 등의 측면에서 살펴볼 수 있는데 특히 자원봉사 기간과 자원봉사 대상 집단에 대한 태도 변화에 초점을 맞춘다.

이 모델에 기초하여 AIDS 기관에서 활동하는 자원봉사자를 연구한 결과, Omoto와 Snyder는 다음과 같은 사실을 발견하였다: 자원봉사의 참여 동기는 봉사 기간에 직접적이고 정적인 영향을 미쳤고, 참여 만족도는 긴 자원봉사 기간과 관련이 있었으며, 사회적 지원은 자원봉사의 지속성에 직접적이고 부적인 관계를 가졌고, 도움을 주려는 성향은 참여 만족도와 조직 통합에 직접적이고 정적인 영향을 미쳤다. 흥미롭게도 조사대상자들이 자원봉사에 참여하게 된 동기는 다른 사람을 위해서 좋은 일을 한다는 인본주의적 욕구나 HIV에 감염된 지역사회에 대한 걱정이 아니라 개인적이고 자기 지향적이며 이기적인 이유 때문이었다. 또한 자원봉사의 지속적 참여에 영향을 미친 또 다른 요인은 이러한 활동을 위해 제공된 자원봉사자의 친구나 친척의 지원 수준이다. 그런데 사회적 지원을 더 받았다고 보고할수록 자원봉사 활동을 더 짧은 기간 동안 했다는 결과는 주목할 만하다.

결국 Omoto와 Snyder의 모델은 이타적인 성향, 자원봉사 활동에 대한 사회적 지원, 자원봉사 경험에 대한 만족도, 그리고 조직과의 통합이 자원봉사의 지속성에 중요한 역할을 한다고 주장한다. 이와 일치하는 연구 결과들은 개인적 동기, 사회적 및 조직적 지원, 그리고 자원봉사 경험에 대한 만족도가 자원봉사 활동을 지속하는 데 중요한 요소라는 것을 보여준다(Kiviniemi et al., 2002, Penner & Finkelstein 1998, Vecina 2001).

다른 연구들(Independent Sector 2002, Institute for Volunteering Research 2002, Omoto & Snyder 2002, Reed & Selbee 2000, Snyder et al., 2000)에서도 자원봉사를 시작하는 초기에는 타인 지향적이고 이타적인 동기가 중요하다는 점을 강조하였다. 그러나 추가적인 연구들은 자원봉사가 경력 향상이나 사회적 관계 발전과 같은 덜 이타적인 동기에 의한 것일 수도 있다는 점을 보여주었다(Clary et al., 1998, Clary & Snyder 1999).

이후 Omoto와 Snyder의 모델에서 파생된 다른 모델들이 개발되었는데 Davis, Hall, 그리고 Meyer(2003)는 자원봉사자의 주관적 경험이란 요인을 도입하였고, Vecina(2001)는 조직 갈등 및 지원과 같은 더 많은 사회심리적 변수를 통합하였다. 이후 Omoto와 Snyder(2002)는 자신들의 모델을 기반으로 보다 포괄적인 범주를 제안했는데 분석 수준으로 봉사기관(조직), 개인 자원봉사자, 사회 시스템으로 구분하고, 자원봉사 과정의 단계를 선행요인과 경험 결과로 분류하였다. 한편,

Penner(2004)도 지속적인 자원봉사를 완전히 이해하기 위해서는 상황적, 성향적, 구조적 변수를 고려해야 하고, 시간적이고 동적인 요소도 포함되어야 한다고 제안하였다.

자원봉사 과정 모델은 자원봉사의 참여 단계에 있어 중요한 요인과 상대적 영향을 강조하면서 이러한 요인들이 체계적으로 정리되어야 한다는 점을 강조한다. 이는 자원봉사자의 경험을 이해하고 자원봉사 프로그램을 효과적으로 설계하는 데 중요한 근거를 제공할 수 있을 것이다.

(2) 역할정체성 모델

자원봉사의 지속에 관한 또 다른 이론적 관점이 있는데 Piliavin과 그의 동료들(Callero, Howard, & Piliavin, 1987; Grube & Piliavin, 1996; Piliavin & Callero, 1991)이 개발한 역할 정체성 모델이다. 역할 정체성 개념은 자원봉사의 지속성을 설명하는 데 있어 중요한 개념으로 남을 돕는 행위를 설명하기 위해 자아의 역할을 강조한다. 이 모델에 따르면 자원봉사는 참여자의 역할정체성에 일치하는 행동으로 남을 돕는 역할이 자신의 자아정체성으로 발전되어 자원봉사에 지속적으로 참여하게 된다는 것이다.

역할정체성 모델은 역할정체성 이론(role-identity theory)에 근거하는데 이론에서는 사회적 역할과 자아의 관계를 강조한다. 역할정체성 이론에 의하면 인간은 여러 가지 역할을 수행하므로 다양한 역할정체성을 소유하게 되는데 이 중 특정한 역할정체성은 자아개념을 구성하고 개인의 행위에 영향을 주는 중요한 요인이 된다고 한다. Turner(1978)는 이러한 자아와 역할의 관계를 개인과 역할의 통합(role-person merger)이라는 개념으로 설명하였다. 그에 따르면 자아의 일부분으로 내면화된 특정 역할은 일반적으로 다른 역할들을 수행하는 데에도 영향을 미친다. 역할정체성이 발전하면 사람들은 그 정체성과 일치하는 행동을 하려는 경향이 있기 때문이다. 따라서 역할정체성 모델에서는 특히 지속적인 사회관계 속에서 장기간 행하여지는 돕는 행동에 있어서 역할이 갖는 의미와 중요성을 강조하였다고 보겠다.

역할정체성 이론에서 강조하는 두 가지 중요한 요소는 인지된 기대와 역할정체성이다. 인지된 기대란 '자신의 행동에 대해 중요한 타자들이 어떻게 느끼는지에 대한 인식'을 의미하고 역할정체성이란 특정 역할(예를 들어 자원봉사자)이 개인의 정체성의 일부로 얼마나 내면화되는지를 말한다(Dovidio et al., 2006; Grube & Piliavin, 2000; Piliavin et al., 2002). 역할정체성 모델에서는 자원봉사자로서의 역할정체성을 측정하기 위해 다음과 같은 문항을 사용하였다: '자원봉사를 하는 것은 내가 거의 생각해 본 적이 없는 것이다'(역점수화), '자원봉사의 일을 포기하도록 강요받는다면 나는 상실감을 느낄 것이다', '나는 정말로 자원봉사에 대한 명확한 느낌을 가지지 않는다'(역점수화), '나에게 있어 자원봉사자가 되는 것은 단순히 자원봉사를 하는 것 이상을 의미한다', '자원봉사는 내가 누군인지에 있어 중요한 부분이다'.

이 모델에서는 인지된 기대가 자원봉사를 시작하게 만드는 요인이라고 가정한다. 그러나 실제로 자원봉사를 하면서 겪는 경험과 조직적 변수(예를 들어 조직의 명성이나 조직의 권위)가 자원봉사자의 역할 정체성 발전을 촉진하며 이는 지속적인 자원봉사에 직접적인 영향을 미친다고 주장한다.

Grube와 Piliavin(2000)의 연구에서 인지된 기대와 조직의 특성(예를 들어 명성)이 자원봉사자의 역할 정체성 발전과 관련이 있음을 발견했다. 또한 역할정체성은 자원봉사를 계속하려는 의도와 조직에 기여한 시간과 밀접하게 상관이 있었다(Penner & Finkelstein, 1998). 이는 사람들이 자원봉사자로서 자신을 어떻게 인식하는지와 다른 사람들의 기대가 장기적인 자원봉사 활동을 유지하는 데 중요한 역할을 한다는 것을 시사한다.

역할정체성 모델은 지속적으로 헌혈을 하는 사람들의 행동을 설명하기 위해서 개발되었다(Piliavin & Callero, 1991). 역할정체성의 중요성은 헌혈자에 대한 다른 연구(Charng et al., 1988; 전신현, 1994)에서도 강조되는데 일단 자신이 헌혈자라는 자아정체성이 발전하면 헌혈을 계속하려는 의도와 계속적인 헌혈에 영향을 미친다는 결과를 보여주었다. 역할정체성 모델을 다양한 자원봉사 활동에서 일반화시킬 수 있는지 여러 연구에서 조사되었는데 역할정체성은 시간과 돈 그리고 기부에 중요한 영향력을 갖는다는 점이 밝혀졌다(Lee et al., 1999). 다른 연구에서는 어떠한 이유로 역할정체성이 형성되는지를 고찰하였는데 구성원들의 네트워크나 역할에의 관여도가 중요한 요인임을 보여준다(Charng et al., 1988; Piliavin et al., 2002). 예컨대 헌혈을 하는 사람들의 모임과 조직에서의 구성원 간의 상호작용과 역할기대가 클수록 헌혈자로서의 역할정체성이 자아의 큰 부분을 차지하고 그것이 지속적인 헌혈 행동에 영향을 준다는 것이다.

이러한 주장은 사회화의 효과로 해석될 수 있는데, 조직에서의 장기적 활동이 자원봉사에 참여하려는 동기를 증가시키는 데 영향을 미칠 수 있다. 장기간의 참여를 통해 습득된 자원봉사의 습관은 자원봉사자가 자신이 어떤 사람인지 추론하는 것에 영향을 미치고, 그 결과 형성된 습관과 일치하는 자아개념을 갖도록 한다. 규칙적인 자원봉사의 경험에 기초한 자신에 대한 추론은 활동과 더 일치하는 태도를 이끄는 자아인지 과정을 유발할 수 있다.

이러한 주장을 지지하는 증거는 AIDS 환자를 위한 조직의 자원봉사자들을 대상으로 세 시점에서 패널조사한 Penner와 Finkelstein(1998)의 연구에서 나타난다. 이 연구에 따르면 이전의 조직에의 헌신보다는 이전의 자원봉사 활동의 양이 이후 자원봉사 활동 양을 예측하는 요인이었다. Grube와 Piliavin(2000)은 암환자를 위하여 활동하고 있는 자원봉사자를 대상으로 역할정체성 모델이 적용되는지 조사하였다. 그 결과 인지된 기대와 조직의 특성이 자원봉사자의 역할정체성의 발달과 관련이 있었고, 역할정체성의 강도는 자원봉사의 참여 시간과 조직에서 지속적으로 활동하려는 의지 및 시간을 예측하는 요인으로 나타났다.

Finkelstein과 동료들(2005)은 자원봉사자로서의 역할정체성이 어떻게 행동에 영향을 미치는가를 보기 위해서 호스피스에서 활동하는 노인 자원봉사자를 대상으로 연구하였다. 자신을 자원봉사자로 더 강하게 구분하는 참여자들이 자원봉사에 시간을 더 할애하고 더 오랫동안 자원봉사에 참여하였다. Marta와 동료들(2014)은 이탈리아에서 자원봉사 활동에 참여하는 젊은 성인을 3년 동안 연구하였다. 이 연구는 자원봉사자가 장기적으로 참여하는 이유를 이해하기 위해 역할정체성에 초점을 맞춘 종단적 연구로 자원봉사자로서의 역할 정체성이 지속적인 자원봉사를 예측한다는 결과를 보여주었다. 국내 연구에서도 자원봉사자로서의 정체성은 자원봉사 참여에 중요한 원인이 되고(김성경, 2007), 자선단체에 기부하는 행동에 있어서도 다른 동기 요인들보다 자선단체조직과 관련한 정체성이 가장 큰 영향을 미친다는 것을 제시했다(김주원, 김용준, 2008).

이러한 국내외 연구 결과들은 모두 자원봉사의 역할정체성 모델을 강력하게 지지함을 보여준다. 역할정체성이 지속적인 자원봉사의 참여에 있어 중요한 역할을 한다는 것은 앞서 소개했던 사회자본적 접근과 크게 다르지 않은데, 조직 내 구성원들 간의 관계와 네트워크를 통해 그 일원으로서의 정체성이 형성되고 이로 인해 자원봉사자로서의 정체성이 확립되면 이러한 정체성은 집합적 도움행동에 영향을 주게 된다고 볼 수 있기 때문이다. 결국 자원봉사자로서의 역할정체성은 자원봉사 활동을 통해 경험하는 자원봉사자의 자아개념으로(Dutton et al., 2010) 지속적인 자원봉사 활동에 영향을 미치는 중요한 요인이라고 할 수 있다.

자원봉사란 시간, 노력, 자원, 신체의 일부를 다른 사람에게 주는 활동을 모두 포함한다. 어떤 요인들로 인해 사람들은 자원봉사 활동에 참여하게 되는가? 무엇이 이러한 자원봉사 활동을 장기적으로 지속하게 만드는가?

첫 번째 질문에 대하여 살펴본 결과 처음 자원봉사 활동을 결정하는 것은 단기적이고 충동적인 도움에서와 유사한 요인이 관련이 있다고 할 수 있다. 다른 사람이 도움이 필요하다는 것을 인식하고 도움이 필요하다는 명확성이나 정도가 자원봉사에 참여하게 되는 중요한 상황적 요인이다. 도움이 필요한 위기 상황이나 비위기 상황에 놓인 사람들은 기본적으로 전문가가 아니고 도움행동을 하는 데 있어서 속도나 시간이 특별한 기술보다 더 중요하다.

그러나 장기적인 자원봉사 활동을 지속하게 하는 요인은 자원봉사 활동에 처음 참여하게 되는 요인과 다르다. 지속적인 자원봉사 활동의 중요한 측면은 계획적이고 장기적이며 반복적이라는 점이다. 자원봉사 활동의 지속적인 참여를 위해서는 시간을 장기적으로 투자해야 하고 자원봉사 활동에 필요한 기술과 인내력도 필요하다. 오랫동안 자원봉사 활동에 참여하는 것은 책임감이나 이익을 고려해야 하고 지속적으로 자원봉사 활동에 참여할지를 결정하는 데에는 개인의 기본적 가치, 원칙, 동기, 목표 등이 중요한 요인으로 작용한다.

지속적인 자원봉사 모델은 다음 부분에서 소개할 조직 시민 행동에도 적용하여 연구되었다. 다음 부분에서는 친사회적 행동이 유형 중 하나인 조직 시민 행동을 소개하고자 한다.

2. 조직 시민 행동

조직 시민 행동(Organizational citizenship behavior)은 상대적으로 최근에 등장한 개념으로 조직 구성원들이 조직을 위해 하는 자발적이고 친사회적 행동이다. 조직 시민 행동이라는 용어가 등장하기 전에도 조직에서 자발적으로 타인을 돕는 행동을 연구한 학자들이 있었다. 그러나 1980년대 Organ과 동료들이 조직 내에서의 자발적 도움행동을 조직 시민 행동이라는 용어로 정의하면서 조직 시민 행동에 관한 개념화에 변화가 있었고 이에 관한 연구가 활발하게 이루어지기 시작했다.

조직 시민 행동이란 조직의 효과성에 기여하는 고용자의 자유재량 행동이라고 정의된다(Finkelstein & Penner, 2004; Finkelstein, 2006; Organ, 1988). 조직 시민 행동은 자발적인 역할 외 행동으로 직무의 공식적인 요구사항에 포함되지 않으며 근로자가 참여할 것을 명시적으로 요구하는 규정도 없다(Brief & Weiss 2002). 따라서 조직 시민 행동은 개인이 선택 가능한 자발적·임의적 행동으로 조직 내 보상 체계에 의해 명시적으로 인정되지는 않지만, 조직에 긍정적 영향(조직성과, 조직 효과성, 개인 직무성과 등에서의 긍정 정 영향)을 미치는 행동으로 설명될 수 있다(Bateman & Organ, 1983; de Geus et al., 2020; Koopman et al., 2016; Podsakoff et al., 1990; Smith et al., 1983). 즉 조직 시민 행동은 강제적이거나 보상이 보장된 것은 아니지만 조직이 효과적으로 기능할 것을 기대하면서 자발적으로 하는 도움행동을 뜻한다.

조직 시민 행동의 유형은 학자마다 다양하게 제시하였는데 가장 대표적이고 고전적인 모델은 Smith와 동료들(1983)의 구분이다. 이들은 요인분석을 통하여 조직 시민 행동을 이타주의(altruism)와 일반적 순응(generalized compliance)으로 구분하였는데 이타주의란 특정 개인을 돕는 행동으로 동료나 조직 구성원에게 직접적인 지원을 제공하는 것이다. 예를 들어 동료가 결근했을 때 그의 업무를 도와주는 행동이 이에 해당한다. 일반적 순응이란 조직의 규범이나 기대에 부응하는 행동으로 이는 보다 일반적인 형태의 행동을 포함한다. 예를 들어 회사의 정책을 준수하거나 정해진 규칙을 따르는 것이 이에 해당한다.

이후 Organ(1988)은 조직 시민 행동의 유형을 다섯 가지 차원으로 확장하여 제안하였는데 이타성(altruism), 성실성(conscientiousness), 시민적 덕목(civic virtue), 예의(courtesy), 스포츠맨 정신(sportsmanship)이다. 이타성이란 직무상 필수적이지는 않지만, 한 구성원이 조직 내 업무나 문제에 대해 다른 구성원들을 도와주려는 직접적이고 자발적인 조직 내 행동을 일컫는다. 예를 들어 다른 구성원이 업무에 어려움을 겪거나 필요한 자원이 부족할 때 자발적으로 도움을 제공하는 것을 말한다. 성실성이란 규칙이나 규정을 지키는 행동으로 조직이 요구하는 수준 이상의 노력과 봉사를 자발적으로 수행하는 행동을 의미한다. 성실성은 특히 조직 구성원들이 갈등 상황에 처했을 때 더욱 나타나기 쉬운 것으로 알려져 있다. 시민적 덕목이란 조직 내 활동에 적극적으로 참여하고 책임감을 가지고 솔선수범하는 태도로 단순한 일상 업무 수행을 넘어 조직 내 개선점을 모색하거나 자발적으로 조직의 목표 달성을 위해 추가적인 노력을 기울이는 행동을 포함한다. 예의는 다른 구성원이 자신 때문에 불편을 겪지 않도록 미리 배려하는 행동으로 다른 조직 성원을 존중하려는 자세나 동료와의 갈등을 예방하려는 노력을 의미한다. 스포츠맨 정신은 조직 내에서 긍정적인 태도와 협력적 정신을 유지하는 것으로 조직 내에서 어떠한 갈등이나 문제가 발생해도 그에 대해 불평하거나 다른 성원에 대하여 비난하기보다 조직 생활의 고충이나 불편함을 스스로 해결하려고 하는 행동을 말한다.

Organ(1988)의 다섯 가지 차원 분류법에 기반하여 Williams & Anderson(1991)은 조직 시민 행동의 개념을 두 가지 차원으로 구분하였는데 개인에 대한 조직 시민 행동과 조직에 대한 조직 시민 행동이다. 개인에 대한 조직 시민 행동(OCBI: Oragnizational citizenship behavior for individual)은 조직 내의 구성원을 돕는 친사회적 행동으로, 이러한 도움은 직무와 관련이 있을 수 있다. 예를 들어 동료가 특정 업무를 수행하는 데 도움을 주는 경우나 개인적인 문제에 대해 도움을 주는 것과 같은 직무 외적인 도움을 포함한다. Organ의 하위 차원 중 이타성과 예의가 개인에 대한 조직 시민 행동에 해당한다고 할 수 있다. 조직에 대한 조직 시민 행동(OCBO: Oragnizational citizenship behavior for organization)은 조직 자체를 대상으로 하는 행동으로 조직의 기능을 개선하기 위한 아이디어를 제공하는 것과 같은 행동이 그 예이다. Organ의 하위 차원 중 성실성, 시민적 덕목, 그리고 스포츠맨 정신이 조직에 대한 조직 시민 행동에 해당한다고 볼 수 있다.

조직 시민 행동에 관한 연구자들은 이러한 두 가지 유형의 조직 시민 행동이 각각 다른 요인과 관련이 있다는 점을 밝혔다. 예를 들어 개인에 대한 조직 시민 행동은 타인에 대한 관심과 높은 상관이 있었으며, 조직에 대한 조직 시민 행동은 지각된 공정성과 높은 상관이 있는 것으로 나타났다. 그리고 직무 만족과 조직몰입(organizational commitment)은 개인에 대한 조직 시민 행동과 조직에 대한 조직 시민 행동 모두에 있어 높은 상관이 있다는 결과를 보였다. 그런데 조직몰입의 경우 미국에서는 개인에 대한 조직 시민 행동과 상관관계가 더 높게 나타났고, 튀르키예에서는 조직에 대한 조직 시민 행동과 상관관계가 더 높게 나타났다. 따라서 조직 시민 행동은 보편적으로 나타나는 현상이지만, 조직 시민 행동의 유형과 특정 요인들 간의 상관관계는 문화별로 차이가 나타난다는 점을 보여준다(Cohen, 2006).

조직 시민 행동에 대한 개념 정의에 따라 측정 방법도 다양하게 개발되었는데 고전적이고 대표적인 연구에서는 이타주의와 일반화된 순응의 두 가지 요소에 대한 항목을 구체화하였다(Organ & Ryan, 1995; Smith et al., 1983). 이타주의는 다음과 같은 항목으로 측정하였다: 아무 관계 없는 사람을 돕는 것, 요청받지 않은 것을 위한 자원봉사를 하는 것, 새로운 사람들을 적응하도록 돕는 것, 과중한 업무를 가진 사람을 돕는 것. 그리고 일반화된 순응은 다음과 같은 항목으로 측정하였다: 시간 엄수, 가치 없는 휴식을 취하는 것(역부호화), 기준 이상으로 출근, 주말에는 타성으로 일함(역부호화).

이후 Podsakoff와 동료들(1990)은 Organ(1988)의 조직 시민 행동의 다섯 가지 차원을 측정하기 척도를 개발하였는데 이는 문헌에서 가장 널리 사용되는 것 중의 하나이다. 다른 연구자들은 조직 시민 행동을 일차원적으로 (또는 전체적으로) 측정하였는데(Allen & Rush, 1998; Chen, Hui, & Sego, 1998; Decktop, Mangel, & Cirka, 1999), 이러한 적용은 대개 Smith와 동료들(1983) 또는 Podsakoff와 동료들(1990)의 측정 도구에서 항목을 가져와 전체 점수를 산출하는 방식이었다.

조직 시민 행동은 언제 일어날 가능성이 높은가? 이에 대한 답을 얻기 위한 많은 연구들이 수행되었는데, Hoffman과 동료들(2007)이 실시한 연구에서 조직 시민 행동이 어떠한 환경이나 개인적 특성에 의해 야기되는지를 보여주었다. 연구 결과에 따르면 조직 시민 행동을 유발하는 첫 번째 중요한 요인은 직무 만족이다. 조직 구성원들이 자신이 속한 조직과 자신이 하고 있는 직무에 대하여 만족할수록 조직 시민 행동을 할 가능성이 높았다(Iaffaldano & Munchinsky, 1985). 조직몰입은 조직 시민 행동의 또 다른 선행 조건이다. 조직 구성원들이 정서적으로 자신의 조직과 일에 몰입할수록 조직 시민 행동을 할 가능성이 높게 나타났다(LePine et al., 2002). 조직 시민 행동에 영향을 미치는 요인으로 공정성이 있는데 조직 구성원들이 지각하고 있는 조직 내 공정성이나 정의가 높을수록, 즉 자신이 조직에서 공정한 대우를 받고 있다고 느낄수록 조직 시민 행동을 할 가능성이 높았다(Colquitt et al., 2001).

Rioux와 Penner(2001)는 조직 시민 행동에 있어 중요한 세 가지 동기를 제시하였는데, 조직적 관심(조직에 대한 자부심과 긍정적인 감정), 친사회적 가치(다른 사람을 돕고 그들로부터 받아들여지려는 욕구), 그리고 인상 관리(긍정적인 이미지를 유지하고 부정적인 이미지를 피하려는 욕구로 특별한 혜택을 얻거나 유지하려는 목적)이다. 이 연구에서 인상 관리와 조직 시민 행동 사이에는 관계가 없다는 결과를 주장했지만, Finkelstein(2006)은 인상 관리와 개인에 대한 조직 시민 행동 사이에 정적인 연관이 있다는 연구 결과를 보여주었다. Rioux와 Penner(2001), Finkelstein과 Penner(2004), Finkelstein(2006)은 개인에 대한 조직 시민 행동(OCBI)의 경우 친사회적 가치의 동기와 가장 강한 상관관계를 가지며, 조직에 대한 조직 시민 행동은 조직적 관심과 가장 강한 상관관계를 가진다고 하였다.

Penner와 그의 동료들의 연구는 조직 시민 행동과 자원봉사 사이의 유사성에 기반하여 조직 시민 행동에 영향을 미치는 요인을 연구하였다. 자원봉사와 조직 시민 행동은 몇 가지 중요한 특성을 공유하는데 둘 다 조직적 맥락에서 발생하며 친밀하지 않은 타인에게 이익을 주는 장기적이고 계획된 자발적인 행동이란 것이다. 또한 이러한 행동들은 특정 상황에 대한 일시적인 반응이 아니라 긴 기간 동안 이루어진다. 그러나 중요한 차이점은 조직 시민 행동에 참여하는 사람들은 자신이 봉사하는 조직으로부터 보수를 받는다는 점이다. 그럼에도 불구하고 Penner와 동료들은(1997) 자원봉사 과정을 설명하는 데 사용되는 분석과 역할 정체성 관점이 지속적인 조직 시민 행동의 예측 요인을 더 잘 설명할 수 있다고 제시하였다. 또한 역할 정체성은 조직 시민 행동의 참여에 영향을 미치기도 하지만, 조직 시민 행동에의 참여는 역할 정체성의 형성에 영향을 주고, 이는 다시 지속적인 조직 시민 행동의 예측 요인이 되기도 한다고 주장한다.

Dávila와 Finkelstein(2010)의 스페인 직원들을 대상으로 한 조사에서 역할 정체성은 조직 시민 행동의 중요한 예측 변수로 나타났다. 이후의 연구(Dávila & Finkelstein, 2011)에서는 개인주의와 집단주의 성향이 조직 시민 행동을 예측하는 데 어떤 역할을 하는지 살펴보았는데 그 결과 집단주의는 조직에 대한 관심과 이타적 가치의 동기, 역할 정체성 및 조직 시민 행동의 중요한 예측 요인임을 보여주었다. 반면 개인주의는 인상 관리 동기를 예측하였고, 타인을 돕는 역할 정체성에 대해서는 부적으로 작용하여서 개인주의 성향이 강한 직원들이 다른 사람을 돕

는 것에 대한 동기가 낮다는 점을 보여주었다.

한편 Piliavin과 동료들(2002)은 조직 내 '원칙적 반대(principled dissent)'라는 또 다른 유형의 친사회적 행동을 소개하였다. 원칙적 반대란 개인이 자신의 도덕적, 윤리적 신념에 따라 조직의 정책이나 결정에 대해 반대 의견을 제시하는 행동을 말한다. 이는 단순한 불만이나 반항이 아니라 조직의 목표와 가치를 바탕으로 한 건설적인 비판으로, 조직의 혁신을 촉진하고 부정적인 결과를 예방하는 데 기여할 수 있다. 정부 공무원이나 조직의 직원이 조직의 문제를 개선하기 위해 내부 고발자(whistle-blower)가 되는 경우가 그 대표적인 예이다. Piliavin과 동료들의 연구에서는 역할 정체성이 공공 서비스에서의 원칙적 반대 행동에 미치는 영향을 분석하였는데, 이는 공공 서비스의 개선과 사회적 문제 해결을 위한 전략 개발에 기여할 수 있는 대안을 제시하였다.

또한 의료 분야와 같은 특정 산업에서 원칙적 반대가 어떻게 나타나는지를 보여주는 연구도 있는데 Grube와 동료들(2004)은 간호사들이 비윤리적인 상황에서 어떻게 반응하는지를 이해하는 데 있어 역할정체성이 중요한 요인으로 작용함을 강조한다. 즉 강한 역할 정체성을 가진 간호사들이 자신의 신념을 지키기 위해 더 큰 용기를 발휘할 가능성이 높아 의료행위에서의 오류를 보고할 가능성이 더 높다는 사실을 발견했다. 간호사들은 상급자의 지원이 있을 경우 자신의 신념을 지키기 위해 더 적극적으로 행동할 수 있기 때문에 조직 내에서 역할 정체성을 강화하고 윤리적으로 지원해 주는 환경을 조성하는 것이 중요하다는 점을 강조한다.

조직 시민 행동은 조직 구성원들이 조직을 위해 보이는 자발적이고 이타적인 행동으로 자발적인 직무 수행이 조직에 효과적으로 기능하면서 다양한 긍정적인 효과를 유발한다. 우선 조직 시민 행동은 조직 내 다양한 생산성과 관련된 지표에 긍정적인 영향을 미친다. 조직 시민 행동은 구성원들이 동료의 직무를 돕는 경향을 보이기 때문에 동료의 생산성을 향상시킬 수 있다. 또한, 조직 성원들은 조직 내에서 감독과 관리에 들이는 시간 및 자원을 더 생산적인 목적으로 활용할 수 있게 해준다. 따라서 조직 시민 행동은 조직 성과의 안정성에 기여하며, 조직이 빠르게 변화하는 환경에 적응하는 능력을 향상시킨다.

둘째, 조직 시민 행동은 갈등을 감소시키고 단합에 소모되는 시간을 줄일 수 있다. 구성원들이 다른 조직 구성원들이 해야 할 일 등을 맡아서 해 주는 등의 행위는 서로 간의 단합에 도움이 되며, 이로 인해 구성원들 사이에 직무로 인한 갈등이 적어지는 데 도움이 된다. 끝으로 조직 시민 행동은 조직의 인재들이 이직하거나 이탈하는 것을 감소시켜 준다. 최상의 인재들은 일하기 좋은 장소로 모이게 되는데, 조직 시민 행동은 조직을 일하기 좋은 최적의 장소로 만드는 데 기여하고 인재들이 이러한 조직을 떠날 가능성은 줄어들게 된다.

그럼에도 불구하고 조직 시민 행동이 긍정적인 효과만 있는 것은 아니다. 조직 시민 행동이 지나치게 행해지면 조직 구성원이 타인이 할 일까지 떠맡기 때문에 이로 인한 과부하나 에너지 소진의 결과를 낳기도 한다. 이러한 과부하는 조직 구성원의 이직 의도에 영향을 미치게 된다. 그러나 조직 시민 행동의 이러한 부정적인 효과는 지각된 조직 불공정성, 상사에 대한 불신 등과 관련이 있기 때문에 이러한 요인의 효과도 같이 고려해야 한다. 또한 지금까지 대부분의 연구는 조직 시민 행동의 부정적 효과는 여러 가지 긍정적 효과에 비해 미미하며, 부정적 효과가 존재한다고 하더라도 단독으로 부정적인 결과를 낳지는 않는다는 점을 보여준다.

3. 협동

협동은 개인이나 집단이 공동의 목표를 달성하기 위해 서로 협력하고 상호작용하는 행동이다. 협동은 다른 사람과 사회의 복지를 향상시키기 위한 친사회적 행동의 일환이며 공동의 목표를 달성하기 위한 행동이라는 점에서 자원봉사나 조직 시민 행동과 공통적인 특성을 갖는다. 그러나 협동은 다른 형태의 친사회적 행동들과 차별화되는 특성이 있다. 지금까지 살펴본 다른 유형의 친사회적 행동들은 관련된 사람들의 관계가 동등하지 않은 경우가 많다. 즉 한 사람은 도움이 필요하고 다른 사람은 그것을 제공할 자원을 가지고 있다는 점에서 동등한 관계라고 할 수 없다. 반면 협동은 두 명 이상의 사람들이 파트너로 모여 상호 의존적으로 공동의 목표를 달성하기 위해 함께 작업하는 과정으로, 목표는 모든 관련자가 혜택을 받는 것이어야 한다는 점에서 참여하는 사람들이 동등한 관계에 있다고 볼 수 있다.

지금까지 협동에 대한 많은 연구는 사회적 딜레마의 맥락에서 이루어졌다(예를 들어 Komorita & Parks 1999, Weber et al., 2004). 사회적 딜레마(Social Dilemma)는 개인의 이익과 집단의 이익이 상충하는 상황에서 발생하는 것으로 개인이 자신의 이익을 극대화하려고 할 때 집단 전체의 이익이 감소할 수 있다. 사회적 딜레마를 해결하기 위해서는 개인들이 협력해야 하지만 협동은 종종 개인에게 즉각적인 비용을 초래할 수 있기 때문에 개인은 협동 대신 자기 이익을 선택할 수 있다. 환경 보호, 자원 관리, 공공재의 사용 등은 사회적 딜레마가 발생할 수 있는 전형적인 예로 모든 사람이 자원을 과도하게 사용하면 결국 자원이 고갈되어 모두에게 손해가 된다.

다음 부분에서는 사회적 딜레마의 상황에서 협동에 영향을 미치는 요인들을 살펴보기로 한다.

1) 협동에 영향을 미치는 요인

(1) 개인 차이

도움행동에 있어서 개인 차이에 관한 연구는 많은 성격 변수를 다루었지만 사회적 딜레마에 대한 반응에서의 개인차에 대한 연구는 주로 한 가지 특성에 초점을 두는데 바로 개인의 '사회가치 지향(social value orientation)'이다. 많은 연구들은 사회적 딜레마 상황에서 개인이 어떻게 행동하는지를 이해하기 위해 사람들의 사회가치 지향을 분류하는 데 중점을 두었는데 Liebrand와 동료들(1986)은 다음과 같은 네 가지 유형을 제시한다: 이타주의자(altruists), 협력자(cooperators), 개인주의자(individualists), 그리고 경쟁자(competitors).

이타주의자는 이타적 지향을 가진 사람들로 타인의 이익을 우선시하고 자신의 이익보다 타인의 이익을 더 중요하게 생각한다. 이들은 협력적인 행동을 선호하고 집단의 이익을 위해 개인적인 손해를 감수할 준비가 되어 있다. 협력자는 공동체 지향을 가진 사람들로 개인의 이익과 집단의 이익을 균형 있게 고려한다. 이들은 협력적인 행동을 통해 모두가 이익을 얻을 수 있는 상황을 선호하고 집단의 목표 달성을 위해 노력한다. 개인주의자는 자기중심적 지향을 가진 사람들로 자신의 이익을 최우선으로 생각한다. 이들은 타인의 이익보다 자신의 이익을 우선시하는데, 상황에 따라 협력할 수도 있지만 주로 자신의 이익을 극대화하는 방향으로 행동하며 타인과의 관계에서 협력보다는 개인적인 성과를 중시한다. 경쟁자는 자신의 이익을 극대화하는 동시에 타인의 이익을 최소화하려는 경향이 있다. 이들은 상황을 '승-패'로 인식하며 다른 사람을 이기려는 욕구가 강하다. 경쟁자는 종종 갈등을 일으키고 자신의 목표를 달성하기 위해 타인을 압박하는 경향이 있다.

결국 이러한 네 가지 유형은 자원 배분에서 자신과 다른 사람들에게 대한 선호가 근본적으로 다르다. 친사회적 지향인 이타주의자와 협력자는 자기중심적 지향인 개인주의자와 경쟁자보다 공동의 이익과 협동에 대해 더 큰 관심을 보인다(van Lange et al., 1997).

(2) 친사회적 동기

Batson은 친사회적 및 이타적 동기에 관한 자신의 연구를 대인관계 도움으로부터 죄수의 딜레마에서의 협동으로 확장하였다. Batson과 Moran(1999)의 연구에서 참가자들에게 파트너에 대한 공감을 경험하도록 유도했을 때 협동할 가능성이 더 높다는 점을 발견했다. 다른 연구에서 Batson과 Ahmad(2001)는 공감적 관심을 경험한 사람들이 파트너가 이미 경쟁적인 선택을 했음을 알았을 때에도 높은 수준의 협동을 보였다고 보고했다. 또한 Batson과 동료들(1995)은 사회적 딜레마의 상황에서 다른 집단 구성원에 대한 공감이 개인의 자원 배분 결정에 어떻게 영향을 미치는지를 탐구하였다. 이러한 주제를 알아보기 위하여 참가자들에게 공감을 유도하기 위한 조작된 상황을 제공하였고, 자연 발생적인 공감 반응을 자기 보고 방식으로 측정하였다. 참가자들에게 자기 자신, 집단 전체, 또는 집단 구성원에게 이익을 주는 선택을 할 수 있도록 하였는데 그 결과 높은 공감을 느낀 참가자들이 공감의 대상이 된 구성원에게 더 많은 자원을 배분하는 경향을 보였다. 그러나 이러한 자원 배분은 전체 집단의 이익을 감소시키는 결과를 초래하였는데, 이는 공감이 개인의 이익과 집단의 이익 간의 균형을 깨뜨릴 수 있음을 시사한다. 결론적으로 연구는 사회적 딜레마에서 개인의 동기가 세 가지로 나뉘어 있음을 강조하는데 자신의 이익, 집단 이익, 그리고 타인에 대한 이타적 관심이다. 이러한 동기들은 서로 독립적으로 작용할 수 있고 공감이 이타적 행동을 유도할 수 있지만 동시에 집단의 전체 이익을 줄 수 있는 협력적 행동을 해칠 수도 있음을 보여준다.

(3) 사회적 영향

긴급 상황에서 다른 사람들의 존재가 개입을 억제하는 것처럼 익명성은 무임승차(free riding)의 문제(집단행동으로 이익을 얻으면서 개인적으로 기여하지 않는 행동)를 증가시킨다(Kerr & MacCoun, 1985). 집단구성원 간의 명확한 의사소통이 일관적으로 협동을 촉진시킨다는 결과는 너무나 당연한데(Dawes, 1988), 이는 대중의 무지(pluralistic ignorance)[13]의 영향을 줄임으로써 참가자들의 행동을 조정하고 더 친밀한 관계를 발전시키는 데 도움이 되기 때문이다.

13) 사람들이 자신이 가진 의견이 집단의 다른 구성원들과 다르다고 잘못 믿는 상황을 말하는 개념으로 많은 사람들이 실제로는 같은 의견을 가지고 있지만 서로가 그렇게 생각하지 않는다고 믿는 경우를 말한다.

Kerr(1995, 1999)는 사회적 딜레마에서 익명성이 협동에 미치는 부정적인 영향을 강조하며 비익명적인 상황에서의 사회적 책임감이 협동을 증진시키는 중요한 요소임을 제안하였다. 연구에서는 익명성이 높을수록 개인은 비협력적인 행동을 선택할 가능성이 증가하는데 이는 익명성이 개인의 사회적 책임감을 감소시키기 때문이라고 한다. 반면 비익명적인 상황에서는 개인이 자신의 행동에 대해 더 큰 책임감을 느끼게 되어 협동이 촉진된다는 것이다. 또한 사회적 규범이 개인의 행동에 미치는 영향을 강조하며 집단 내에서 협동의 중요성을 인식할 때 개인이 더 협력적으로 행동할 가능성이 높아진다고 설명한다.

Kerr와 동료들(1997)은 집단 토론이 협동을 증가시키는 효과를 보여주었으며 개인의 선택이 익명인지 여부는 이 효과에 영향을 미치지 않는다는 점을 제시하였다. 즉 익명성이 협동에 미치는 영향은 제한적이라는 점을 확인하였다. 또한 사회적 규범보다는 개인의 내재화된 규범이 협동에 더 지속적인 영향을 미친다고 주장하는데 개인이 자신의 행동에 대해 내재화된 책임감을 느낄 때 그 행동은 외부의 감시가 없더라도 지속될 수 있다는 것이다. 이는 사회적 딜레마에서 협동을 촉진하기 위한 전략을 개발하는 데 중요한 단서를 제공한다.

(4) 사회적 정체성

사람들은 내집단(ingroup) 성원들을 외집단(outgroup) 성원이나 집단 성원으로 구별되지 않는 사람들보다 더 선호한다. 이는 무작위적인 분류 기준을 적용할 때나 그다지 중요한 의미가 없는 분류일 때조차도 동일하게 적용된다. 사람들은 외집단 성원보다는 내집단 성원과 자원을 공유할 때 더 협력적이고 개인적인 절제를 더 한다는 사실도 밝혀졌다(Van Vugt et al., 2000). 또한 사람들은 자신이 속한 집단에 대해 더 많은 노력과 충성을 보이며 그 집단을 위해 더 열심히 일한다(Van Vugt & Hart, 2004).

자신이 속한 집단과 관련된 규범과 가치를 수용하는 것은 사회적 딜레마 상황에서 다양한 협동을 증가시키는 데 중요한 역할을 한다. 이는 사회적 행동주의나 시위 참여(Klandersman, 2000)부터 조직 시민 행동(Cropanzano & Byrne, 2000)에서 모두 입증되었다. 그런데 내집단과 외집단 구성원을 구분하는 사회적 범주화 과정은 변화할 수 있다. 다른 집단의 소속으로 분류되던 사람들이 더 높은 수준의 카테고리(예를 들어 국가)에서는 같은 집단으로 분류되면서 집단 경계에 대한 인식이 변할 수 있다.

집단 경계에 대한 인식 변화의 과정인 재범주화(recategorization)는 공동 내집단 정체성 모델(common ingroup identity model)에서 연구의 초점이 되어 왔다(Gaertner et al., 2000). 이 모델에 따르면 집단 간 구분을 두 개의 집단에서 하나의 더 상위 집단으로 묶는 과정을 통해 집단 간 편견과 갈등이 감소할 수 있다. 앞에서 언급했듯이 외집단 구성원을 공통의 내집단 구성원으로 재범주화하는 것은 협동을 증대시키는 것으로 나타났다. 또한 집단 내에서의 협동을 촉진하는 데 필수적인 요인은 절차적 공정성으로(DeCremer & Tyler, 2005), 공정한 절차는 구성원들이 자신을 집단의 일원으로 인식하게 하고 이는 협동을 유도하기 때문이다.

2) 집단 내 및 집단 간 협동

도움행동은 일방적이고 개인적인 수준에서 이루어지는 반면 협동은 종종 집단 내 및 집단 간 관계를 포함한다. 따라서 협동에서의 집단 내 또는 집단 간 구분은 도움행동에서보다 더 기본적인 요소로 상당히 복잡하고 어떠한 요인들은 도움행동에서는 주요한 결정 요인으로 작용하지 않지만 협동에서는 중요하게 작용한다.

협동에 있어 가장 중요한 요소 중 하나는 신뢰라고 연구된다(Kramer, 1999). 신뢰(trust)는 상호성에 대한 기대를 바탕으로 하는 것이므로 상호 의존적인 상황에서 특별한 의미를 가진다(Chaudhuri et al., 2002; Yamagishi & Kiyonari, 2000). 신뢰할 수 있는 사람으로서의 명성을 쌓는 것은 이후의 협동을 끌어내는 데 중요한 역할을 할 수 있다(Milinski et al., 2001). 내집단 구성원은 외집단 구성원보다 더 긍정적인 특성이 부여되고(Mullen et al., 1992) 내집단 구성원은 외집단 구성원보다 더 뚜렷하게 개별적으로 여겨지며(Mullen & Hu, 1989) 자기 자신과 더 유사하다고 보인다. 따라서 사람들은 일반적으로 내집단 구성원을 외집단 구성원보다 더 신뢰하고(Turner et al., 1987) 내집단 구성원의 부정적인 행동은 외집단 구성원의 것보다 더 쉽게 무시하고 용서하는 경향이 있다.

신뢰는 집단 간 관계에서도 중요한 요인이다. 그러나 집단 간 신뢰는 개인 간 신뢰보다 더 달성하기 어려운 경향이 있다. Insko와 동료들(2001)은 개인-집단의 불연속성 효과를 제시하였는데 이는 다른 집단들과의 상호작용에서는 개인 간의 상호작용에서보다 덜 신뢰하고 덜 신뢰받는다는 것이다. 결국 어느 정도는 집단 간 불신의 결과로 집단들은 서로 비협조적이게 된다.

별개의 집단 정체성보다는 공통 집단의 정체성을 도입하는 것이 일반적으로 협동과 같은 친사회적 상호작용을 증진시킬 수 있지만, 분리된 집단 정체성을 유지하면서 동시에 더 폭넓은 차원에서 공통의 집단 정체성을 강조하는 것은 갈등의 효과를 낳을 수도 있다. Hewstone &

Brown(1986)은 집단 간 협력적 상호작용이 원래의 내집단-외집단 범주화를 재정의하거나 비하하지 않고 도입될 때 긍정적인 집단 간 결과가 나타날 수 있다고 제안했다. 그러나 다른 연구자들은 공통의 상위 집단 정체성을 도입하는 것이 기존의 사회 정체성을 위협할 수 있다고 주장하는데, 이는 구별과 차별화의 욕구를 자극하고 사람들이 자신의 집단 기준을 상위 집단의 기준으로 삼으려고 하기 때문이라고 주장한다(Waldzus et al., 2003). 이로 인해 집단 간 친사회적 관계가 감소할 수 있고 결국 공동 정체성의 강조나 생성은 개인 간 협력을 증가시킬 수는 있지만 집단 간 경쟁을 증가시킬 수 있다고 강조한다(Insko et al., 2004).

IV
친사회적 행동과 관련된 주제들

제8장 친사회적 행동의 결과

도움 주기, 공유하기, 기부하기, 자원봉사, 협동 등과 같은 친사회적 행동은 타인이나 사회 전반의 복지를 우선시하고 타인을 돕거나 사회에 기여하는 자발적 행위이다(Dovidio et al., 2006; Eisenberg & Fabes, 1998; Mussen & Eisenberg-Berg, 1977; Nelson et al, 2015). 일반적으로 친사회적 행동은 이와 관련된 개인이나 사회 모두에 긍정적인 결과를 초래할 것이라고 기대된다. 친사회적 행동은 개인의 행복을 증진시키는데 이러한 행동을 할 때 행복감, 만족감, 자존감의 상승과 같은 긍정적인 감정을 유발하기 때문이다. 또한 친사회적 행동은 사회의 발전에도 기여할 수 있다. 친사회적 행동을 통해 사회구성원들 간의 협력과 연대감이 강화되고, 이는 사회구성원 간의 신뢰감을 높일 뿐만 아니라 사회자본의 확대로 사회의 안정과 발전에 기여하기 때문이다.

그렇다면 친사회적 행동이나 도움행동은 이러한 행동을 한 사람이나 수혜자에게 구체적으로 어떠한 영향을 미치는가? 실제로 대부분의 사람들이 자신이 다른 사람을 도우면 기분이 좋아질 것이라고 믿는다는 연구 결과가 있다(Wuthnow, 1991). 그럼에도 불구하고 도움을 제공한 사람들이 기분이 더 좋아지는가에 관한 연구 결과는 일관적이지 않고 헌혈을 한 사람들이 조금 더 긍정적인 느낌을 갖는다고 보고된다(Dovidio et al., 2010).

도움을 받는 사람의 입장에서 보면 자신의 어려움이 해결되었기 때문에 기분이 좋아질 것이라고 예측할 수 있다. 그러나 사람들이 도움을 받을 때 항상 즐겁거나 고마워하는 것은 아니다. 도움을 받은 사람은 자신이 도움을 받은 것에 대하여 불쾌해하거나 화를 낼 수도 있다.

앞에서 살펴본 여러 이론에서도 친사회적 행동의 결과를 언급하는데 생물학적 요인을 다루는 분석에서는 친사회적 행동을 함으로써 생기는 이점을 포괄적 적합성이나 재생산 이득의 관점에서 가정하였다. 반면 친사회적 행동이 도움을 주는 사람에게 미치는 결과에 대한 연구는 상대적으로 적었다. 일반적으로, 성공적으로 행하여진 도움행동은 긍정적으로 경험되는데, 이는 다른 사람의 문제를 목격한 뒤 발생한 부정적인 정서적 상태를 완화시키고, 이로 인해 도움행동이 강화 요인으로 작용하게 되기 때문이다(Piliavin et al., 1981). 반면 도움행동이 실패하면 부정적인 영향을 미칠 수 있다. 도움을 제공하려는 사람들이 도움을 거부당했을 때 어떤 심리적 반응을 보이는지를 실험한 연구에서 도움을 거부당한 경우에는 부정적인 감정과 함께 상대방에 대한 부정적인 평가가 증가하는 것으로 나타났다(Rosen et al., 1987). 도움을 제공하려는 사람은 도움을 거부당했을 때 부정적인 기대가 깨지면서 심리적 위협을 느끼고 이로 인해 그들은 부정적인 감정을 경험하고 도움을 거부한 사람에 대한 부정적인 평가를 하게 된다. 도움을 거부당한 사람은 상대방에 대한 매력이 감소하게 되고 거부의 원인을 상대방의 부정적인 특성으로 귀인 하는 경향이 있어서 도움을 요청한 사람을 비난하거나 그들의 능력을 낮게 평가하게 된다.

친사회적 행동 중 하나인 자원봉사의 경우 활동에 참여한 사람들이 경험할 수 있는 잠재적인 이점에 대한 많은 연구가 이루어졌다. 그러나 이러한 연구의 대부분은 설문조사 방법을 사용했기 때문에 특정 원인과 결과를 추론할 때 신중할 필요가 있다. 그럼에도 불구하고 많은 연구들은 자원봉사와 같은 친사회적 행동이 개인의 정신 건강을 향상시키고 삶의 만족도를 증가시키며 사회적 관계를 강화시키는 것과 같은 개인적 보상을 가져온다는 점을 보여준다. 이러한 이점은 다시 자원봉사자에게 목적의식이나 소속감, 지역사회 참여의 강화로 나타나게 된다.

결론적으로 대인관계에서의 도움행동은 개인과 개인 간 상호작용에 영향을 미치고 더 나아가 자원봉사는 개인과 사회에 장기적인 영향을 미친다. 다음 부분에서는 도움을 주는 사람들과 도움을 받은 사람들이 도움행동 이후에 경험하는 여러 가지 결과들에 대한 연구를 살펴보도록 한다.

1. 도움을 주는 사람의 경험

많은 사회심리적 연구들은 친사회적 행동이 정신건강과 신체건강에 미치는 영향에 관하여 연구하여 왔다. 친사회적 행동을 실행하는 것은 삶에 대한 깊은 만족감과 행복을 제공한다(Seligman, 2002). 일반적으로 도움을 주는 사람들이나 친사회적 행동을 하는 사람들은 그렇지 않은 사람들보다 긍정적 정서를 더 많이 느끼는 반면(Gleaseon et al., 2003; Piliavin, 2003; Weinstein & Ryan, 2010) 부정적 정서는 더 적게 느낀다고 한다(Aknin et al., 2013). 다수의 연구에서 개인은 다른 사람을 자발적으로 도왔을 때 스스로에 대해 좋은 기분을 느낀다는 결과가 있다(Nelson et al., 2015; Pavey et al., 2012; Weinstein & Ryan, 2010). 자발적으로 자신이 누군가를 도와주는 행동이 인생의 의미와 자부심, 그리고 긍정적 정서를 경험하게 한다는 것이다(Klein, 2017; 이지연, 장형심, 2017). 실제로 대부분의 사람들은 자기가 다른 사람을 도우면 기분이 좋을 것이라고 믿는다는 결과도 있다(Wuthnow, 1991).

자원봉사와 기부는 사람들의 정신건강에 긍정적인 영향을 미친다는 연구 결과가 지속적으로 보고된다(Morrow-Howell, 2010; Son & Wilson, 2012; Thoits & Hewitt, 2001). 친사회적 행동에 돈을 사용한 사람들이 더 행복감을 느끼는 것으로 보고되었고(Dunn et al., 2008; Green et al., 2014), 139개국에 대한 조사에 따르면 자선단체에 기부하는 행위와 사람들이 느끼는 행복감의 정적인 상관관계가 120개 국가에서 나타났다(Aknin et al., 2013, 2015). 또한 도움행위를 하는 경우에 느끼는 행복감은 아동에게서도 나타났다(Aknin et al., 2012). 자원봉사와 기부는 자아통제감, 낙관주의, 인지된 사회적 연결성을 높임으로써 우울증 및 불안 등의 정신적 문제를 예방하는 효과를 보일 뿐만 아니라(Musick & Wilson, 2003; Smith & Davidson, 2014) 신체적 건강에도 긍정적 영향을 미치는 것으로 보고 된다(Thoits & Hewitt, 2001).

자원봉사 활동에 참여한 사람들의 경험에 대한 연구는 비교적 많은 편인데, 자원봉사가 자아 존중감(Yogev & Ronen 1982)과 학업 성취(Osguthorpe & Scruggs 1986)에 긍정적인 영향을 미친다는 결과가 있지만 이러한 결과에 대해서는 논란이 있기도 하다. 예컨대 자원봉사를 포함하는 교육 프로그램이 개인의 효능감, 자아 존중감 및 자신감에 긍정적인 영향을 미친다는 결과가 있는 반면(Giles & Eyler 1994, Yates & Youniss 1996) 그런 효과가 없다는 연구 결과도 있다(Lee, 1997).

청소년들의 경우 자원봉사에 참여하는 것이 여러 가지 긍정적인 결과를 초래할 것이라고 예측한다. 긍정적인 결과에는 자아 존중감과 심리적 건강 증진, 사회적 및 직업적 기술 향상, 그리고 친사회적 태도와 가치관 및 정체성의 증가가 포함된다. 또한 자원봉사는 위험하고 반사회적인 행동의 발생을 줄이고 성인이 되었을 때 지역사회 참여를 증가시킬 것이라고 강조된다. 연구 결과에서도 청소년의 경우 자원봉사의 수준이 높을수록 친사회적 태도, 가치관, 정체성이 개발되고 성인이 되었을 때 자원봉사를 할 확률이 더 높아지는 것으로 나타났다(Astin et al., 1999, Reidel 2002). 이는 자원봉사가 긍정적인 발달적 영향을 미친다는 예측과 일치한다(Hansen et al., 2003, Johnson et al., 1998). 또한 청소년 자원봉사가 위험한 행동과 반사회적 행동에 미치는 영향에 대한 연구도 있는데 지역사회 서비스에 참여한 고등학생들이 비행행위(마리화나를 피우거나 알코올을 남용하거나 학업 성적이 나쁘거나 임신하는 등)를 하거나 체포되는 등의 가능성이 낮아진다는 결과를 보여준다(Anderson, 1998; Barber et al., 2001, Eccles & Barber 1999, Moore & Allen 1996, Uggen & Janikula 1999, Youniss et al., 1997).

자원봉사가 성인 자원봉사자들의 심리적 및 신체적 건강에 어떤 영향을 미치는가에 대한 연구도 있다. Thoits와 Hewitt(2001)는 종단적 분석을 통해 자원봉사 활동의 양이 자원봉사자들의 안녕감과 심리적 및 신체적 건강과 긍정적인 관계가 있다는 결과를 제시하였다. 같은 자료를 사용한 Musick과 Wilson(2003)도 자원봉사가 이후의 우울증 감소와 관련이 있음을 발견했는데 이는 65세 이상의 성인에게만 해당되었다. 또한 노인 자원봉사자들이 더 높은 안녕감을 보고한 연구도 있는데(Morrow-Howell et al., 2003) 노인 자원봉사자에 대한 연구에서 가장 인상적인 결과 중 하나는 자원봉사와 신체 건강 및 사망률 간의 관계에 관한 것이다. Moen와 동료들(1992)과 Oman과 동료들(1999)은 여러 해 동안 자원봉사자들을 추적 조사한 결과 그들이 비자원봉사자 집단보다 더 건강하고 더 오래 살았다는 것을 발견했다. 국내 연구에서는 자원봉사자들이 자원봉사를 통해 자신의 가치를 확인하게 되고 자신감이 향상되며 사회적 관계망을 형성하게 되고 지식 및 기술 습득이 가능하게 된다는 결과를 보여준다(김유진, 유전양, 2018).

Midlarsky(1991)는 다른 사람을 돕는 것이 도와주는 사람에게 이익이 되는 이유를 설명하는데, 도움행동이 자신의 문제에서 주의를 분산시키고 삶에서의 가치를 증진시키며 자기 평가를 개선하고 긍정적인 기분을 증가시키며 사회적 통합을 촉진하기 때문이라고 제안했다. Oman와 동료들(1999)은 Midlarsky가 제안한 여러 메커니즘이 심리-신경-면역학적 경로를 통해 신체에 영향을 미쳐 노년층의 사망률을 감소시킬 수 있다고 주장했다. 이러한 이유를 바탕으로 Oman과 동료들은 자원봉사와 사망률 간의 부적인 관계가 나이가 증가할수록 더 강해진다는 것을 발견했다. 같은 맥락에서 자원봉사와 관련된 긍정적인 심리적 및 신체적 결과는 사회적으로 고립된 사람들에게 가장 큰 영향을 미치는 것으로 나타났다(Musick & Wilson 2003, Musick et al., 1999, Piliavin 2004). 사회로부터의 소외가 건강에 해롭다면 자원봉사는 이 소외를 줄이는 데 도움이 될 수 있다. 또한 자원봉사는 통제감과 효능감을 높일 수 있고, 이것이 자가 면역 체계의 기능을 개선하는 것을 통해(Wiedenfeld et al., 1990) 질병과 사망률을 예방할 수 있게 된다(Rodin & Langer 1977). 결국 선행을 하는 사람은 건강한 경향이 있다(Weinstein & Ryan, 2010).

일반적으로 성공적인 도움행동은 긍정적으로 경험되는데 이는 다른 사람의 문제를 목격한 뒤 발생한 부정적 정서 상태를 감소시킬 수 있기 때문일 수 있다. 반면 도움행동의 실패는 도움을 주는 사람에게 부정적인 영향을 미칠 수 있다. 사람들은 자신이 제공한 도움을 상대방이 거절하면 상당한 심리적인 긴장을 경험하는 것으로 보고된다(Rosen et al., 1987). 도움을 주려고 시도한 사람은 자신의 도움을 거절한 상대방을 고집스럽고 자만심이 강하고 신뢰할 수 없는 사람이라고 폄훼하기도 한다. 따라서 도움을 주는 사람이 기분이 좋아지는 경우는 상대방이 도움행동을 수용하는 경우와 같이 특별한 요인이 작용할 수 있다. 따라서 도움행동이 도움을 주는 사람에게 반드시 긍정적인 효과를 주는 것만은 아니다.

2. 도움을 받는 사람의 반응

일반적으로 사람들은 다른 사람으로부터 도움받는 것을 감사하고 기쁘게 생각할 수 있다. 수영을 잘 못하는 사람이 물에 빠졌는데 안전요원으로부터 도움을 받았을 때, 친구가 공항까지 차로 바래다주었을 때, 그리고 목숨이 위태로운 전투 상황에서 전우가 자신을 구해주었을 때 고마움을 느끼는 것은 당연한 일이다. 그런데 때로 사람들은 다른 사람으로부터 도움받는 것을 부정적으로 생각하고 거절할 때가 있다. 자신이 다 컸다고 생각하는 소년은 엄마가 옷 입는 것이나 먹는 것을 거들려고 하면 자신이 스스로 하려고 한다. 복지수혜자가 사회사업가나 사회복지사에게 친절하게 대하기보다 적대감을 표시하고, 외국의 원조를 받는 나라들이 고마워하기보다 외국의 정책을 비난하고 적대감으로 대응하는 경우가 많다(Gergen & Gergen, 1983).

학교는 친사회적 행동이 하루에도 몇백 건씩 일상적으로 일어나는 환경이다. 급우 간에 돕는 일들이 긍정적인 관계에서 일어나기도 하지만, 도움을 주거나 거절하는 상황에서 발생하는 긴장이 생기는 문제가 있는 만남도 종종 있다. 예를 들어 급우가 수학 숙제를 푸는 것을 도와달라고 부탁한다면 요청을 받은 학생은 도움을 주기 전에 잠시 생각하고 지연할 수 있는데 어떤 학생들은 자신의 지식을 다른 사람에게 그냥 주는 것을 곤란하게 생각할 수 있기 때문이다. 또한 학생들은 가끔 자신들이 요청하지 않은 도움이 제공되었을 때 이를 거절하기도 하는데 아마도 자신이 무능하게 보이는 것을 피하고 체면을 세우기 위해서일 것이다. 학교에서 이러한 문제가 발생하는 이유는 많은 학생들이 경쟁적으로 경험하는 성적이라는 상황에 있다. 도움을 주는 것과 받는 것은 부분적으로는 자기표현 전략에 의해 형성되는 사회적 관계에서 발생한다. 개인의 공적 이미지의 관점에서 보면 도움을 주는 사람이 되는 것이 도움이 필요하거나 도움을 받는 사람이 되는 것보다 더 유리할 수 있다.

도움을 받는 사람이 스스로 임무를 해결할 수 있음을 보여주는 것에 신경 쓴다면 도움의 제공은 수혜자를 특히 불안하게 할 수 있다. 어린이들은 종종 자신이 새롭게 습득한 능력을 보여주려고 부모가 식사 준비를 하는 동안 자신이 재료를 씻거나 써는 활동에 참여하려고 한다. 이때 부모가 이를 도와주려고 하면 아이들은 회피, 비난 또는 울음의 반응을 보이기도 한다. 같은 맥락에서 청소년과 성인들은 도움을 받는 것에 있어서 더 예민할 수 있다. 도움을 받는 것은 자신이 일할 능력이 없거나 자신이 하고 있는 임무를 완수할 능력이 없다고 믿는 것을 의미할 수 있기 때문이다.

결국 도움을 받는 사람은 도움을 제공하는 사람이 자신의 결함이나 지적 약점을 인지하고 동정심을 갖는다고 생각하기 때문에 다른 사람이 도움을 제공하는 것을 부정적인 측면에서 해석할 수 있다(Gergen, 1974). 또한 도움을 받는 사람의 능력이 발달하는 것에 방해가 될 수 있거나 도움을 받는 사람이 도움에 의존적으로 보이게 되어 수치스럽게 느끼게 될 경우에는 도움은 더욱 부정적으로 느끼게 될 것이다.

여기서는 도움을 받는 사람들이 느끼는 부정적 측면의 원인을 설명하는 여러 가지 이론들과 도움을 받는 것의 부정적 측면에 대한 대안으로 나타난 방안들에 대하여 소개하도록 한다.

1) 사회교환 이론

사회교환 이론에 따르면 도움 관계에 있어서의 자원교환은 일방적인 것으로 도움을 받는 사람은 빚진 느낌을 갖거나 힘의 불균형을 느낄 수 있다. 또한 누군가에게 도움을 받는 것은 고마운 일이기는 하지만 도움을 받는 사람에게 도움을 주는 사람의 권한과 영향력이 커지게 됨을 의미한다. 즉 불균형적인 관계를 만들거나 형평을 잃게 하는 도움은 수혜자로 하여금 감사의 마음보다 부정적인 감정을 증대시킬 수 있다는 것이다. 따라서 도움받는 사람은 앞으로 도움의 상호성이 가능할 때 즉 앞으로의 상호관계에 있어서 형평과 힘의 균형 유지가 가능할 때 도움받는 것을 고맙게 여긴다.

조사 결과에서도 사람들은 자신이 받은 도움을 다시 갚을 수 있다고 생각할 때 도움을 흔쾌히 받았다. 반면 자신이 받은 도움을 어떤 형태로든 갚을 수 없다고 판단할 때 사람들은 도움을 받지 않으려고 하였다. 3장에서 소개한 호혜성의 규범을 적용한다면 호혜성의 가능은 도움을 받는 것의 부정적 의미를 감소시킬 수도 있는데 상호호혜성은 동등한 사람 간의 교환을 의미하기 때문이다. 따라서 호혜적이지 않은 도움은 불공정의 느낌을 준다는 것을 의미한다.

도움을 주는 사람의 행동에 대한 귀인은 돕는 사람을 어떻게 받아들일 것인지 판단하는 데 영향을 준다. 도움을 받는 사람은 도움이 진정으로 자신의 이익을 위한 것인지 아니면 돕는 사람의 교묘한 의도에 근거한 것인지를 판단하게 된다(Scholper, 1970). 도움행동이 호의의 진정한 표현으로 해석한다면 도움을 받는 사람에게 긍정적인 반응을 유발한다(Nadler & Fisher, 1986). 그러나 도움을 주는 사람의 행동이 좋은 의도라기보다는 다른 의도에 귀인한다면 도움행동에 대한 부정적 인상을 유발하게 된다.

2) 반발이론: 자유의 상실

반발이론에 따르면 일반적으로 사람들은 자신의 개인적 선택의 자유를 최대한으로 원한다고 주장한다. 다른 사람에 의해 통제되고 자신이 선택의 자유를 잃었다고 생각하는 사람들은 반발을 경험한다(Brehm & Cole, 1966). 많은 사회복지 수혜자들이 사회사업가의 예고 없는 방문에 놀라거나 불평해서는 안 된다고 생각하는 것을 자유 상실의 느낌으로 보고하는 것은 그 대표적인 예라 할 수 있다. 만약 자신의 자유가 침해당했다고 느껴지면 사람들은 종종 화나 적대감 등의 부정적인 반응을 보인다. 개인적인 자유나 사생활에 대한 침해로 간주되는 도움은 오히려 적대감이나 부정적 반응을 유발하고(Brehm & Brehm, 1981) 더 나아가 도움이 교묘한 술책으로 생각되면 침해의 의미로 생각될 수 있다(Schopler, 1970).

결국 돕는 사람에 의해 조작되었다고 느끼는 도움은 도움을 받는 사람의 방어나 부정적인 평가의 반응을 유발한다고 볼 수 있고 자유를 잃었다는 느낌은 다시 이를 얻을 수 있는 행동을 할 필요성을 느끼게 만든다.

3) 귀인이론: 자경심의 침해

귀인이론에 따르면 사람들은 왜 자신이 도움이 필요한지 그리고 왜 다른 사람들이 자신을 도우려고 하는지 원인을 파악하려 하고, 이는 자경심에 영향을 준다고 강조한다. 만일 도움을 받는 것이 자신의 무능력이나 실패, 의존성 때문이라고 생각되면 도움을 받는 것은 자경심을 침해하게 될 것이다. 그러나 자신이 도움받아야 할 필요성이 통제할 수 없는 외부의 문제 때문이라고 원인을 돌리면 긍정적인 자경심을 유지할 수 있을 것이다. 또한 도와주는 사람이 진심으로 자신을 걱정해서 돕는다고 생각되면 자경심에 긍정적으로 작용할 것이다.

여러 연구 결과들에 따르면 사람들은 자신의 문제를 개인적인 자질 부족보다 외부의 어려운 상황으로 원인을 돌릴 때 더 도움을 요청한다. 그런데 사람들은 자신의 자부심이나 자기 가치를 보호하기 위해서 도움을 먼저 요청하기 꺼려 한다. 도움을 먼저 요청하는 것은 굴욕적이거나 당황스러울 수도 있기 때문에 도움을 요청할 필요가 없이 도움을 받을 수 있는 상황일 때 도움을 쉽사리 받아들이게 된다. 대표적인 예로 사회복지 수혜자들은 자신들이 먼저 요청해야 하는 경우보다 사회사업가들이 먼저 접촉을 시도할 때 사회서비스를 더 잘 이용했다.

결론적으로 수혜자의 심리학이라는 견지에서 주요한 질문은 도움이 자아를 위협하는지 자아를 지지하는지 즉 자경심의 문제를 야기하는지 아닌지의 여부이다. 사람들은 과도한 도움을 받을 경우 자신의 능력에 대한 의구심을 느끼게 된다. 특히 도움을 받는 상황에서 자신이 의존적이라고 느끼면 그로 인해 자아 존중감이 감소할 수 있다(Gilbert & Silera, 1996). 그 결과 수혜자에게 일련의 부정적 반응인 수치심과 화, 도움을 주는 사람의 평가절하, 그리고 미래에 도움을 거부할 가능성 등을 보인다. 따라서 도움을 받은 후에 부정적인 감정으로 괴로워했거나 도움을 받는 것을 목격한 사람들의 비우호적인 귀인에 직면한 수혜자는 도움을 요청하기보다 자조(self-help)로 반응하게 되었다(DePaulo, Brown, Ishii, & Fisher, 1981).

그렇다면 어떠한 상황에서 수혜자의 반응이 부정적 또는 긍정적으로 변하는가? 앞서 살펴본 부정적 반응과는 반대되는 긍정적 반응 유형으로는 긍정적 감정, 기부자와 도움에 대한 긍정적 평가, 도움을 요청하려는 강한 의지, 감사 등이 있다. 긍정적 반응유형과 부정적 반응유형 중 어느 것이 우세한지는 자아에 대한 결과가 무엇인지에 달려있다. 즉 결과가 좋으면 긍정적인 반응유형이 발생할 것이고 결과가 나쁘면 수혜자의 방어적 반응이 예측된다. 결국 도움을 받는 것이 단순히 긍정적인 경험이 아닐 수 있으며 도움의 성격에 따라 수혜자의 자아 인식과 사회적 평가에 부정적인 영향을 미칠 수 있다.

도움을 받는 경험에 관한 자아존중감 침해 모델(Nadler & Fisher, 1986)은 수혜자의 심리에 관한 이론적 견해들을 통합하려고 시도하였다. 이 모델에서는 도움을 받는 사람의 반응은 궁극적으로 도움이 자아를 위협하는지 아니면 지지하는지에 따라 결정된다고 가정한다. 즉 도움을 받는 것은 수혜자의 자아에 있어 부정적인 결과뿐만 아니라 긍정적인 결과를 유발할 수 있다는 점을 역설한다(자아 침해 대 자아 지원). 자아 침해의 측면으로는 열등감이나 인지된 자유/독립성의 제한 등을 포함하는데 이는 자경심의 손상을 가져온다. 자아 지원의 측면으로는 물질적 보상이나 도움의 필요성에 대한 사회적 인정 등 이익과 관련된 것을 포함하는데 이는 자경심의 증진을 가져온다. Fisher와 동료들(1983)은 도움받은 후의 자아 침해나 자아 지원과 같은 반응에 영향을 주는 조건에 대한 연구 결과를 보여주는데 다음의 표에 그 내용이 정리되어 있다.

〈표 3〉 도움을 받은 후에 자아 침해 또는 자아 지원을 유발하는 조건들에 대한 개요

자아 침해	자아 지원
돕는 사람과 수혜자의 유사	돕는 사람과 수혜자의 상이
은혜를 갚음이 불가능	은혜를 갚음이 가능
도움이 규범적으로 부적절	도움이 규범적으로 적절
돕는 사람의 높은 자원	돕는 사람의 낮은 자원
이전에 도움을 요청한 적이 있음	이전에 도움을 요청한 적이 없음

출처: Fisher, Nadler, & Whitcher-Alagna, 1983.

돕는 사람이 자신과 유사하다면 수혜자는 자신과 돕는 사람을 사회적으로 비교하게 된다. 같은 조건에 있는 사람이 자신을 돕는다는 것은 자신이 다른 사람보다 열등하고 돕는 사람이 자신보다 우월하고 자신이 가지지 못한 능력과 수단을 가진다는 것을 의미하기 때문에(DePaulo et al., 1981; Fisher et al., 1978; Schneider et al., 1996) 열등감을 느끼고, 자경심에 위협을 느끼게 된다. 이러한 경우 수혜자는 감사하기보다는 방어적이거나 부정적인 감정을 가지고(Dovidio et al., 2010) 도움을 거절하거나 도움의 가치를 폄하하기도 한다(Bolger & Amarel, 2007).

반면 돕는 사람과 수혜자가 유사하지 않다면 전혀 다른 결과를 가져올 수 있는데 예를 들어 선생님이 어려운 문제를 풀도록 학생을 돕는다면 학생의 자경심에 문제가 되지 않는다. 그러나 만일 교사가 수업에 어려움을 겪는 다른 교사를 돕는다면, 그리고 돕는 교사가 도움을 받는 교사와 유사한 경력과 경험 수준을 갖고 있다면 도움을 받는 교사는 자신의 능력에 대하여 의문이 생길 수 있다. 도움이 필요한 교사는 자신을 열등한 실패자로 볼 수 있고 같은 경험과 교육을 받은 다른 교사는 수업에서 어려움이 없이 도움을 줄 수 있는 우월한 존재로 보일 수 있다. 그런데 높은 유사성이 긍정적인 효과를 유발할 수 있는 경우도 있는데, 똑같은 부정적 생활사건을 경험한 사람으로부터의 사회적 지원은 유익할 수 있다(Taylor & Dakof, 1987; Wortman & Lehman, 1985). 따라서 유사성은 도움의 상황적 요구나 경험의 문제에 따라 다른 측면을 가진다고 할 수 있다.

수혜자가 자신이 의존적이라거나 빚을 진 느낌을 갖게 되면 자신의 자율성이 침해되었다고 느끼게 된다. 또한 자신이 다시 갚을 수 없는 도움을 받게 되면 자신의 능력이 부족하다고 부정적으로 귀인 하게 되거나 도움을 준 사람의 의도를 부정적으로 보게 된다. 여기서 중요한 이슈는 도움으로 인해 발생한 의존성을 피하려고 하는 동기가 수혜자 자신의 능력을 키우려는 의지로 연결되는가의 여부이다. 자아 침해적인 도움은 통제감이 높은 수혜자로 하여금 독립성을 다시 가지려는 동기를 유발하고 다른 사람에게 도움을 덜 구하게 된다(Lehman et al., 1995). 그러나 통제감이 낮은 수혜자는 도움과 도움 제공자에 대하여 부정적으로 생각하면서도 계속 도움을 구하여 자립할 가능성이 낮아진다(Brickman et al., 1983).

도움을 받은 사람은 자신이 받은 도움이 자기를 지지해 준다고 판단할 때 도움을 긍정적으로 보게 된다. 자신보다 월등한 사람이 도움을 제공할 때 지지적인 도움으로 여기게 된다. 이때 수혜자는 자아존중감이 침해되지 않고 도움과 도움제공자에 대하여 긍정적인 감정을 느끼게 된다. 더 나아가 상호성의 규범에 따라 나중에 도움행동을 실행하려는 동기까지 생긴다.

Nadler(1991)는 도움을 거부하거나 폄하하는 몇 가지 요인들을 제시한다. 우선 남성들은 어린 나이부터 여성에 비해 도움을 쉽게 요청하지 않는데(Addis & Mahalik, 2003; Barbee et al., 1983; Barnettet et al., 1990) 이는 사회적 규범과 사회화의 영향이라고 설명된다(Dovidio et al., 1990; Nadler, 1991). 전통적인 남성의 성역할은 독립적이고 통제력이 있는 역할로 이렇게 사회화된 남성들은 보통 도움이 필요하지 않다고 인식하는 경우가 많다(Bruder-Mattson & Hovanitz, 1990). 따라서 남성들은 도움을 요청할 이유가 있다고 생각하는 경우가 적다.

한편, 자존감이 높은 사람과 낮은 사람 가운데 어느 쪽이 도움을 받지 않으려 할까? 집단 상담과 알코올 중독 치료에 관한 여러 연구 결과에 따르면 도움이 필요한 다양한 상황에서 도움을 받으려 하지 않는 쪽은 자존감이 높은 사람이었다(Nadler, 1991; Wills & DePaulo, 1991). 자신이 유능하다고 생각하는 사람들은 그런 자아상을 유지하려는 욕구 때문에 도움을 받지 않으려 하고 자존감이 높은 사람들은 다른 사람의 도움 때문에 자신이 유능한 사람이라는 자아상이 위협받게 되기 때문에 도움받기를 꺼린다.

지금까지 도움을 받는 사람들의 경험과 반응에 관한 여러 가지 이론을 살펴보았는데 모든 종류의 도움이 수혜자에게 부정적이고 회피적인 반응을 유발하는 것은 아니다. 사실 학생들을 대상으로 한 연구에서 돕는 사람과 수혜자의 만남의 대다수가 협력적으로 진행된다는 것을 보여준다. 몇몇 요인들은 도움을 받는 경험이 자아 지원적 요소를 증진시키는 데 기여하는 것으로 보인다. 심각한 위기 상황에서 제공된 도움에서는 대부분의 수혜자들은 이러한 도움의 이익을 보는 것으로 나타난다. 생존자의 상황에서 보면 비록 자신은 구해졌다 해도 도움이 필요한 다른 사람이 아무 도움을 얻지 못했다는 사실이 생존자에게는 심리적 문제가 될 수 있음에도 불구하고 구조되었다는 것은 기본적으로 긍정적인 경험으로 나타났다.

또한 도움이 불편만을 유발하는 것은 아닌데 보답하는 것이 불가능하거나 기대할 수 없는 경우에서조차 그렇다. 특히 집단 수행을 위한 기능적인 협동 관계에 있어서는 도움을 다시 갚을 수 없는 경우에서조차 도움이 종종 긍정적인 사건으로 경험되는데, 공통의 임무를 수행하는 집단 상호의존성은 집단성원이 필요할 때에 서로 돕는 것을 의미하기 때문이다(Cook & Pelfrey, 1985; Deutsch, 1986). 공동의 집단목표를 가진 집단에서 집단의 성공은 전체 성원의 수행과 협동적 관계에 달려 있고 공동임무의 경우 도움이 필연적이기 때문이다. 반면 참여자들이 독립적으로 또는 경쟁적으로 일하는 실험에서는 유사한 특성을 가진 사람이 도와주면 더 부정적인 평가를 한다는 것이 발견되었다(Fisher, Harrison, & Nadler, 1978; Nadler, Fisher, & Streufert, 1976).

도움을 받는 것이 언제나 긍정적이고 즐거운 경험만은 아닌 경우는 도움을 받는 것이 다시 되갚아야 할 부담으로 느껴지거나 자유를 제한

하고 불균형적인 관계를 만들거나 자경심을 낮출 수 있기 때문이다. 이러한 점들은 왜 사람들이 때로 자신에게 도움을 주려는 사람에게 부정적으로 또는 모호하게 반응하는지 그리고 도움이 필요한 때조차 도움을 요청하려고 하지 않는지를 이해하도록 도와준다. 이러한 문제점을 줄일 수 있는 새로운 형태의 도움을 받는 방법으로 자조 집단과 컴퓨터의 이용을 들 수 있다.

자조 집단(self-help group)이란 공통의 문제를 가진 사람들이 서로 돕는 모임으로 이혼한 한 부모들의 모임, 알코올 중독자 금주 모임 등 다양하다. 자조 집단은 도움을 받음으로써 발생할 수 있는 손실을 최소화하려는 시도로 도움이 필요한 사람들 스스로에 의해 운영되고 상호도움을 줄 수 있는 기회를 제공하며 다른 사람들과 같은 문제를 가지고 있다는 점을 알게 해 주는 장점이 있다.

컴퓨터의 이용은 사람을 직접 접하지 않고 도움을 받는 방법을 가능하게 해 준다. 교육 프로그램이나 여러 가지 사이트에서 자신의 문제점에 대한 조언을 얻을 수 있는데 이때 자신의 잘못이나 실수를 다른 사람에게 알림으로 인해 생기는 당혹감 등을 최소화할 수 있다. 또한 온라인 이용은 도움을 받음으로써 생기는 상호성의 의무에 대한 부담감을 덜어주고 심리적 비용을 감소시켜 준다. 특히 정보사회에서는 온라인에서의 다양한 유형의 친사회적 행동이나 도움행동이 발생하고 증가하는 추세이다. 다음 장에서는 온라인에서의 친사회적 행동에 관한 다양한 연구들을 소개하기로 한다.

제9장 온라인에서의 친사회적 행동

1. 온라인 도움행동의 특성과 유형

온라인상의 상호작용은 이제 우리 생활의 중요한 부분이 되었고 오프라인에서와 유사하게 온라인에서도 여러 가지 유형의 도움행동과 친사회적 행동이 일어난다. 우리나라 포탈 기부사이트 모금액은 꾸준히 증가하여 왔고 인터넷 모금 운동이 새로운 기부 문화 양식으로 정착하였다. 이에 따라 도네티즌이라는 용어가 생길 정도인데 이는 기부·기증을 뜻하는 영어 단어 '도네이션(donation)'과 '네티즌(netizen)'의 합성어로, 포털사이트 등 온라인 사이트를 통해 기부에 참여하는 네티즌을 가리키는 말이다. 도네티즌들은 직접 주변의 사연이나 이슈를 알리면서 모금을 주도하여 모금 캠페인의 효과를 극대화시키는 역할을 한다. 이는 복지단체 등의 기관 중심이 아니라 네티즌(누리꾼)들의 자발적인 모금이라는 점에서 보다 활발하게 기부가 이루어질 수 있다는 특징을 보인다.

특히 스마트폰을 통한 온라인 기부 문화는 2010년 이후 확산하였는데 대표적인 온라인 기부사이트인 네이버의 '해피빈'이나 카카오의 '같이가치'는 성장을 계속하고 있다. 이러한 사이트에서는 누구나 기부금을 모집하는 게시글을 올릴 수 있어서 이 사연을 읽은 사람들은 온라인상으로 기부를 할 수 있다. 스마트폰 간편결제 서비스를 이용하여 소액을 기부할 수도 있고 기부자는 도움이 필요한 기부 대상자의 사연을 직접 확인하고 기부금이 어디에 어떻게 쓰이는지 정확히 알 수 있다. 또한 스마트폰 앱을 실행하여 포인트를 적립해 다양한 기부 활동에 참여할 수 있기도 하다.

온라인에서는 기부 외에도 여러 가지 도움행동을 발견할 수 있는데 필요한 정보를 구하는 사람들에게 자신이 알고 있는 지식이나 관련 정보를 알려주는 것, 그리고 자조 집단의 카페에서 정서적인 지원의 글을 올리는 것 등 매우 다양하다.

그렇다면 온라인 도움행동의 특성은 무엇이며 온라인 도움행동에는 어떠한 유형이 있는가? 사이버공간은 개인의 사회적 지위나 성, 연령 등 사회적 단서가 없는 탈지위의 공간이고 누구나 참여가 가능하다는 점에서 사회인구학적 특성의 작용은 오프라인과 비교해 볼 때 그리 크지 않을 수 있다. 또한 온라인에서의 도움행동은 그렇게 극적이거나 긴급한 위기 상황에서 이루어지지 않는다는 점에서 주변인 효과와 같은 상황 요인의 영향이 낮을 수 있다. 반면 온라인 인터넷 환경의 익명성, 편의성, 접근성, 네트워크 성과 같은 특성으로 인해 온라인상의 도움행동은 언제 어느 장소에서나 가능하고 시간과 비용, 육체적인 해나 위험 정도가 낮으며 많은 시민이 참여할 수 있다는 이점을 갖는다. 특히 온라인에서는 인터넷 네트워크를 통한 상호호혜성을 기반으로 하는 다수의 참여와 협력이 가능하다는 점에서 사회조직 차원의 구성원 간 사회관계가 중요한 역할을 한다고 볼 수 있다.

도움행동의 다양한 유형은 학자들마다 다르게 분류하여 제시하고 있고 이러한 연구들은 1장에서 소개한 바 있다. 실제적인 유형의 도움을 세 가지 차원을 기준으로 분류한 Pearce와 Amato(1980)는 직접적으로 도움을 주는 행동과 간접적인 도움행동, 계획되고 공식적인 도움과 즉흥적이고 비공식적인 도움, 그리고 심각한 문제에 대한 도움과 심각하지 않은 문제에 대한 도움으로 분류하였다. McGuire(1994)는 도움행동의 유형으로 일상적인 도움, 물질을 제공하는 개인적 도움, 정서적 도움, 위기의 도움 등을 제시하였다. 그러나 이러한 도움행동의 분류는 주로 오프라인에서의 남을 돕는 행동을 중심으로 한 것으로 온라인에서의 도움행동에 그대로 적용하기 어려운 측면이 있다. 안면이 있는 사람들 간의 일상적 도움이나 긴급 상황에서 직접적으로 행동을 하는 오프라인에서의 도움이 온라인상에서는 일반적이지 않기 때문이다. 또한 오프라인에서의 도움은 도움을 요청한 사람의 신체적 외관이나 사회적 유사성(연령, 성, 인종 등)에 의해 영향을 받지만, 비대면의 온라인에서는 이러한 특성들이 보이지 않기 때문에 순수하게 도움의 내용에 기초하여 도움행동이 일어날 수 있다.

이러한 측면에서 온라인 도움행동의 유형은 오프라인 도움행동과는 다르게 분류할 필요가 있는데 Sproull과 동료들의(2005)은 온라인에서의 도움행동을 공헌하는 내용의 종류에 따라 분류하였다. 이들은 온라인에서의 도움행동으로 경제도움, 정서도움, 정보도움, 시간과 노력의 도움으로 분류한다.

경제도움의 대표적인 예는 기부행위로, 인터넷 웹사이트나 이메일을 통해 자선기관에 온라인상으로 자원을 기부하는 것으로, 미국의 9.11 테러 이후 인터넷을 통해 엄청난 금액의 성금이 모인 것이 대표적인 예이다. 국내에서 유니세프 한국위원회의 온라인 모금 사례가 있고(홍종필, 김유경, 2004) 최근에는 국내외의 정부기관 및 NGO, 주요 포털사이트, 그리고 대기업 후원의 온라인 기부사이트가 다양하게 활성화되어 있다. 정서도움의 예로는 온라인에서 문제를 가진 사람에게 위안이나 격려의 댓글을 올리거나 문제 상황에 대해 상담해 주는 것, 이야기를 통해 지지해 주는 것과 인터넷에서 자조집단을 형성하여 정서적 지원을 제공해 주는 것 등이 있다(Cummings et al., 2002; McKenna & Baragh, 1998).

정보도움의 대표적인 예는 정보나 지식을 제공해 주는 행위가 있다. 질문에 답변을 올려주는 것, 소프트웨어나 자료를 공개 정보로 제공하거나 자신의 컴퓨팅 파워를 기부하여 과학자들이 큰 자료파일을 분석하도록 하는 것 등이 있다(Wasko & Faraj, 2005). 시간과 노력의 도움으로는 온라인에서 모니터링을 해 주거나 자발적으로 토론집단을 조직하고 유지하는 것 등이 있다(McKenna & Bargh, 1998).

그렇다면 온라인 도움행동의 유형별로 어떠한 요인이 주요하게 작용하는가? 온라인에서 일어나는 도움행동의 주요 원인은 오프라인의 도움행동 원인과는 어떻게 다른가? 이 장에서는 온라인 도움행동에 관한 여러 가지 연구 결과들을 통하여 이와 같은 질문에 대한 답을 알아보도록 한다.

2. 온라인 도움행동의 원인에 관한 기존 연구

온라인 도움행동의 원인에 관한 연구는 오프라인 도움행동에 관한 연구에 비해 상대적으로 적은 편이지만 여기서 몇 가지 연구를 소개함으로써 온라인 도움행동의 유형별 주요 원인을 살펴보고자 한다.

온라인 기부행동을 중심으로 한 국내 연구(강철희와 김유나, 2003; 이경혜과 김유나, 2002)에서는 사회인구학적 특성에 따라 온라인 기부 행동의 차이가 없음이 보고되었다. 이러한 결과는 오프라인에서의 도움행동의 주요 요인들이 온라인 도움행동에 유의미한 영향력을 갖지 않을 것이라는 예측을 그대로 보여준다. 사이버공간은 성, 연령, 사회적 지위 등에 상관없이 누구나 참여할 수 있는 탈지위의 공간으로 온라인의 네트워크가 다양한 층과 직종의 사람들이 기부에 참여할 수 있는 기회를 확대시켰다고 볼 수 있다. 이러한 연구들에서는 온라인 기부행동의 주요 요인이 자신의 미래 재정에 대한 염려와 같은 경제손실의 요소와 기부하는 상대 기관에 대한 신뢰도라는 결과를 보여주었다.

한편, 최상미와 동료들(2015)은 온라인에서의 기부 경험이 사회적 책임감 등의 시민의식을 향상시켜 향후 기부 의도에 영향을 미친다는 연구 결과를 제시한다. 즉 이전의 기부 경험이 다시 기부하게 만드는 중요한 요인인 점에서 오프라인과 유사하다는 것을 알 수 있다. 온라인 모금에 관한 다른 연구(강철희 외, 2021)에서는 모금의 캠페인이 더 가시적이고 캠페인 디자인이 시각적으로 매력적일수록 더 많은 참여와 기부를 이끌어낼 수 있다는 점을 보여줌으로써 온라인 기부를 증진할 수 있는 구체적 요인을 제시하였다.

온라인에서의 지식기부를 중심으로 연구한 Wasko와 Faraj(2005)는 어떠한 요인들이 온라인에서의 도움행동에 영향을 미치는지 알아보았다. 이들의 연구에서는 크게 개인적 동기와 사회자본을 온라인 지식기부를 설명하는 주요 요인으로 제시하였는데, 개인적 이득의 동기에는 '도움의 즐거움'과 '개인의 평판'을 포함하였다. 한편, 사회자본 요인으로는 구조적, 관계적, 그리고 인지적 자본 요인을 제시하였는데, 구조적 자본요인은 지식공유 체계에서 개인의 위치가 '중심적 위치'에 있는지로 살펴보았다. 관계적 자본요인은 구성원 상호작용에의 '관여도'와 이전에 수혜한 지식도움을 되갚으려 하는지의 '상호성'으로 나누었다. 그리고 개인의 인지적 자본요인은 '개인의 전문성'과 '관련분야 경력'으로 살펴보았다. 이들의 연구 결과에 따르면 구조적 자본요인인 개인의

'중심적 위치'가 온라인에서의 지식기여에 영향을 미치는 가장 중요한 설명 요인이었고, 그다음으로 인지적 자본 중 '관련분야의 경력'과 개인동기요인 중 '개인의 평판'이 주요 요인이었으며 '도움의 즐거움'이나 '개인의 전문성', '관여도', '상호성' 등은 유의미한 영향력을 갖지 못하는 것으로 나타났다.

한편, 국내에서는 정재휜과 김영걸(2007)이 이와 유사한 주제를 적용하여 연구하였는데 그 결과 구조적 자본으로서 개인의 위치가 중심적인지가 가장 중요한 요인이라는 점에서 앞의 연구와 일치하게 나타났다. 개인동기인 '도움의 즐거움'과 관계적 자본으로서의 '상호성'도 중요한 설명 요인이라는 결과를 보여주었고, '개인의 평판'과 '관련분야 경력'은 유의미하지 않은 것으로 나타났다. 또한 다른 외국의 연구 결과와 일치하게 '개인의 전문성'은 유의미한 영향력이 없다는 점을 보여주었다.

결론적으로 Wasko와 Faraj(2005)와 정재휜과 김영걸(2007)의 연구에서 모두 온라인에서의 지식기부와 같은 도움행동에 있어 개인의 중심적 위치가 가장 중요한 설명 요인임을 제시하고 있다. 이는 지식 공유의 네트워크상 관계에서는 개인이 어떤 위치에 있는가가 중요하고 개인적 동기보다는 회원들 간의 친분이나 유대관계가 큰 요인으로 작용할 수 있다는 점을 보여준다. 더욱이 이 결과는 사회자본과 지식기여를 하는 개인이 갖는 역할정체성이 도움행동에 중요한 요인으로 작용한다는 것을 의미한다고 할 수 있다. 따라서 사회자본 및 정체성 요소가 온라인 도움행동에 적용될 수 있다는 점을 제시한다고 볼 수 있다. 이러한 결과와 같은 맥락에서 전현규와 이건창(2015)의 연구에서는 소속감이나 정서적 유대감과 같은 공동체 의식이 온라인에서의 지식이나 정보공유 및 기부에 주요 요인이 된다는 점을 제시하기도 하였다.

온라인에서의 정서도움의 대표적인 예는 자조집단 내 활동을 들 수 있다. 자조집단이란 유사한 문제를 가진 사람들이 모여 공통의 목적을 위하여 자발적이고 비전문적 활동을 함으로써 집단 성원 개개인이 도움을 얻는 모임을 말한다. 자조집단의 대표적인 예로는 알코올 중독자 금주 모임이 있고, 그 외에도 다양한 질병 관련 환자 및 보호자 모임, 장애인 가족 모임 등이 있다. 이러한 자조 집단은 집단 성원들이 직면한 문제 해결에 필요한 다양한 정보를 제공해 줄 뿐만 아니라 친밀감을 통하여 상호 지지의 역할을 제공해 준다.

청각손실이 있는 사람들을 위한 온라인 자조 집단의 연구(Cummings et al., 2002)는 온라인 자조집단에 적극 참여할수록 현실에서 부족한 지원을 더 받을 수 있고, 이는 더 강한 공동체 의식을 지향하도록 영향을 미친다는 결과를 보여주었다. 사회에서 성적으로 또는 이념적으로 은폐된 정체성을 가진 사람들에 대한 연구(McKenna & Bargh, 1998)에서도 온라인 모임이 비교적 익명으로 다른 사람들과 상호작용할 수 있는 공간을 제공함으로써 자기 수용과 소속감을 제공해 줄 뿐만 아니라 가족과 친구들에게 비밀로 하던 정체성을 공개하는 결과까지 초래한다고 주장하였다. 국내 루게릭 환자들의 온라인 자조집단에 대한 연구에서는 이러한 집단 내의 정보 제공과 상호작용이 학습과 심리 회복에 영향을 주는 것으로 나타났다(고형준, 이자명, 2023).

Peddibhotla와 Subramani의 연구(2007)에서는 아마존사이트 등에 북 리뷰를 올리는 사람들의 동기를 살펴보았는데 이기적 동기와 이타적 동기를 비교하여 살펴보았다. 이 연구에서 공감과 같은 이타적 동기는 중요하지 않았고, 대신 경제적 이익이나 자신의 의견을 표현할 수 있다는 자기표현의 기쁨과 같은 개인적 이득이 중요한 요인임을 보여준다. 이러한 연구 결과는 앞서 살펴본 지식기부의 연구 결과들과 일치하는데, 온라인에서는 오프라인과 달리 개인의 이득과 같은 이기적 동기가 중요한 설명 요인일 수 있음을 제시한다. 아울러 이 연구에서는 사회 친밀감과 상호성과 같은 사회자본 관련 요인도 고려했지만, 그 영향력이 유의미하지 않았고, 상호성은 북 리뷰의 횟수와는 상관이 없었지만, 서평의 질적 기여 정도에는 정적인 영향력을 갖는 것으로 나타났다.

최근 연구들에 의하면 공감과 같은 요인은 어떤 상황에서나 작용하는 것은 아니고 주로 위기 상황에서 즉각적으로 일어나는 대인 간의 도움행동에 있어 중요하다는 점을 제시한다. 헌혈이나 자원봉사, 기부와 같이 급작스럽지 않고 지속적인 유형의 도움행위에 있어서는 공감은 영향력이 낮으며(Einolf, 2008), 상대를 모르는 경우보다 잘 아는 친분관계나 집단의 일원일 때 그 영향력이 크다는 연구 결과도 있다(Sturner et al., 2005). 온라인에서는 긴박하고 급작스러운 도움행동이 필요한 위기 상황이 많지 않고, 또 상대를 잘 알지 못하는 경우가 많기 때문에 공감과 같은 이타적 동기요인이 크게 작용하지 않을 것이라고 볼 수 있다.

그러나 온라인 게임상의 도움행동에 관한 연구(Wang & Wang, 2008)에서는 이타적 동기를 주요 요인으로 제시했는데, 비록 이기적 동기의 영향력과 비교할 수는 없었지만, 이타적 동기와 상호성이 유의미한 영향력을 갖는다는 것을 보여주었다. 이러한 결과는 게임이라는 상황이 비교적 갑작스러운 도움을 필요로 하기 때문인 것으로 보인다.

대학생을 중심으로 한 온라인 도움행동의 원인에 관한 연구(전신현, 2011)는 경제 도움, 정서 도움, 정보 도움, 시간과 노력의 도움과 같은 다양한 유형의 온라인 도움의 원인들을 살펴보았다. 연구 결과 사회인구학적 요인 중 연령과 종교가, 상황 요인에서는 도움행동의 기회가, 이기적 동기에서는 시간과 노력의 손실비용이, 그리고 가장 중요하게는 사회자본이 온라인상에서 남을 돕는 행동에 유의미한 영향을 준다는 점을 보여주었다. 반면 성과 계층, 도움으로 얻는 이득이나 이타적 동기로서 감정이입, 그리고 개인규범 등의 요인은 유의미한 설명력을 가지지 못했다. 도움행동의 유형별로 살펴본 결과에서도 사회자본요인이 정보도움을 제외한 경제도움, 정서도움, 시간과 노력의 도움에서 가장 중요한 설명 요인이었다.

더 나아가 전신현(2015)은 대학생의 오프라인과 온라인에서의 도움행동의 원인을 비교 연구하여 과연 차이가 있는지 살펴보았다. 이 연구에서는 주요한 네 가지 원인들을 다루었는데, 이기적 동기요인으로 도움행동의 손실과 이득 요인, 이타적 동기요인으로 감정이입, 규범적 요인으로 개인규범, 그리고 역할정체성 요인으로 도움행위자로서의 역할정체성의 영향을 다루었다. 조사 결과에 의하면 오프라인 도움에는 감정이입이, 온라인 도움행동에는 손실 요인이 중요하게 작용하는 것으로 나타났다. 아울러 도움자로서의 역할정체성은 오프라인과 온라인 도움행동 모두에서 중요한 요인이었으며, 특히 온라인 도움행동에서 큰 영향력을 가졌다. 하지만 개인규범은 오히려 오프라인 및 온라인 도움행동 모두에서 부적으로 작용한다는 결과를 보여주었다.

온라인에서의 도움행동은 통상 위기 상황과 같은 긴박한 상황에서 이루어지지 않기 때문에 주변인 효과와 같은 상황 요인이 크게 작용하지 않는 것으로 보인다. 더구나 온라인에서는 행위자가 컴퓨터 앞에 혼자 앉아 있기 때문에 주변인의 존재를 크게 인식할 수 없다는 점에서 주변인의 영향력은 미비할 것이다. 하지만 온라인 인터넷 환경의 특성으로 인해 온라인상의 도움행동은 언제 어느 장소에서나 가능하며, 시간과 비용이 적다는 점에서 남을 도울 수 있는 기회 여건이 많다. Davis의 연구(1989)에 따르면 인터넷에서의 행동은 인지된 유용성과 편이성에 의해 설명된다고 하는데, 이처럼 도움기회의 유용성과 편이성의 인지는 도움행동에 유의미한 영향력을 가지게 된다.

오프라인 도움행동에서 도움의 즐거움이나 개인적 평판이 어느 정도 주요한 설명 요인임을 보여주었는데 온라인 도움행동에서도 손실과 이득의 계산과 관련된 이기적 요인이 중요한 동기로 작용하였다(Peddibhotla & Subramani, 2007; 정재훤, 김영걸, 2006). 즉, 도움으로 이득이 크고 도움의 손실이 적을수록 온라인 도움에 더 참여하게 된다. 한편, 온라인에서는 급작스러운 도움의 경우가 적고 비대면성으로 인해 도와주는 상대의 존재에 대한 인지도가 낮을 뿐만 아니라 서로 모르는 관계에 있는 경우가 많기 때문에 공감과 같은 이타적 동기의 영향력이 낮을 수 있다.

한편, 사회자본 이론에 근거해 볼 때 온라인에서는 인터넷 네트워크를 통해 사회자본을 형성하고 다수의 참여와 협력이 가능하기 때문에 사회조직 차원에서 구성원들 간의 친밀도나 상호 신뢰관계가 중요한 역할을 한다고 볼 수 있다. 기존 연구에서도(Wasko & Faraj, 2005; 정재훤, 김영걸, 2007) 조직 내 개인이 중심적 위치에 있는지가 중요한 설명 요인이었고, 조직 내 구성원의 친밀한 관계 및 조직 내에서 서로 도움을 주고받을 수 있는 상호성, 그리고 조직 내 구성원의 일원으로서의 역할정체성은 온라인 도움에 있어서 주요 설명 요인의 하나였다.

오늘날 우리의 일상은 온라인을 통해 대부분이 이루어지고 있다고 해도 과언이 아니고 기부나 다양한 유형의 도움행동을 사이버공간에서 더 쉽게 할 수 있다. 그러나 온라인에서의 친사회적 행동에 관한 연구는 상대적으로 많지 않고 특히 오프라인과는 다른 온라인 도움행동의 유형과 특성에 대하여 더 많이 조사되어야 할 필요가 있다.

제10장 친사회적 행동 연구의 전망과 과제

오늘날 수많은 범죄나 사회문제가 발생하는 것을 보면서 학자들은 어떻게 하면 이러한 문제들을 해결할 수 있는가를 고민하고 제시한다. 현대사회에서 경쟁적이고 개인주의적인 가치관을 강조하면서 여러 가지 갈등을 야기하였고, 이는 결국 세대 간, 성별 간, 종교 간, 이념 간, 계층 간, 지역 간, 국가 간 등의 여러 가지 사회문제를 야기하였다. 우리 사회에서는 여러 가지 갈등과 사회문제를 해결하고 더 나은 사회를 만들기 위해서 필요한 것은 결국 더불어 살아가는 사회에 대한 강조이다. 모든 사회에서 공동체를 중시하고 최근에는 사회구성원의 선한 영향력이 강조되는데 이는 모두 친사회적 행동을 통해 가능하다고 볼 수 있다. 결국 인간은 다른 사람과 같이 사는 존재이며 서로 돕고 사는 것이 불가피한데, 특히 개인적 수준의 남을 돕는 행동이 집합적 사회운동으로 확산되고, 단기적인 남을 돕는 행동이 장기적 행동으로 확대될 때 사회안정과 발전이 가능하다. 결국 친사회적 행동을 연구하는 것은 갈등과 사회문제를 예방할 수 있는 가장 좋은 방법이며 나아가서 사회구성원 모두가 행복한 사회를 만드는 이상적인 방법이다.

우리가 이미 잘 알고 있는 우리나라의 '홍익인간'이라는 개념은 친사회적 행동과 관련된 의미를 내포하는데, 단군신화에 나오는 고조선의 건국이념으로 '널리 인간 세상을 이롭게 하다'라는 뜻을 가진다. 이는 개인이나 집단, 그리고 나아가 사회 전체의 복지와 행복을 추구하는 이념으로 그 원칙은 단순히 자신만의 이익을 추구하는 것이 아니라 다른 사람들과 공동체를 이롭게 하는 생각과 행동을 중시한다고 볼 수 있다.

즉 다양한 사람들이 공동체 내에서 어떻게 더 나은 세상을 만들 수 있는지를 의미한다. 따라서 인본주의 사상과 친사회적 윤리관을 핵심으로 하는 홍익인간의 이념은 사랑, 봉사, 공동체 정신 등을 포함한다고 할 수 있고, 이는 이 책의 주제인 친사회적 행동, 도움행동, 이타행동 등과 관련된다고 할 수 있다.

그렇다면 우리 사회에서 친사회적 행동을 더 활성화할 수 있는 방법은 무엇인가? 1장부터 9장에서 60여 년간의 연구들을 통해 밝혀진 친사회적 행동에 영향을 미치는 다양한 요인들에 대하여 소개하였다. 이러한 다양한 연구들을 고찰함에 있어 Dovidio와 동료들(2005, 2006)은 '친사회적 행동의 사회심리학'이라는 논문과 저서를 통해 친사회적 행동을 다양한 수준에서 분석하였다. 즉 친사회적 행동을 미시, 중간, 거시의 세 가지 수준에서 분석하면서 각 수준은 서로 다른 맥락과 요인과 관련된다는 점을 제시하였다. 물론 친사회적 행동은 미시, 중간, 거시 수준 간의 복합적인 상호작용을 통해 형성되고 각 수준의 요소들이 서로 영향을 주고받으며 행동을 촉진하거나 저해하는 역할을 한다고 강조하였다. 이러한 연구는 친사회적 행동을 증진시키기 위한 다양한 개입 방안을 모색하는 데 중요한 기초를 제공해 줄 뿐만 아니라 앞의 장에서 다룬 내용을 함축하고 있으므로 이들의 논의를 여기서 소개하고자 한다.

미시적 수준에서의 분석은 친사회적 경향의 기원과 개인 차이에 초점을 두는데 사람들이 왜 자신의 희생을 감수하면서 다른 사람을 돕는지를 밝히기 위해 진화이론, 행동의 생물학적 및 유전적 기초, 발달이론, 그리고 성격이론과 같은 다양한 관점에서 논의한다.

진화론에서는 친사회적 행동이 진화적 성공으로 이어지는 이유를 세 가지 과정으로 설명하는데 친족 선택, 상호 이타주의, 그리고 집단선택이다. 이타적 행위의 신경해부학과 신경화학에 기초한 모델들은 이타적 행동을 유도하는 생리학적 기반의 정서적 또는 동기적 상태가 먼저 존재한다는 기본 가정하에 이러한 상태를 초래하는 메커니즘을 구체적으로 규명하려고 한다. 이타적 경향에 관한 발달 이론은 사람들이 성장하면서 이타적 반응이 어떻게 발달하는지에 관심을 기울였는데 환경적 요인을 강조하였던 초기 단계에서 벗어나 생물학적 기반과 사회화 경험 간의 상호작용에 초점을 맞춘 모델로 발전하였다.

성격 이론에 기초를 둔 연구들은 성격과 이타적 경향이 시간이 지나면서도 안정적이라는 점을 강조하면서 이타적 성격이 이타적 행동과 관련이 있다는 점을 연구하였다. 즉 일정한 특성들의 집합이 이타적 성격을 형성하고 이 성격이 다양한 이타적 행동과 연관된다고 보았다. 어떠한 특성이 친사회적 행동에 영향을 미치는지를 연구한 결과 원만성(agreeableness), 공감 능력, 책임감, 자신감 등이 관련이 있음을 보고하였다. 이러한 특성들은 개인이 타인을 돕고자 하는 동기를 강화하고 사회적 상호작용에서 긍정적인 영향을 미친다고 한다. 여러 가지 개인적 특성들은 개별적으로도 친사회적 행동의 요인이 되기도 하지만 이러한 요인들끼리 상호작용하여 친사회적 행동에 영향을 미친다고 주장한다.

중간 수준에서의 분석은 개인 간의 도움을 다루는데 주로 한 사람이 다른 사람을 돕는 것에 관한 연구를 중심으로 한다. 이러한 주제들은 도움에 관한 사회심리학적 연구의 전통적인 초점이었고 이에 근거하여 광범위하고 많은 연구들이 이루어져 왔다. 1960년대 중반부터 1980년대 초반까지는 사람들이 응급 상황과 비응급 상황에서 '언제' 도움행동을 하는지에 대해 연구하였다. 이후 1980년대와 1990년대의 연구와 이론은 사람들이 '왜' 도움을 주는지에 중점을 두었고, 친사회적 행동을 촉발하는 동기 과정을 분석하였다. 최근에는, 이 관점을 확장하여 무의식적인 동기와 집단 간 영향을 포함한 도움의 동기를 연구하는 방향으로 발전하였다.

친사회적 행동에 관한 연구는 1960년대와 1970년대에 활발하게 이루어졌는데 사람들이 왜 도움을 주지 않는지에 대한 질문에서 촉발되었고(Darley & Latané, 1968) 구경꾼의 개입 모델에서는 도움을 줄지의 여부가 일련의 이전 결정 결과에 달려있다고 제안하였다. 이 모델은 처음에 긴급한 상황에서 사람들이 어떻게 반응하는지 이해하기 위해 개발되었지만, 모델의 일부 요소는 다른 많은 상황에도 성공적으로 적용되었다. 예를 들어 음주 운전을 막는 상황에서부터 친척에게 신장을 기증할지 여부를 결정하는 상황까지 다양한 경우에 적용되었다.

한편, 도움의 비용-보상 분석(Piliavin et al., 1981)은 인간 행동에 대한 경제적 관점을 채택하였다. 사람들은 긴급 상황에서 상황을 분석하고 대안적인 행동들의 비용과 보상을 비교한 후 자신에게 가장 좋은 개인적인 결과를 가져올 결정을 내린다고 주장한다. 많은 연구 결과들도 주위 사람들이 개입할 가능성을 높이는 상황적 요인으로 도움이 주는 비용을 줄이는 요인, 도움이 주는 잠재적 보상을 높이는 요인, 그리고 도움을 주지 않는 것의 비용을 높이는 요인 등이 영향을 미치는 것으로 나타났다.

이후 1980년대와 1990년대의 연구는 사람들이 '왜' 친사회적 행동에 참여하는지에 대한 질문으로 발전하였다. 일반적으로 사람들이 왜 도움을 주는지에 관한 질문에 대하여 접근하는 방법에서는 세 가지 유형의 메커니즘에 집중하였는데 학습, 사회적 및 개인적 기준, 각성 및 감정이다. 학습은 학습 이론의 일반적인 원칙, 특히 조작적 조건화와 사회적 학습 이론에 근거한다. 여기서는 개인이 도움행동의 기술을 습득하고 이러한 기술을 다른 사람을 위해 사용해야 한다는 믿음을 형성하는 과정을 설명한다(Grusec et al., 2002). 친사회적 행동의 사회화 경험(Staub 2002)이나 발달적 요인(Eisenberg & Fabes 1991)도 학습 과정과 같은 맥락 내에서 설명되었다.

사회적 및 개인적 기준에 초점을 둔 연구들은 사회적 책임감과 상호호혜와 같은 규범(Dovidio, 1984)이 어떻게 도움행동을 촉진할 수 있는지 강조하였다(Omoto & Snyder 1995; Schwartz & Howard 1982). 사람들은 긍정적인 자아 이미지를 유지하거나 이상을 달성하려는 노력과 개인적 필요를 충족시키려는 과정에서 사회규범과 개인규범에 맞는 도움행동을 하게 된다. 이러한 관점은 단발적으로 하는 도움행동으로부터 장기적이고 지속적인 친사회적 행동(예를 들어 자원봉사)으로의 초점 전환에 기여했으며 거시적 수준의 분석이 출현하는데 기여하였다.

각성과 감정은 친사회적 행동을 유발하는 데 중요한 역할을 한다고 연구된다. 감정은 많은 도움 상황에서 근본적인 요인으로 작용하는데, 사람들은 타인의 고통에 의해 각성되며 이러한 반응은 매우 어린 아이들 사이에서도 나타나고 문화 간에도 공통적으로 발생한다는 연구 결과가 있다. 또한 각성과 감정 이론은 사람들이 어떤 목표를 달성하기 위해 행동하도록 동기를 부여받는다는 점에서 학습 이론과 공통된 원칙을 공유한다고 볼 수 있다. 물론 이때의 도움행동은 자신의 상황을 개선하는 이기적 동기에 의한 것일 수도 있고 다른 사람의 복지를 개선하는 이타적 동기에 의한 것일 수도 있다.

최근 연구들은 중간 수준의 분석과 미시적 수준의 분석을 연결시키면서 발전하였는데 암시적 인지와 의식적인 인식 밖에서 일어나는 과정들이 행동에 미치는 영향을 강조하였다. 암시적 인지가 도움에 미치는 영향에 관한 연구들은(Garcia et al., 2002; van Baaren et al., 2004) 다양한 점화들(primes)[14]이 도움을 제공할 확률에 영향을 미칠 수 있다는 점을 발견하였다. 예를 들어 특정 집단에 대하여 암묵적으로 긍정적인 태도를 가진 사람은 그 집단의 구성원에게 도움을 주려는 경향이 더 강할 수 있다. 반면 암묵적으로 부정적인 태도를 가진 경우에는 도움을 주기보다는 회피하거나 무관심한 행동을 보일 수 있다. 또한 암묵적 인지는 상황적 요인과 결합하여 개인의 행동을 더욱 복잡하게 만들 수 있는데 스트레스가 많은 상황에서는 암묵적 인지가 더욱 두드러지게 나타나 도움행동이 감소할 수 있다. 결론적으로 암묵적 인지는 개인의 도움행동에 중요한 영향을 미치며 이를 이해하는 것은 사회적 상호작용과 인간관계를 개선하는 데 도움이 될 수 있다는 것이다.

중간 수준의 분석은 거시적 수준의 분석과도 관련되어 발전하였는데 대표적인 예가 영향 이론에 바탕을 둔 것이다. 이러한 연구들에서는 사람들이 자신의 집단에 속한 사람들을 다른 집단의 사람들보다 더 선호하는 강한 편향을 가지고 있다는 사실을 발견하였다(Hewstone et al., 2002, Mullen et al., 1992). 집단 소속은 상호 유사성이나 매력의 대인관계적 효과를 넘어서 도움을 증가시킨다는 사실이 여러 연구에서 입증된 바 있다(Flippen et al., 1996; Hornstein, 1982). 이들은 유사성이나 공통된 운명과 같은 요소들이 공통 집단에 속하는 소속감인 '우리'라는 느낌을 불러일으킬

14) 점화란 하나의 자극에 노출됨으로써 의식적인 지침이나 의도 없이 후속 자극에 대한 반응에 영향을 미치는 현상으로 개인이 의식적으로 인식하지 못한 상태에서 미묘한 단서에 의해 태도나 생각이 활성화될 수 있다는 개념이다.

수 있다고 제안한다. '우리'라는 것은 자아와 타자의 융합과 유사한 것으로 공감을 촉진하며 결국 더 많은 친사회적 행동으로 이어진다고 하였다. 감정적 호소가 자기 집단 내에서 도움이 필요하다는 메시지를 강조하는 경우 이러한 호소가 도움을 효과적으로 증가시킬 수 있다는 연구 결과도 있다(Vaes et al., 2002).

사회적 범주가 도움에 미치는 영향에 관한 연구에서 '공통 집단 정체성'을 유도하면 이전에 외집단으로 인식했던 사람들에 대하여 도움이 증가한다는 것을 결과를 보여주었다(Dovidio et al., 1997; Gaertner & Dovidio, 2000). 이는 개인과 개인의 관계에서는 호감이나 공감이 중요하지만, 집단 간 도움에서는 집단정체성이 작용한다는 점을 보여준다고 하겠다. Sturmer와 동료들(2004)의 연구는 개인적 및 집단적 과정이 도움에서 어떻게 구별되는지를 보여주는 추가적인 증거를 제시하였다. 즉 공감은 집단 내 구성원을 돕는 데 있어 더 중요한 요인인 반면 대인관계적 요인인 매력은 외집단 구성원을 돕는 데 더 강한 예측 변수가 된다는 결과를 보여주었다.

거시적 수준의 분석에서는 조직 내에서 개인들이 수행하는 친사회적 행동을 다루는데 자원봉사가 대표적인 예이다. 자원봉사 외에도 조직 시민 행동이나 협력도 거시적 수준에서 연구되는 주제들로 조직 시민 행동이란 조직 구성원들이 조직을 위해 하는 자발적이고 이타적인 역할 외 행동이라면, 협동은 두 명 이상의 사람들이 파트너로 모여 상호 의존적으로 공동의 목표를 달성하기 위해 함께 작업하는 과정이다. 자원봉사나 조직 시민 행동 그리고 협동은 타인에게 도움을 주는 것이 개인과 집단적 결과에 직접적인 영향을 미친다는 점에서 공통적인 특성을 갖는다.

자원봉사는 조직적 맥락에서 계획적이고 장기적으로 지속되는 친사회적 행동을 말한다(Penner, 2002). 자원봉사는 여러 면에서 대인관계적 도움과 다르지만, 그동안의 연구들에 따르면 가장 중요한 차이점은 대인관계적 도움에 비해 자원봉사는 개인적 의무감에서 비롯될 가능성이 적다는 점이다(Omoto & Snyder, 1995). 즉 대부분의 대인관계적 도움은 특정 인물에 대한 개인적인 의무감에서 나오지만, 자선단체나 서비스 조직에서 자원봉사를 하는 것은 일반적으로 개인적 의무감에 의한 동기부여가 되지 않는다고 한다. 따라서 자원봉사를 결심하는 이유나 자원봉사를 계속하는 요인에 대한 연구는 대인관계적 도움에 관한 연구와는 매우 다른 접근 방식인 자원봉사 과정 모델이나 역할정체성 모델 등이 제시되었다.

지금까지 살펴본 바와 같이 친사회적 행동은 미시, 중간, 거시의 다차원 수준에서 연구되었는데 이 책에서도 이러한 내용을 각 장에서 다루고 있다. 미시적 수준에서의 친사회적 행동에 관한 연구는 진화이론, 행동의 생물학적 및 유전적 이론, 발달이론, 그리고 성격이론 등에 기초하였는데 이 책의 2장과 4장에서 다루었다. 진화이론이나 생물학적, 유전적 이론은 사회과학과는 다른 접근 방식을 사용함에 따라 사회심리학에서는 일반적으로 잘 다루어지지 않는 주제이기도 하다. 또한 진화이론의 경우 논란의 여지가 많고 비판자들도 많다. 그럼에도 불구하고 앞서 소개한 바와 같이 최근에는 친사회적 행동에 관한 미시적 수준과 중간 수준의 연구들이 통합적으로 연구되는 경향이 있다.

이타적 성격과 기질 및 공감에 관한 접근법들은 수십 년 동안 계속 진행되어 왔고 지금도 많이 연구되어 온 주제이지만 친사회적 특성의 안정성에 관한 더 많은 연구와 증거자료가 필요할 것으로 보인다. 이타적 성격은 다차원적으로 구성된다고 연구되어 온 만큼 이러한 차원 중 어떠한 특성이 더 안정적인가, 이러한 차원들이 상대적으로 기여하는 정도가 동일한가 또는 어떤 특성이 다른 특성보다 친사회적 행동의 예측 요인으로 더 중요한가의 질문에 대한 연구가 앞으로 더 필요하다. 이러한 개인적 특성들을 이해하는 것은 친사회적 행동을 증진시키기 위한 성격 특성의 개발과 강화에 중요한 역할을 할 것이라고 기대한다.

친사회적 행동을 중간 수준에서 분석한 연구들은 주로 개인 간의 도움에 초점을 두고 '언제' 도움을 주는지 그리고 '왜' 친사회적 행동에 참여하는지를 다루었다. 이러한 연구들은 이 책의 2장, 3장 그리고 4장에서 다루었다. 중간 수준의 친사회적 행동에 관한 연구는 가장 오래되고 전통적인 사회심리학의 분야로 여겨지는데 최근에는 이러한 연구가 줄어든 경향이 있다. 이 시점에서 친사회적 행동에 관한 보다 포괄적인 관점을 발전시키는 것이 필요하다고 보는데 미시적 수준의 연구 또는 거시적 수준의 연구를 통합하는 방법이다.

친사회적 행동에 대한 더 넓고 통합적인 이해를 발전시키는 한 가지 방법은 친사회적 행동을 유발하는 직접적이고 즉각적인 원인인 근접 원인(proximal cause)에 주목하는 것이다. 친사회적 행동에 있어 중요한 개인적 경향, 동기, 비용-보상 계산 및 상황적 요구에 대한 반응 등은 항상 의식적인 것은 아니다. 암묵적 인지이론에 따르면 개인의 태도와 행동은 의식하지 못하는 인지적 과정에 의해 영향을 받는다. 개인이 특정 집단이나 사물에 대해 가지고 있는 무의식적인 태도는 종종 개인이 의식적으로 인식하지 못하는 경우가 많으며 행동에 미치는 영향을 미친다. 따라서 사회적인 행동을 하기 이전에 즉각적으로 먼저 나타나는 암묵적 인지가 친사회적 행동을 더 포괄적으로 이해하는 데 유용할 수 있다(Greenwald et al., 2002). 이러한 연구는 사람들이 대인관계뿐만 아니라 상호 의존적이고 집단적인 맥락에서도 언제 그리고 왜 친사회적 행동을 하거나 하지 않는지에 대한 이해를 심화시킬 수 있다. 또한 암묵적 인지이론은 진화론자들이 주장하는 친사회적 성향이 실제 친사회적 행동으로 어떻게 바뀌게 되는지를 설명하는 데 도움을 줄 수 있다. 친사회적 행동의 진화적 원인과 근접 원인 간의 연관성을 이해하는 데 있어 신경 영상 같은 최신 연구 기법을 도입하는 것도 도움이 될 수 있다. 이는 뇌 기능과 인지적 및 정서적 공감과 같은 촉진 과정 간의 관계를 밝히는 데 유용할 것이다. 또한 친사회적 행동에 대한 사회심리학적 관점을 넓히기 위해 행동 유전학의 기술과 원칙을 더 직접적으로 적용하는 방법도 고려할 수 있다. 이는 유전적 요인, 삶의 경험, 상황적 영향이 친사회적 행동에 있어, 어떻게 상호작용하는지를 보여줄 수 있을 것이라고 기대된다(Caspi et al., 2002).

친사회적 행동에 대한 포괄적인 이해를 하기 위한 두 번째 방법은 친사회적 행동을 보는 시각을 넓히는 것이다. 도움, 자원봉사, 협력 등은 지속적인 친사회적 행동의 과정으로 볼 수 있다. 따라서 친사회적 행동이 개인의 정신적, 신체적 건강에 미치는 긍정적인 영향이나 친사회적 행동이 대인관계 및 집단 간 관계에 지속적으로 기여하는 방식 등을 연구해야 한다. 친사회적 행동은 용서의 중요한 요소가 될 수 있고 용서는 안정적인 관계를 유지하는 중요한 요소이다(Ripley & Worthington 2002). 또한 친사회적 행동은 집단 정체성 및 행동을 강화하는 중요한 요소인 화해의 핵심 부분이 될 수 있다(de Waal 2000).

앞으로 더 탐구가 필요한 분야는 협동에 관한 것으로 집단 내 및 집단 간 협력을 지속시키는 요소들과 관련된다. 여러 연구들(DeCremer &

Tyler, 2005; Schroeder et al., 2003; Tyler & Blader, 2003)에서는 공식적이고 정의를 기반으로 하는 절차적 시스템이 집단 내 조화를 유지하는 방법에 대하여 조사하였다. 친사회적 행동과 정의의 관계에 대한 연구는 공공 및 조직 정책 개발에 중요한 시사점을 제공해 준다.

향후 연구는 다양한 형태의 친사회적 행동이 집단 간 맥락에서 어떻게 다르게 기능할 수 있는지 고려할 필요가 있다. 상호 조정과 신뢰를 포함하는 성공적인 협동은 집단 간 화해와 사회적 통합의 중요한 요소가 될 수 있는 반면 도움행동은 오히려 사회적 차별화를 촉진하는 도구가 될 수 있다. 도움을 주는 행동은 도움을 주는 사람과 받는 사람 간의 지위 차이를 만들거나 강화하는 데 사용될 수 있으며 시간이 지남에 따라 도움을 받는 사람에게 낮은 지위, 의존성 및 무력감을 느끼게 만들 수 있다는 점을 보았다(Nadler 2002, Nadler & Fisher 1986). 따라서 향후 연구는 특정한 친사회적 행동이 사회적 관계와 계층화에 미치는 영향에 집중할 필요가 있다.

거시적 요인에 관한 대표적 연구인 사회자본적 접근이나 역할정체성 모델은 6장과 7장에서 소개하였다. 이러한 접근법들에서는 사회네트워크나 사회구성원들 간의 관계, 조직 성원으로서의 소속감 및 역할정체성 등이 친사회적 행동에 영향을 미친다는 점을 강조하였다. 사회자본이란 구성원들 간의 사회관계, 신뢰, 네트워크, 호혜적 규범과 같은 사회조직의 특질로서 구성원들의 친사회적 행동이나 협력 참여에 중요한 요인이 된다고 본다. 사회네트워크란 사회구성원들 간의 연결망으로 구성원들이 공식집단이나 조직에 얼마나 많이 참여하여 서로 연결되어 있는가를 의미한다. 사회네트워크가 연결되고 클수록 구성원들은 상호 간 여러 정보를 얻게 되고 구성원 간에 연결되어 있다는 연대감이나 상호호혜성이 발전하여 나눔이나 도움행동 등에 더 참여하게 된다. 또한 사회신뢰란 구성원들 간에 대한 상호 신뢰감으로 다른 사람들도 공동의 이익을 위한 행동들에 참여할 것이라는 기대와 믿음을 의미한다. 따라서 사회신뢰가 높을수록 구성원들의 나눔과 도움행동의 가능성은 높아지게 된다. 따라서 지역사회의 연대감이 높을수록 서로 돕고 지원하는 경향이 강해진다.

사회적 기대, 문화적 가치, 법적 규제, 교육 및 사회적 연결망은 거시 수준에서 개인의 친사회적 행동에 영향을 미치는 중요한 요소로 이러한 요소들은 상호작용하여 사회 전반의 친사회적 행동을 증진시키는 환경을 조성한다. 따라서 긍정적인 사회규범을 확립하고 강화하는 것은 친사회적 행동을 촉진하는 데 필수적이라고 볼 수 있다. 사회의 규범과 문화적 가치 및 신념은 개인의 행동에 영향을 미치고 행동의 기준을 설정한다. 공동체 중심의 문화에서는 서로 돕고 협력하는 것이 중요하게 여겨지며 이는 개인의 친사회적 행동을 증가시키는 요인이 된다. 반면 개인주의가 강한 문화에서는 개인의 이익이 우선시되어 친사회적 행동이 줄어들 수 있다. 또한 사회 전반에 퍼져있는 사회적 정의와 공정성에 대한 인식은 친사회적 행동을 촉진할 수도, 저해할 수도 있다. 사회규범은 교육 시스템과 사회화 과정을 통해 전달된다. 학교와 사회에서 친사회적 행동의 중요성을 강조하는 교육이 이루어질 경우 아동과 청소년에게 긍정적인 영향을 미치고 이러한 교육은 개인이 성장하면서 친사회적 행동을 지속적으로 실천하도록 만든다.

법률과 정책도 친사회적 행동에 영향을 미치는 거시적 요인으로 자원봉사나 기부를 장려하는 세금 혜택과 같은 정책은 개인이 친사회적 행동을 실천하도록 유도할 것이다. 사회복지 프로그램이나 교육 시스템이 친사회적 행동을 장려하는 방향으로 설계된다면 이는 개인의 행동에 긍정적인 영향을 미칠 수 있다. 반면 반사회적 행동에 대한 강력한 처벌은 그러한 행동을 억제하고 친사회적 행동을 촉진하는 환경을 조성할 수 있다.

지금까지 살펴본 미시적 수준, 중간 수준, 거시적 수준 세 가지는 앞에서도 강조하였듯이 서로 밀접하게 연결되어 있다. 개인의 특성은 중간 수준의 사회적 관계에 영향을 미치고, 이러한 관계는 거시적 사회적 규범 형성에 영향을 미친다. 반대로 거시 수준의 요인은 집단과 개인이라는 중간 수준과 미시 수준에도 영향을 미치게 된다. 예컨대 개인의 친사회적 행동이 다른 사람과의 긍정적인 사회적 관계를 형성하게 만들고, 이는 사회 전체에 선한 영향력으로 작용한다. 이는 다시 개인의 행동에 긍정적인 피드백을 제공하여 친사회적 행동을 더욱 강화하는 선순환 구조를 만든다. 또한 친사회적 행동을 지원하는 거시적 사회 요인은 개인과 개인 간의 친사회적 행동을 유도하는 중요한 요인이 된다. 따라서 친사회적 행동을 효과적으로 증진시키기 위해서는 이 모든 수준에서의 접근이 필요하다.

끝으로 앞으로 친사회적 행동을 연구하는 데 있어 필요한 몇 가지 사항을 제안하고자 한다. 우선 그동안의 연구는 일반적으로 실험을 통해 이루어져 왔으나 친사회적 동기를 제공하는 과정과 이러한 요인들이 실제 상황에서 어떻게 영향을 미치는지에 대한 질문에 관한 더 많은 연구가 앞으로 필요하다. 따라서 친사회적 행동의 유형에 맞춘 다양한 연구 방법이 필요한데 인터뷰나 현지 조사 및 심도 있는 설문지 기법이 더 효과적일 것이라고 본다.

두 번째로 앞으로의 친사회적 행동에 관한 연구는 좀 더 거시적인 차원의 유대와 자원봉사와 같은 주제를 중심으로 이루어질 필요가 있다. 이러한 유형의 친사회적 행동은 사회발전과 밀접하게 관련이 있기 때문에 사회문제 해결책에서는 더 중요하다. 또한 친사회적 행동에 관한 그동안의 많은 연구들은 분석단위로 개인을 사용하였지만, 문화적 차이에 대한 연구는 지역사회 수준의 친사회적 행동이 상당한 차이가 있음을 보여준다. 5장에서 살펴본 바와 같이 어떤 집단이나 어떤 지역사회는 다른 집단이나 지역보다 친사회적 행동에 더 유리한 사회적 분위기가 있음이 보고된다. 이러한 점에서 친사회적 행동의 연구에서 분석단위로서 지역사회나 공동체를 중심으로 한 거시적 연구가 더 이루어져야 할 것으로 보인다.

9장에서 살펴본 온라인이나 사이버공간에서의 친사회적 행동에 관한 연구도 더 많이 이루어져야 할 것으로 보인다. 이제 개인의 많은 일상이 핸드폰과 온라인을 통해 이루어진다. 기부와 같은 나눔 행동은 온라인에서 더 편리하고 쉽게 할 수 있는 반면 인터넷에서는 악플 등과 문제들이 제기되면서 이를 해결하기 위한 선플 달기 운동이 이루어지고 있다. 이와 같은 온라인 공간에서의 친사회적 행동의 유형들은 앞으로 더 다양해질 것으로 보고 이에 관한 연구들도 더 확대되어야 할 것이라고 본다. 온라인에서의 친사회적 행동은 어떠한 특성을 가지며 오프라인과는 다른 요인이 작용하는지에 관한 연구도 이루어져야 할 것이다.

친사회적 행동에 대한 연구는 여전히 지속되고 있고 확장되고 있는데 진화심리학, 행동유전학, 신경과학에 기초한 분야부터 사회심리학, 발달심리학, 성격이론, 산업심리학, 조직심리학, 그리고 집단 내 집단간 행동 등에 관한 광범위한 분야에서 친사회적 행동에 대한 질문을 통합하고 종합할 수 있다. 따라서 친사회적 행동에 관한 연구가 사회과학 전반에 있어 학제 간의 연결에 기여함과 동시에 응용학적 관점에서도 이러한 연구들이 사회에 적용되는 성과를 이루기를 기대한다.

참고 문헌

Adams, J. S. (1963). Toward an understanding of inequity. Journal of Abnormal and Social Psychology, 67(5), 422-436.

Addis, M. E., & Mahalik, J. R. (2003). Men, masculinity, and the contexts of help seeking. American Psychologist, 58(1), 5-14.

Aderman, D., & Berkowitz, L. (1970). Observational set, empathy, and helping. Journal of Personality and Social Psychology, 14(2), 141-148.

Aderman, D., & Berkowitz, L. (1983). Self-concern and the unwillingness to be helpful. Social Psychology Quarterly, 46(4), 293-301.

Aknin, L. B., Barrington-Leigh, C. P., Dunn, E. W., Helliwell, J. F., Burns, J., Biswas-Diener, R., Kemeza, I., Nyende, P., Ashton-James, C. E., & Norton, M. I. (2013). Prosocial spending and well-being: Cross-cultural evidence for a psychological universal. Journal of Personality and Social Psychology, 104(4), 635-652.

Aknin, L. B., Broesch, T., Hamlin, J. K., & Van de Vondervoort, J. W. (2015). Prosocial behavior leads to happiness in a small-scale rural society. Journal of Experimental Psychology: General, 144(4), 788-795.

Aknin, L. B., Hamlin, J. K., & Dunn, E. W. (2012). Giving leads to happiness in young children. PLoS ONE, 7(6), Article e39211.

Alcock, J. (1979). The evolution of intraspecific diversity in male reproductive strategies in some bees and wasps. Sexual selection and reproductive competition in insects, 381-402.

Alcock, J. (2001). Animal behavior: An evolutionary approach (7th ed.). Sinauer Associates.

Allen, N. J., & Rushton, J. P. (1983). Personality characteristics of community mental health volunteers: A review. Journal of voluntary action research, 12(1), 36-49.

Allen, N. J., & Rushton, J. P. (1983). Personality characteristics of community mental health volunteers: A review. Journal of Voluntary Action Research, 12(1), 36-49.

Allen, T. D., & Rush, M. C. (1998). The effects of organizational citizenship behavior on performance judgments: A field study and a laboratory experiment. Journal of Applied Psychology, 83(2), 247-260.

Amato, P. R. (1983). Helping behavior in urban and rural environments: Field studies based on a taxonomic organization of helping episodes. Journal of Personality and Social Psychology, 45(3), 571-586.

Amato, P. R. (1986). Marital conflict, the parent-child relationship and child self-esteem. Family Relations, 403-410.

Anderson, J. R. (1993). Problem solving and learning. American Psychologist, 48(1), 35-44.

Anderson, N. H. (1974). Cognitive algebra: Integration theory applied to social attribution. Advances in Experimental Social Psychology, 7, 1-101.

Appelbaum, L. D. (2002). Who deserves help? Students' opinions about the deservingness of different groups living in Germany to receive aid. Social Justice Research, 15(3), 201-225.

Apsler, R. (1975). Effects of embarrassment on behavior toward others. Journal of Personality and Social Psychology, 32(1), 145-153.

Archer, R. L., Diaz-Loving, R., Gollwitzer, P. M., Davis, M. H., & Foushee, H. C. (1981). The role of dispositional empathy and social evaluation in the empathic mediation of helping. Journal of Personality and Social Psychology, 40(4), 786-796.

Argyle, M. (1991). Cooperation: The basis of sociability. Routledge.

Arlitt, A. H. (1930). The psychology of infancy and early childhood. Boston: Houghton Mifflin

Aronfreed, J. (1968). Conduct and conscience: The socialization of internalized control over behavior. Academic Press.

Aronfreed, J. (1970). Conduct and conscience: The socialization of internalized control over behavior. Academic Press.

Aronfreed, J., & Paskal, L. (1965). The origin of self-criticism. Psychological Review, 72(3), 193-218.

Aronson, E., Wilson, T. D., & Akert, R. M. (2004). Social psychology (5th ed.). Pearson Education.

Ashton, M. C., Paunonen, S. V., Helmes, E., & Jackson, D. N. (1998). Kin altruism, reciprocal altruism, and the Big Five personality factors. Evolution and Human Behavior, 19(4), 243-255.

Astin, A. W., Sax, L. J., & Avalos, J. (1999). Long-term effects of volunteerism during the undergraduate years. The Review of Higher Education, 22(2), 187-202.

Atkins, R., Hart, D., & Donnelly, T. (2005). The influence of childhood personality on volunteering during adolescence. Merrill-Palmer Quarterly, 51(2), 145-162.

Atkins, R., Hart, D., & Donnelly, T. M. (2005). The association of childhood personality type with volunteering during adolescence. Merrill-Palmer Quarterly, 51(2), 145-162.

Ausubel, D. P. (1955). Relationships between shame and guilt in the socializing process. Psychological Review, 62(5), 378-390.

Bakan, D. (1966). The duality of human existence: An essay on psychology and religion. Chicago, IL: Rand McNally.

Bandura, A. (1977). Social learning theory. Englewood Cliffs, NJ: Prentice-Hall.

Bar-Tal, D. (1976). Prosocial behavior: Theory and research. Hemisphere Publishing Corp.

Barber, B. K., & Erickson, L. D. (2001). Adolescent social initiative: Antecedents in the ecology of social connections. Journal of Adolescent Research, 16(4), 326-354.

Barnett, M. A., Howard, J. A., King, L. M., & Dino, G. A. (1980). Empathy in young children: Relation to helping behavior, communication accuracy, and affective reactions. Developmental Psychology, 16(3), 243-244.

Barnett, M. A., Sinisi, C. S., Jaet, B. P., Bealer, R., Rodell, P., & Saunders, L. C. (1990). Perceived gender differences in children's help-seeking. The Journal of Genetic Psychology, 151(4), 451-460.

Baron, R. A. (1997). The sweet smell of… helping: Effects of pleasant ambient fragrance on prosocial behavior in shopping malls. Personality and Social Psychology Bulletin, 23(5), 498-503.

Barrett, D. W., Wosinska, W., Butner, J., Petrova, P., Gornik Durose, M., & Cialdini, R. B. (2004). Individual differences in the motivation to comply across cultures: The impact of social obligation. Personality and Individual Differences, 37(1), 19-31.

Barrett, K. C. (1995). A functionalist approach to shame and guilt. In J. P. Tangney & K. W. Fischer (Eds.), Self-conscious emotions: The psychology of shame, guilt, embarrassment, and pride (pp. 25-63). Guilford Press.

Barrett, L., Dunbar, R., & Lycett, J. (2002). Human evolutionary psychology. Princeton University Press.

Barrett, M., Lyons, E., & del Valle, A. (2004). The development of national identity and social identity processes: Do social identity theory and self-categorisation theory provide useful heuristic frameworks for developmental research? In M. Bennett & F. Sani (Eds.), The development of the social self (pp. 159-188). Psychology Press.

Bateman, T. S., & Organ, D. W. (1983). Job satisfaction and the good soldier: The relationship between affect and employee "citizenship." Academy of Management Journal, 26(4), 587-595.

Batson, C. D. (1983). Sociobiology and the role of religion in promoting prosocial behavior: An alternative view.

Batson, C. D. (1987). Prosocial motivation: Is it ever truly altruistic? In L. Berkowitz (Ed.), Advances in experimental social psychology (Vol. 20, pp. 65-122). Academic Press.

Batson, C. D. (1991). The altruism question: Toward a social-psychological answer. Hillsdale, NJ: Lawrence Erlbaum Associates.

Batson, C. D. (1998). Altruism and prosocial behavior. In D. T. Gilbert, S. T. Fiske, & G. Lindzey (Eds.), The handbook of social psychology (4th ed., Vol. 2, pp. 282-316). Boston, MA: McGraw-Hill.

Batson, C. D. (2001). Altruism in humans. Oxford University Press.

Batson, C. D. (2006). These things called empathy: Eight related but distinct phenomena. In J. Decety & W. Ickes (Eds.), The social neuroscience of empathy (pp. 3-15). MIT Press.

Batson, C. D. (2011). Altruism in humans. Oxford University Press.

Batson, C. D., & Ahmad, N. (2001). Empathy-induced altruism in a prisoner's dilemma II: What if the target of empathy has defected? European Journal of Social Psychology, 31(1), 25-36.

Batson, C. D., & Moran, T. (1999). Empathy-induced altruism in a prisoner's dilemma. European Journal of Social Psychology, 29(7), 909-924.

Batson, C. D., & Oleson, K. C. (1991). Current status of the empathy-altruism hypothesis. In M. S. Clark (Ed.), Prosocial behavior (pp. 62-85). Sage Publications.

Batson, C. D., & Shaw, L. L. (1991). Evidence for altruism: Toward a pluralism of prosocial motives. Psychological inquiry, 2(2), 107-122.

Batson, C. D., Ahmad, N., Lishner, D. A., & Tsang, J. (1988). Empathic concern and helping behavior: Egoism or altruism? Journal of Personality and Social Psychology, 55(1), 52-64.

Batson, C. D., Batson, J. G., Todd, R. M., Brummett, B. H., Shaw, L. L., & Aldeguer, C. M. R. (1995). Empathy and the collective good: Caring for one of the others in a social dilemma. Journal of Personality and Social Psychology, 68(4), 619-631.

Batson, C. D., Coke, J. S., Jasnoski, M. L., & Hanson, M. (1978). Buying kindness: Effect of an extrinsic incentive for helping on perceived altruism. Personality and Social Psychology Bulletin, 4(1), 86-91.

Batson, C. D., Duncan, B. D., Ackerman, P., Buckley, T., & Birch, K. (1978). Helping behavior and altruism: An empirical test of the empathy-altruism hypothesis. Journal of Personality and Social Psychology, 35(5), 897-902.

Batson, C. D., Duncan, B. D., Ackerman, P., Buckley, T., & Birch, K. (1981). Is empathic emotion a source of altruistic motivation? Journal of Personality and Social Psychology, 40(2), 290-302.

Batson, C. D., Duncan, B., Ackerman, P., Buckley, T., & Birch, K. (1981). Is empathic emotion a source of altruistic motivation? Journal of Personality and Social Psychology, 40, 290-302.

Batson, C. D., Dyck, J. L., Brandt, J. R., Batson, J. G., Powell, A. L., McMaster, M. R., & Griffitt, C. (1988). Five studies testing two new egoistic alternatives to the empathy-altruism hypothesis. Journal of Personality and Social Psychology, 55(1), 52-77.

Batson, C. D., Early, S., & Salvarini, G. (1997). Perspective taking: Imagining how another feels versus imagining how you would feel. Personality & Social Psychology Bulletin, 23, 751-758.

Baumann, D. J., Cialdini, R. B., & Insko, C. A. (1981). A reversal of the empathy-helping relationship. Journal of Personality and Social Psychology, 40(6), 1039-1046.

Baumann, D. J., Cialdini, R. B., & Kendrick, D. T. (1981). Altruism as hedonism: Helping and self-gratification as equivalent responses. Journal of Personality and Social Psychology, 40(6), 1039-1046.

Baumeister, R. F., Heatherton, T. F., & Tice, D. M. (1994). Losing control: How and why people fail at self-regulation. Academic Press.

Baumeister, R. F., Stillwell, A. M., & Heatherton, T. F. (1991). Guilt: An interpersonal approach. Psychological Bulletin, 115(2), 243-267.

Becker, S. W., & Eagly, A. H. (2004). The heroism of women and men. American Psychologist, 59(3), 163-178.

Bekkers, R. (2012). Trust and volunteering: Selection or causation? Evidence from a 4-year panel study. Political Behavior, 34(2), 225-247.

Bellah, R. N., Madsen, R., Sullivan, W. M., Swidler, A., & Tipton, S. M. (1985). Habits of the heart: Individualism and commitment in American life. University of California Press.

Benson, P. L., Dehority, J., Garman, L., Hanson, E., Hochschwender, M., Lebold, C., Rohr, R., & Sullivan, J. (1980). Intrapersonal correlates of nonspontaneous helping behavior. The Journal of Social Psychology, 110(1), 87-95.

Benson, P. L., Karabenick, S. A., & Lerner, R. M. (1976). Pretty pleases: The effects of physical attractiveness, race, and sex on receiving help. Journal of Experimental Social Psychology, 12(5), 409-415.

Berkowitz, L. (1969). The role of cognitive factors in the determination of emotional responses to stimuli. Psychological Bulletin, 66(5), 329-347.

Berkowitz, L. (1972). Social norms, feelings, and other factors affecting helping behavior and altruism. In L. Berkowitz (Ed.), Advances in experimental social psychology (Vol. 6, pp. 63-108). New York: Academic Press.

Berkowitz, L. (1987). Mood, self-awareness, and willingness to help. Journal of Personality and Social Psychology, 52(4), 721-729.

Berkowitz, L. (Ed.). (1972). Advances in experimental social psychology (Vol. 6). Academic Press.

Berkowitz, L., & Alioto, J. T. (1973). The meaning of an observed event as a determinant of its aggressive consequences. Journal of Personality and Social Psychology, 28(2), 206-217.

Berkowitz, L., & Connor, W. H. (1966). Success, failure, and social responsibility. Journal of Personality and Social Psychology, 4(6), 664-669.

Berkowitz, L., & Daniels, L. R. (1963). Affecting the salience of the social responsibility norm. Journal of Abnormal and Social Psychology, 66(3), 275-281.

Berkowitz, L., & Daniels, L. R. (1963). Responsibility and dependency. The Journal of Abnormal and Social Psychology, 66(5), 429-436.

Berkowitz, L., & Daniels, L. R. (1964). Affecting the salience of the social responsibility norm: Effects of past help on the response to dependency relationships. Journal of Abnormal and Social Psychology, 68(3), 275-281.

Berkowitz, L., Lepinski, J. P., & Angulo, E. J. (1969). Awareness of own anger level and subsequent aggression. Journal of Personality and Social Psychology, 11(3), 293-300.

Berscheid, E., & Walster, E. (1967). When does a harm-doer compensate a victim? Journal of Personality and Social Psychology, 6(4, Pt.1), 435-441.

Beutel, A. M., & Marini, M. M. (1995). Gender and values. American Sociological Review, 60(3), 436-448.

Bierhoff, H. W., & Küpper, B. (1999). Social psychology of solidarity. In K. Bayertz (Ed.), Solidarity (Philosophical studies in contemporary culture: Vol. 5, pp. 133-156). Kluwer Academic Publishers.

Bierhoff, H. W., & Müller, G. F. (1999). Positive feelings and cooperative support in project groups. Swiss Journal of Psychology, 58(3), 180-190.

Bierhoff, H. W., Klein, R., & Kramp, P. (1991). Evidence for the altruistic personality from data on accident research. Journal of Personality, 59(2), 263-280.

Bierhoff, H.-W. (2002). Prosocial behaviour. Psychology Press.

Boehm, C. (2000). Conflict and the evolution of social control. Journal of Consciousness Studies, 7(1-2), 79-101.

Bolger, N., & Amarel, D. (2007). Effects of social support visibility on adjustment to stress: Experimental evidence. Journal of Personality and Social Psychology, 92(3), 458-475.

Borgida, E., Conner, C., & Manteufal, L. (1992). Understanding living kidney donation: A behavioral decision-making perspective. Sage.

Borman, G. D., Hewes, G. M., Overman, L. T., & Brown, S. (2002). Comprehensive school reform and student achievement: A meta-analysis. Report No. 59, Center for Research on the Education of Students Placed at Risk (CRESPAR). Johns Hopkins University.

Boster, F. J., Rodriguez, J. I., Cruz, M. G., & Marshall, L. (2001). The impact of group membership on the reciprocity of helping behavior. Human Communication Research, 27(4), 533-552.

Brehm, J. W. (1966). A theory of psychological reactance. Academic Press.

Brehm, S. S., & Brehm, J. W. (1981). Psychological reactance: A theory of freedom and control. Academic Press.

Brewer, M. B., & Kramer, R. M. (1986). Choice behavior in social dilemmas: Effects of social identity, group size, and decision framing. Journal of Personality and Social Psychology, 50(3), 543-549.

Brickman, P., Kidder, L. H., Coates, D., Rabinowitz, V., Cohn, E., & Karuza, J. (1983). The dilemmas of helping: Making aid fair and effective. In J. D. Fisher, A. Nadler, & B. M. DePaulo (Eds.), New directions in helping (Vol. 1, pp. 17-49). Academic Press.

Brickman, P., Rabinowitz, V. C., Karuza, J., Coates, D., Cohn, E., & Kidder, L. (1982). Models of helping and coping. American Psychologist, 37(4), 368-384.

Brief, A. P., & Weiss, H. M. (2002). Organizational behavior: Affect in the workplace. Annual Review of Psychology, 53, 279-307.

Brooks, A. C. (2005). Does social capital make you generous? Social capital and charitable giving in the United States. Social Science Quarterly, 86(1), 1-15.

Brown, E., & Ferris, J. M. (2007). Social capital and philanthropy: An analysis of the impact of social capital on individual giving and volunteering. Nonprofit and Voluntary Sector Quarterly, 36(1), 85-99.

Bruder-Mattson, S. F., & Hovanitz, C. A. (1990). Coping and attributional styles as predictors of depression. Journal of Clinical Psychology, 46(5), 557-565.

Bryan, A. D., Hammer, J. C., & Fisher, J. D. (2000). Whose hands reach out to the homeless? Patterns of helping among high and low communally oriented individuals. Journal of Applied Social Psychology, 30(5), 887-905.

Bryan, J. H. (1972). Helping behavior as a function of predicted effort and task attractiveness. Journal of Personality and Social Psychology, 22(1), 120-123.

Bryan, J. H. (1972). Why children help: A review. Journal of Social Issues, 28(3), 87-104.

Bryan, J. H., & Test, M. A. (1967). Models and helping: Naturalistic studies in aiding behavior. Journal of Personality and Social Psychology, 6(4), 400-407.

Bryan, J. H., & Walbek, N. H. (1970). The impact of words and deeds concerning altruism upon children. Child Development, 41(3), 747-757.

Bryan, J. H., Redfield, J., & Mader, S. (1972). Words and deeds about altruism and the subsequent reinforcement power of the model. Child Development, 42(5), 1501-1508.

Bryant, W. K. (1992). The economic organization of volunteer work. Journal of Socio-Economics, 21(4), 413-427.

Buck, R. (1999). The biological affects: A typology. Psychological Review, 106(2), 301-336.

Buck, R. (2002). The genetics and biology of true love: Prosocial biological affects and the left hemisphere. Psychological Review, 109(4), 739-744.

Burger, J. M., Messian, N., Patel, S., del Prado, A., & Anderson, C. (2004). What a coincidence! The effects of incidental similarity on compliance. Personality and Social Psychology Bulletin, 30(1), 35-43.

Burleson, B. R., Albrecht, T. L., Goldsmith, D. J., & Sarason, I. G. (1994). Communication of social support: Messages, interactions, relationships, and community. Sage Publications.

Burnstein, E., Crandall, C., & Kitayama, S. (1994). Some neo-Darwinian decision rules for altruism: Weighing cues for inclusive fitness as a function of the biological importance of the decision. Journal of Personality and Social Psychology, 67(5), 773-789.

Burr, J. A., Choi, N. G., Mutchler, J. E., & Caro, F. G. (2007). Volunteering as a productive aging activity: Patterns of volunteering by race, class, and religion. The Journals of Gerontology Series B: Psychological Sciences and Social Sciences, 60(S2), S110-S119.

Buss, D. M. (2003). The evolution of desire: Strategies of human mating (Rev. ed.). Basic Books.

Buss, D. M. (2004). Evolutionary psychology: The new science of the mind (2nd ed.). Boston: Pearson.

Bybee, J., & Quiles, Z. N. (1998). Guilt and mental health. In J. Bybee (Ed.), Guilt and children (pp. 269-291). Academic Press.

Callero, P. L., Howard, J. A., & Piliavin, J. A. (1987). Helping behavior as role behavior: Disclosing social structure and history in the analysis of prosocial action. Social Psychology Quarterly, 50(3), 247-256.

Campbell, D. T. (1965). Ethnocentrism and other altruistic motives. In D. Levine (Ed.), Nebraska Symposium on Motivation (pp. 283-311). University of Nebraska Press.

Campbell, D. T. (1965). Variation and selective retention in socio-cultural evolution. Social change in developing area.

Campbell, D. T. (1975). On the conflicts between biological and social evolution and between psychology and moral tradition. American Psychologist, 30(12), 1103-1126.

Caporael, L. R. (2001). Parts and wholes: The evolutionary importance of groups. In C. Sedikides & M. B. Brewer (Eds.), Individual self, relational self, collective self (pp. 241-258). Psychology Press.

Carlin, P. S. (2001). Evidence on the volunteer labor supply of married women. Southern Economic Journal, 67(4), 801-824.

Carlo, G., & Randall, B. A. (2002). The development of a measure of prosocial behaviors for late adolescents. Journal of Youth and Adolescence, 31(1), 31-44.

Carlo, G., Koller, S. H., Eisenberg, N., Da Silva, M. S., & Frohlich, C. B. (1996). A cross-national study on the relations among prosocial moral reasoning, gender role orientations, and prosocial behaviors. Developmental Psychology, 32(2), 231-240.

Carlsmith, J. M., & Gross, A. E. (1969). Some effects of guilt on compliance. Journal of Personality and Social Psychology, 11(3), 232-239.

Carnevale, P. J., Pruitt, D. G., & Carrington, P. I. (1982). Effects of future dependence, liking, and repeated requests for help on helping behavior. Social Psychology Quarterly, 45(1), 9-14.

Carpenter, T. P., & Marshall, M. A. (2009). An examination of religious priming and intrinsic religious motivation in the moral hypocrisy paradigm. Journal for the Scientific Study of Religion, 48(2), 386-393.

Caspi, A., Harrington, H., Milne, B., Amell, J. W., Theodore, R. F., & Moffitt, T. E. (2003). Children's behavioral styles at age 3 are linked to their adult personality traits at age 26. Journal of personality, 71(4), 495-514.

Caspi, A., McClay, J., Moffitt, T. E., Mill, J., Martin, J., Craig, I. W., Taylor, A., & Poulton, R. (2002). Role of genotype in the cycle of violence in maltreated children. Science, 297(5582), 851-854.

Chapman, M., Zahn-Waxler, C., Cooperman, G., & Iannotti, R. J. (1987). Empathy and responsibility in the motivation of children's helping. Developmental Psychology, 23(1), 140-145.

Charng, H.-W., Piliavin, J. A., & Callero, P. L. (1988). Role identity and reasoned action in the prediction of repeated behavior. Social Psychology Quarterly, 51(4), 303-317.

Chaudhuri, A., Sopher, B., & Strand, P. (2002). Cooperation in social dilemmas, trust and reciprocity. Journal of Economic Psychology, 23(2), 231-249.

Chen, J. M., Kim, H. S., Mojaverian, T., & Morling, B. (2012). Culture and social support provision: Who gives what and why. Personality and Social Psychology Bulletin, 38(1), 3-13.

Chen, X.-P., Hui, C., & Sego, D. J. (1998). The role of organizational citizenship behavior in turnover: Conceptualization and preliminary tests of key hypotheses. Journal of Applied Psychology, 83(6), 922-931.

Cheng, P. W., & Holyoak, K. J. (1989). On the natural selection of reasoning theories. Cognition, 33(3), 285-313.

Cialdini, R. B. (2001). Influence: Science and practice (4th ed.). Allyn & Bacon.

Cialdini, R. B., & Kenrick, D. T. (1976). Altruism as hedonism: A social development perspective on the relationship of negative mood state and helping. Journal of Personality and Social Psychology, 34(5), 907-914.

Cialdini, R. B., Baumann, D. J., & Kenrick, D. T. (1982). Altruism as hedonism: Helping and self-gratification as equivalent responses. Journal of Personality and Social Psychology, 40(6), 1039-1046.

Cialdini, R. B., Brown, S. L., Lewis, B. P., Luce, C., & Neuberg, S. L. (1997). Reinterpreting the empathy-altruism relationship: When one into one equals oneness. Journal of Personality and Social Psychology, 73(3), 481-494.

Cialdini, R. B., Kallgren, C. A., & Reno, R. R. (1991). A focus theory of normative conduct: A theoretical refinement and reevaluation of the role of norms in human behavior. Advances in Experimental Social Psychology, 24, 201-234.

Cialdini, R. B., Schaller, M., Houlihan, D., Arps, K., Fultz, J., & Beaman, A. L. (1987). Empathy-based helping: Is it selflessly or selfishly motivated? Journal of Personality and Social Psychology, 52(4), 749-758.

Clark, M. S., & Isen, A. M. (1981). Affect and decision making: The impact of positive emotional states on cognitive processes. Journal of Personality and Social Psychology, 40(1), 123-135.

Clark, R. D. (1976). On the Piliavin and Piliavin model of helping behavior: Costs are in the eye of the beholder. Journal of Applied Social Psychology, 6(4), 322-328.

Clark, R. D., & Word, L. E. (1974). Where is the apathetic bystander? Situational characteristics of the emergency. Journal of Personality and Social Psychology, 29(3), 279.

Clary, E. G., & Miller, J. (1986). Socialization and situational influences on sustained altruism. Child Development, 57(6), 1358-1369.

Clary, E. G., & Orenstein, L. (1991). The amount and effectiveness of help: The relationship of motives and abilities to helping behavior. Personality and Social Psychology Bulletin, 17(1), 58-64.

Clary, E. G., & Snyder, M. (1991). A functional analysis of altruism and prosocial behavior: The case of volunteerism. In M. S. Clark (Ed.), Review of personality and social psychology: Vol. 12. Prosocial behavior (pp. 119-148). Sage Publications.

Clary, E. G., & Snyder, M. (1999). The motivations to volunteer: Theoretical and practical considerations. Current Directions in Psychological Science, 8(5), 156-159.

Clary, E. G., Snyder, M., Ridge, R. D., Copeland, J., Stukas, A. A., Haugen, J., & Miene, P. (1998). Understanding and assessing the motivations of volunteers: A functional approach. Journal of Personality and Social Psychology, 74(6), 1516-1530.

Clutton-Brock, T. (2002). Breeding together: Kin selection and mutualism in cooperative vertebrates. Science, 296(5565), 69-72.

Cohen, A. (2006). The relationship between multiple commitments and organizational citizenship behavior in Arab and Jewish culture. Journal of Vocational Behavior, 69(1), 105-118.

Coke, J. S., Batson, C. D., & McDavis, K. (1978). Empathic mediation of helping: A two-stage model. Journal of Personality and Social Psychology, 36(7), 752-766.

Colby, A., & Damon, W. (1992). Some do care: Contemporary lives of moral commitment. Free Press.

Colquitt, J. A., Conlon, D. E., Wesson, M. J., Porter, C. O. L. H., & Ng, K. Y. (2001). Justice at the millennium: A meta-analytic review of 25 years of organizational justice research. Journal of Applied Psychology, 86(3), 425-445.

Comte, A. (1851). Cours de philosophie positive. Paris: Bachelier.

Comte, A. (1875). Système de politique positive. Paris: Carilian-Goeury et Dalmont.

Cook, S. W., & Pelfrey, M. (1985). Reactions to being helped in cooperating interracial groups: A context effect. Journal of Personality and Social Psychology, 49(5), 1231.

Cornelis, I., Van Hiel, A., & De Cremer, D. (2013). Volunteer work in youth organizations: Predicting distinct aspects of volunteering behavior from self- and other-oriented motives. Journal of Applied Social Psychology, 43(2), 456-466.

Cosmides, L., & Tooby, J. (1992). Cognitive adaptations for social exchange. In J. H. Barkow, L. Cosmides, & J. Tooby (Eds.), The adapted mind: Evolutionary psychology and the generation of culture (pp. 163-228). Oxford University Press.

Covelli, L. (1985). Dominant Class Culture and Legitimation: Female Volunteer Directors. Journal of Voluntary Action Research, 14(4), 24-35.

Cropanzano, R., & Byrne, Z. S. (2000). Workplace justice and the dilemma of organizational citizenship. In M. Van Vugt, M. Snyder, T. R. Tyler, & A. Biel (Eds.), Cooperation in modern society: Promoting the welfare of communities, states and organizations (pp. 142-161). Routledge.

Croson, R., & Gneezy, U. (2009). Gender differences in preferences. Journal of Economic Literature, 47(2), 448-474.

Cummings, J. N., Sproull, L., & Kiesler, S. (2002). Beyond hearing: Where real-world and online support meet. Group Dynamics: Theory, Research, and Practice, 6(1), 78-88.

Cunningham, M. R. (1979). Weather, mood, and helping behavior: Quasi experiments with the sunshine samaritan. Journal of Personality and Social Psychology, 37(11), 1947-1956.

Cunningham, M. R. (1985/1986). Levites and brother's keepers: A sociobiological perspective on prosocial behavior. Humboldt Journal of Social Relations, 13, 35-67.

Cunningham, M. R. (1986). Levites and Samaritans: Helping when it costs. Journal of Personality and Social Psychology, 50(6), 967-978.

Cunningham, M. R. (1986). Measuring the physical in physical attractiveness: Quasi-experiments on the sociobiology of female facial beauty. Journal of Personality and Social Psychology, 50(5), 925-935.

Cunningham, M. R., Steinberg, J., & Grev, R. (1990). Wanting to and having to help: Separate motivations for positive mood and guilt-induced helping. Journal of Personality and Social Psychology, 38(2), 181-192.

Curry, R. L. (1988). Influence of kinship on helping behavior in Galápagos mockingbirds. Behavioral Ecology and Sociobiology, 22(2), 141-152.

Darley, J. M. (1995). Constructive and destructive obedience: A taxonomy of principal-agent relationships. Journal of Social Issues, 51(4), 125-154.

Darley, J. M., & Batson, C. D. (1973). From Jerusalem to Jericho: A study of situational and dispositional variables in helping behavior. Journal of Personality and Social Psychology, 27(1), 100-108.

Darley, J. M., & Cooper, J. (1972). The "clean for Gene" phenomenon: The effect of students' appearance on political campaigning. Journal of Applied Social Psychology, 2(1), 24-33.

Darley, J. M., & Latané, B. (1968). Bystander intervention in emergencies: Diffusion of responsibility. Journal of Personality and Social Psychology, 8(4), 377-383.

Darley, J. M., & Latané, B. (1968). Bystander intervention in emergencies: Diffusion of responsibility. Journal of Personality and Social Psychology, 8(4p1), 377-383.

Darlington, R. B., & Macker, C. E. (1966). Displacement of guilt-produced altruistic behavior. Journal of Personality and Social Psychology, 4(4), 442-443.

Darwin, C. (1859). On the origin of species by means of natural selection. London: John Murray.

Davis, F. D. (1989). Perceived usefulness, perceived ease of use, and user acceptance of information technology. MIS Quarterly, 13(3), 319-340.

Davis, M. H. (1983). Measuring individual differences in empathy: Evidence for a multidimensional approach. Journal of Personality and Social Psychology, 44(1), 113-126.

Davis, M. H. (1994). Empathy: A social psychological approach. Westview Press.

Davis, M. H., Hall, J. A., & Meyer, M. (1999). The first year: Influences on the satisfaction, involvement, and persistence of new community volunteers. Personality and Social Psychology Bulletin, 25(3), 364-372.

Davis, M. H., Hall, J. A., & Meyer, M. (2003). The first year: Influences on the satisfaction, involvement, and persistence of new community volunteers. Personality and Social Psychology Bulletin, 29(2), 248-260.

Davis, M. H., Luce, C., & Kraus, S. J. (1994). The heritability of characteristics associated with dispositional empathy. Journal of Personality, 62(3), 369-391.

Davis, M. H., Mitchell, K. V., Hall, J. A., Lothert, J., Snapp, T., & Meyer, M. (1999). Empathy, expectations, and situational preferences: Personality influences on the decision to participate in volunteer helping behaviors. Journal of Personality, 67(3), 469-503.

Dawes, R. M. (1988). Rational choice in an uncertain world. Harcourt Brace Jovanovich.

Dawkins, R. (1976). The selfish gene. Oxford University Press.

Dawkins, R. (1989). The selfish gene (2nd ed.). Oxford University Press.

De Cremer, D., & Tyler, T. R. (2005). Managing group behavior: The interplay between procedural justice, sense of self, and cooperation. In M. P. Zanna (Ed.), Advances in experimental social psychology (Vol. 37, pp. 151-218). Elsevier Academic Press.

de Geus, C. J. C., Ingrams, A., Tummers, L., & Pandey, S. K. (2020). Organizational citizenship behavior in the public sector: A systematic literature review and future research agenda. Public Administration Review, 80(2), 259-270.

de Quervain, D. J., Fischbacher, U., Treyer, V., Schellhammer, M., Schnyder, U., Buck, A., & Fehr, E. (2004). The neural basis of altruistic punishment. Science, 305(5688), 1254-1258.

de Waal, F. B. M. (2000). Chimpanzee politics: Power and sex among apes (Rev. ed.). Johns Hopkins University Press.

De Wit, A., & Bekkers, R. (2016). Exploring gender differences in charitable giving: The Dutch case. Nonprofit and Voluntary Sector Quarterly, 45(4), 741-761.

Decety, J., & Jackson, P. L. (2006). A social-neuroscience perspective on empathy. Current Directions in Psychological Science, 15(2), 54-58.

Deckop, J. R., Mangel, R., & Cirka, C. C. (1999). Getting more than you pay for: Organizational citizenship behavior and pay-for-performance plans. Academy of Management Journal, 42(4), 420-428.

DeKay, W. T., & Buss, D. M. (1992). Human nature, individual differences, and the importance of context: Perspectives from evolutionary psychology. Current Directions in Psychological Science, 1(6), 184-189.

DePaulo, B. M., Brown, P. L., Ishii, S., & Fisher, J. D. (1981). Help that works: The effects of aid on subsequent task performance. Journal of Personality and Social Psychology, 41(3), 478-487.

Deutsch, F. M., & Lamberti, D. M. (1986). Does social approval increase helping? Personality and Social Psychology Bulletin, 12(2), 149-157.

Diamond, W. D., & Kashyap, R. K. (1997). Extending models of prosocial behavior to explain university alumni contributions. Journal of Applied Social Psychology, 27(10), 915-928.

Dickson-Gómez, J. B., Knowlton, A., & Latkin, C. (2004). Values and identity: The meaning of work for injection drug users involved in volunteer HIV prevention outreach. Substance Use & Misuse, 39(8), 1259-1286.

Dolinski, D., & Nawrat, R. (1998). "Fear-then-relief" procedure for producing compliance: Beware when the danger is over. Journal of Experimental Social Psychology, 34(1), 27-50.

Dovidio, J. F. (1984). Helping behavior and altruism: An empirical and conceptual overview. Advances in Experimental Social Psychology, 17, 361-427.

Dovidio, J. F., & Gaertner, S. L. (1983). The effects of sex, status, and ability on helping behavior. Journal of Applied Social Psychology, 13(3), 191-205.

Dovidio, J. F., & Morris, W. N. (1975). Effects of stress and commonality of fate on helping behavior. Journal of Personality and Social Psychology, 31(1), 145-149.

Dovidio, J. F., Allen, J. L., & Schroeder, D. A. (1990). Specificity of empathy-induced helping: Evidence for altruistic motivation. Journal of Personality and Social Psychology, 59(2), 249-260.

Dovidio, J. F., Hebl, M., Richeson, J. A., & Shelton, J. N. (2006). Nonverbal communication, race, and intergroup interaction. In The Sage handbook of nonverbal communication (pp. 481-500). SAGE Publications, Inc..

Dovidio, J. F., Hewstone, M., Glick, P., & Esses, V. M. (2010). Prejudice, stereotyping and discrimination: Theoretical and empirical overview. Prejudice, stereotyping and discrimination, 12, 3-28.

Dovidio, J. F., Johnson, J. D., Gaertner, S. L., Pearson, A. R., Saguy, T., & Ashburn-Nardo, L. (2010). Empathy and intergroup relations. In M. Mikulincer & P. R. Shaver (Eds.), Prosocial motives, emotions, and behavior: The better angels of our nature (pp. 393-408). American Psychological Association.

Dovidio, J. F., Kawakami, K., Johnson, C., Johnson, B., & Howard, A. (1997). On the nature of prejudice: Automatic and controlled processes. Journal of experimental social psychology, 33(5), 510-540.

Dovidio, J. F., Piliavin, J. A., Gaertner, S. L., Schroeder, D. A., & Clark, R. D. III. (1991). The arousal: Cost-reward model and the process of intervention: A review of the evidence. In M. S. Clark (Ed.), Prosocial behavior (pp. 86-118). Sage Publications, Inc.

Dovidio, J. F., Piliavin, J. A., Schroeder, D. A., & Penner, L. A. (2006). The social psychology of prosocial behavior. Lawrence Erlbaum Associates.

Drake, A. W., Finkelstein, S. N., & Sapolsky, H. M. (1982). The American blood supply. MIT Press.

Drollinger, T., & Johnson, C. M. (1995). Active empathetic listening and selling success: A conceptual framework. Paper presented at the National Conference in Sales Management, Cincinnati, OH.

Dunbar, R. I. (1999). Culture, honesty and the free-rider problem. In R. I. Dunbar, C. Knight, & C. Power (Eds.), The evolution of culture (pp. 194-213). Edinburgh University Press.

Dunfield, K. A. (2014). A construct divided: Prosocial behavior as helping, sharing, and comforting subtypes. Frontiers in psychology, 5, 958.

Dunn, E. W., Aknin, L. B., & Norton, M. I. (2008). Spending money on others promotes happiness. Science, 319(5870), 1687-1688.

Dutton, D. G., & Lake, R. A. (1973). Threat of own prejudice and reverse discrimination in interracial situations. Journal of Personality and Social Psychology, 28(1), 94-100.

Dutton, J. E., Roberts, L. M., & Bednar, J. (2010). Pathways for positive identity construction at work: Four types of positive identity and the building of social resources. Academy of Management Review, 35(2), 265-293.

Dávila de León, M., & Finkelstein, M. A. (2011). Individualism/collectivism and organizational citizenship behavior. Psicothema, 23(3), 401-406.

Dávila, M. C., & Finkelstein, M. A. (2010). Predicting organizational citizenship behavior from the functional analysis and role identity perspectives: Further evidence in Spanish employees. The Spanish journal of psychology, 13(1), 277-283.

Eagan, M. K., Stolzenberg, E. B., Zimmerman, H. B., Aragon, M. C., Suchard, M. R., & Pascarella, E. T. (2017). The American freshman: National norms fall 2016. Higher Education Research Institute, UCLA.

Eagly, A. H. (1987). Sex differences in social behavior: A social-role interpretation. Hillsdale, NJ: Lawrence Erlbaum Associates.

Eagly, A. H. (2009). The his and hers of prosocial behavior: An examination of the social psychology of gender. American Psychologist, 64(8), 644-658.

Eagly, A. H., & Crowley, M. (1986). Gender and helping behavior: A meta-analytic review of the social psychological literature. Psychological Bulletin, 100(3), 283-308.

Eccles, J. S., & Barber, B. L. (1999). Student council, volunteering, basketball, or marching band: What kind of extracurricular involvement matters? Journal of Adolescent Research, 14(1), 10-43.

Eckstein, S. (2001). Community as gift-giving: Collectivistic roots of volunteerism. American Sociological Review, 66(6), 829-851.

Einolf, C. J. (2008). Empathic concern and prosocial behaviors: A test of experimental results using survey data. Social Science Research, 37(4), 1267-1279.

Einolf, C. J. (2011). Gender differences in the correlates of volunteering and charitable giving. Nonprofit and Voluntary Sector Quarterly, 40(6), 1092-1112.

Einolf, C. J. (2011). The link between religion and helping others: The role of values, ideas, and language. Sociology of Religion, 72(4), 435-455.

Eisenberg, N. (1986). Altruistic emotion, cognition, and behavior. Lawrence Erlbaum Associates.

Eisenberg, N. (2000). Emotion, regulation, and moral development. Annual Review of Psychology, 51, 665-697.

Eisenberg, N., & Fabes, R. A. (1990). Empathy: Conceptualization, measurement, and relation to prosocial behavior. Motivation and Emotion, 14(2), 131-149.

Eisenberg, N., & Fabes, R. A. (1991). Prosocial behavior and empathy: A multimethod developmental perspective. In M. S. Clark (Ed.), Prosocial behavior (pp. 34-61). Sage Publications.

Eisenberg, N., & Fabes, R. A. (1995). The relation of young children's vicarious emotional responding to social competence, regulation, and emotionality. Cognition and Emotion, 9(2-3), 203-228.

Eisenberg, N., & Fabes, R. A. (1998). Prosocial development. In W. Damon (Series Ed.) & N. Eisenberg (Vol. Ed.), Handbook of child psychology: Vol. 3. Social, emotional, and personality development (5th ed., pp. 701-778). John Wiley & Sons.

Eisenberg, N., & Lennon, R. (1983). Sex differences in empathy and related capacities. Psychological Bulletin, 94(1), 100-131.

Eisenberg, N., & Miller, P. A. (1987). The relation of empathy to prosocial and related behaviors. Psychological Bulletin, 101(1), 91-119.

Eisenberg, N., & Morris, A. S. (2001). The origins and social significance of empathy-related responding: A review of empathy and moral development: Implications for caring and justice by M. L. Hoffman. Social Justice Research, 14(1), 95-120.

Eisenberg, N., & Mussen, P. H. (1989). The roots of prosocial behavior in children. Cambridge University Press.

Eisenberg, N., & Shell, R. (1986). Prosocial moral judgment and behavior in children: The mediating role of cost. Personality and Social Psychology Bulletin, 12(4), 426-433.

Eisenberg, N., Cialdini, R. B., McCreath, H., & Shell, R. (1987). Consistency-based compliance: When and why do children become vulnerable? Journal of Personality and Social Psychology, 52(6), 1174-1181.

Eisenberg, N., Fabes, R. A., & Spinrad, T. L. (2002). The development of prosocial behavior. In R. Kail (Ed.), Advances in child development and behavior (Vol. 30, pp. 1-34). Academic Press.

Eisenberg, N., Fabes, R. A., Guthrie, I. K., & Reiser, M. (2000). Dispositional emotionality and regulation: Their role in predicting quality of social functioning. Journal of Personality and Social Psychology, 78(1), 136-157.

Eisenberg, N., Fabes, R. A., Miller, P. A., Fultz, J., Shell, R., Mathy, R. M., & Reno, R. R. (1989). Relation of sympathy and personal distress to prosocial behavior: A multimethod study. Journal of Personality and Social Psychology, 57(1), 55-66.

Eisenberg, N., Fabes, R. A., Schaller, M., Miller, P., Carlo, G., Poulin, R., Shea, C., & Shell, R. (1991). Personality and socialization correlates of vicarious emotional responding. Journal of Personality and Social Psychology, 61(3), 459-470.

Eisenberg, N., Fabes, R., & Miller, P. A. (1990). Preschoolers' vicarious emotional responding and their situational and dispositional prosocial behavior. Merrill-Palmer Quarterly, 36(4), 507-529.

Eisenberg, N., Guthrie, I. K., Cumberland, A., Murphy, B. C., Shepard, S. A., Zhou, Q., & Carlo, G. (2002). Prosocial development in early adulthood: A longitudinal study. Journal of Personality and Social Psychology, 82(6), 993-1006.

Eisenberg, N., Guthrie, I. K., Murphy, B. C., Shepard, S. A., Cumberland, A., & Carlo, G. (1999). Consistency and development of prosocial dispositions: A longitudinal study. Child Development, 70(6), 1360-1372.

Eisenberg, N., Miller, P. A., Shell, R., McNalley, S., & Shea, C. (1991). Prosocial development in adolescence: A longitudinal study. Developmental Psychology, 27(5), 849-857.

Emswiller, T., Deaux, K., & Willits, J. E. (1971). Similarity, sex, and requests for small favors. Journal of Applied Social Psychology, 1(3), 284-291.

Enzle, M. E., & Harvey, M. D. (1979). Recipient mood states and helping behavior. Journal of Experimental Social Psychology, 15(2), 170-182.

Epley, N., & Dunning, D. (2000). Feeling "holier than thou": Are self-serving assessments produced by errors in self- or social prediction? Journal of Personality and Social Psychology, 79(6), 861-875.

Erdle, S., Sansom, M., Cole, M. R., & Heapy, N. (1992). Sex differences in personality correlates of helping behavior. Personality and Individual Differences, 13(8), 931-936.

Essock-Vitale, S. M., & McGuire, M. T. (1985). Women's lives viewed from an evolutionary perspective: II. Patterns of helping. Ethology & Sociobiology, 6(3), 155-173.

Euler, H. A., & Weitzel, B. (1996). Discriminative grandparental solicitude as reproductive strategy. Human Nature, 7(1), 39-59.

Fabes, R. A., Eisenberg, N., & Miller, P. A. (1990). Maternal correlates of children's vicarious emotional responsiveness. Developmental Psychology, 26(4), 639-648.

Fabes, R. A., Fultz, J., Eisenberg, N., May-Plumlee, T., & Christopher, F. S. (1989). Effects of rewards on children's prosocial motivation: A socialization study. Developmental Psychology, 25(4), 509-515.

Feldman, R. E. (1968). Response to compatriot and foreigner who seek assistance. Journal of Personality and Social Psychology, 10(3), 202-214.

Ferguson, T. J., & Stegge, H. (1998). Measuring guilt in children: A rose by any other name still has thorns. In J. Bybee (Ed.), Guilt and children (pp. 19-74). Academic Press.

Ferree, G., Barry, J., & Manno, B. (1998). The national survey of philanthropy and civic renewal. National Commission on Philanthropy and Civic Renewal.

Finkelstein, M. A. (2006). Dispositional predictors of organizational citizenship behavior: Motives, motive fulfillment, and role identity. Social Behavior and Personality: An International Journal, 34(6), 603-616.

Finkelstein, M. A., & Penner, L. A. (2004). Predicting organizational citizenship behavior: Integrating the functional and role identity approaches. Social Behavior and Personality: An International Journal, 32(4), 383-398.

Finkelstein, M. A., Penner, L. A., & Brannick, M. T. (2005). Motive, role identity, and prosocial personality as predictors of volunteer activity. Social Behavior and Personality: An International Journal, 33(4), 403-418.

Finlayson, E. M. (1969). A study of the wife of the Army officer: Her academic and career preparation, her current employment and volunteer services (Doctoral dissertation, University of Wisconsin).

Finn, J. (1999). An exploration of helping processes in an online self-help group focusing on issues of disability. Health & Social Work, 24(3), 220-231.

Fischer, L. R., & Schaffer, K. B. (1993). Older volunteers: A guide to research and practice. Sage Publications.

Fischer, L. R., Mueller, D. P., & Cooper, P. W. (1991). Characteristics of volunteers in a hospital setting. Hospital & Health Services Administration, 36(1), 85-100.

Fischer, W. F. (1963). Sharing in preschool children as a function of amount and type of reinforcement. Genetic Psychology Monographs, 68, 215-245.

Fisher, J. D., DePaulo, B. M., & Nadler, A. (1978). Reactions to aid as a function of aid-giver characteristics and self-attribution for need. Social Psychology, 41(2), 187-200.

Fisher, J. D., Harrison, A. A., & Nadler, A. (1978). Explaining aid: A dispositional approach to recipient reactions to aid. Journal of Personality, 46(1), 70-84.

Fisher, J. D., Nadler, A., & Whitcher-Alagna, S. (1983). Recipient reactions to aid. Psychological Bulletin, 91(1), 27-54.

Flippen, A. R., Hornstein, H. A., Siegal, W. E., & Weitzman, E. A. (1996). A comparison of similarity and interdependence as triggers for in-group categorization. Personality and Social Psychology Bulletin, 22(9), 882-893.

Forgas, J. P. (1998). On being happy and mistaken: Mood effects on the fundamental attribution error. Journal of Personality and Social Psychology, 75(2), 318-331.

Forgas, J. P., & East, R. (2008). On being happy and gullible: Mood effects on skepticism and the detection of deception. Journal of Experimental Social Psychology, 44(5), 1362-1367.

Forgas, J. P., Ellingsen, T., & Johannesson, M. (2008). Anticipated verbal feedback induces altruistic behavior. Evolution and Human Behavior, 29(2), 100-105.

Freedman, J. L. (1970). Transgression, compliance and guilt. In J. Macaulay & L. Berkowitz (Eds.), Altruism and helping behavior (pp. 155-161). Academic Press.

Freedman, J. L., Wallington, S. A., & Bless, E. (1967). Compliance without pressure: The effect of guilt. Journal of Personality and Social Psychology, 7(2, Pt.1), 117-124.

Freeman, R. B. (1997). Working for nothing: The supply of volunteer labor. Journal of Labor Economics, 15(1, Part 2), S140-S166.

Frey, D. L., & Gaertner, S. L. (1986). Helping and the avoidance of inappropriate interracial behavior: A strategy that perpetuates a nonprejudiced self-image. Journal of Personality and Social Psychology, 50(6), 1083-1090.

Frisch, M. B., & Gerrard, M. (1981). Natural helping systems: A survey of Red Cross volunteers. American Journal of Community Psychology, 9(5), 567-579.

Fritzsche, B. A., Finkelstein, M. A., & Penner, L. A. (2000). To help or not to help: Capturing individuals' decision policies. Social Behavior and Personality: An International Journal, 28(6), 561-578.

Froming, W. J., Walker, G. R., & Lopyan, K. J. (1982). Public and private self-awareness: When personal attitudes conflict with societal expectations. Journal of Experimental Social Psychology, 18(5), 476-487.

Fultz, J., Batson, C. D., Fortenbach, V., McCarthy, P. M., & Varney, L. L. (1986). Does empathy promote helping by activating altruistic motivation or concern about social evaluation? Journal of Personality and Social Psychology, 50(4), 761-769.

Fultz, J., Eisenberg, N., & Fabes, R. A. (1988, April). The altruistic personality, focus of attention, and helping. Paper presented at the Annual Meeting of the Midwestern Psychological Association, Chicago, IL.

Furnham, A. (1995). The just world, charitable giving and attitudes to disability. Personality and Individual Differences, 19(4), 577-583.

Gaertner, S. L., & Dovidio, J. F. (1977). The subtlety of White racism, arousal, and helping behavior. Journal of Personality and Social Psychology, 35(10), 691-707.

Gaertner, S. L., & Dovidio, J. F. (2000). Reducing intergroup bias: The common ingroup identity model. Psychology Press.

Gaertner, S. L., Dovidio, J. F., Nier, J. A., Banker, B. S., Ward, C. M., Houlette, M., & Loux, S. (2000). The common ingroup identity model for reducing intergroup bias: Progress and challenges. In D. Capozza & R. Brown (Eds.), Social identity processes: Trends in theory and research (pp. 133-148). Sage Publications Ltd.

Garcia, S. M., Weaver, K., Moskowitz, G. B., & Darley, J. M. (2002). Crowded minds: The implicit bystander effect. Journal of Personality and Social Psychology, 83(4), 843-853.

Gaskin, K., Smith, J. D., & Paulwitz, I. (1996). Ein neues bürgerschaftliches Europa: eine Untersuchung zur Verbreitung und Rolle von Volunteering in zehn Ländern. Lambertus-Verlag.

Gaulin, S. J. C., McBurney, D. H., & Brakeman-Wartell, S. L. (1997). Matrilateral biases in the investment of aunts and uncles: A consequence and measure of paternity uncertainty. Human Nature, 8(2), 139-151.

Geen, R. G. (1998). Aggression and antisocial behavior. In D. T. Gilbert, S. T. Fiske, & G. Lindzey (Eds.), The handbook of social psychology (4th ed., pp. 317-356). McGraw-Hill.

Gelfand, D. M., & Hartmann, D. P. (1982). Behavior analysis and developmental psychology. Human Development, 25(5), 340-364.

George, J. M. (1991). State or trait: Effects of positive mood on prosocial behaviors at work. Journal of Applied Psychology, 76(2), 299-307.

Gergen, K. J. (1974). Toward a psychology of receiving help. Journal of Applied Social Psychology, 4(3), 187-193.

Gergen, K. J., & Gergen, M. M. (1983). Narratives of the self. In T. R. Sarbin & K. E. Scheibe (Eds.), Studies in social identity (pp. 254-273). Praeger Publishers.

Gibbons, F. X., & Wicklund, R. A. (1982). Self-focused attention and helping behavior. Journal of Personality and Social Psychology, 43(3), 462-474.

Gilbert, D. T., & Silvera, D. H. (1996). Overhelping. Journal of Personality and Social Psychology, 70(4), 678-690.

Giles, D. E., Jr., & Eyler, J. (1994). The impact of a college community service laboratory on students' personal, social, and cognitive outcomes. Journal of Adolescence, 17(4), 327-339.

Gilligan, C. (1982). In a different voice: Psychological theory and women's development. Cambridge, MA: Harvard University Press.

Glanville, J. L., Paxton, P., & Wang, Y. (2016). Social capital and generosity: A multilevel analysis. Nonprofit and Voluntary Sector Quarterly, 45(3), 526-547.

Glassman, R. B., Packel, E. W., & Brown, D. L. (1986). Green beards and kindred spirits: A preliminary mathematical model of altruism toward nonkin who bear similarities to the giver. Ethology & Sociobiology, 7(2), 107-115.

Gleason, J. B., Sebanc, A. M., & Hartup, W. W. (2003). Prosocial behavior in early adolescence: Links with social and emotional development. In R. M. Lerner, F. Jacobs, & D. Wertlieb (Eds.), Handbook of applied developmental science: Promoting positive child, adolescent, and family development through research, policies, and programs (Vol. 1, pp. 229-242). Sage Publications.

Glick, P., & Fiske, S. T. (1996). The ambivalent sexism inventory: Differentiating hostile and benevolent sexism. Journal of Personality and Social Psychology, 70(3), 491-512.

Goranson, R. E., & Berkowitz, L. (1966). Reciprocity and responsibility reactions to prior help. Journal of Personality and Social Psychology, 3(2), 227-232.

Gouldner, A. W. (1960). The norm of reciprocity: A preliminary statement. American Sociological Review, 25(2), 161-178.

Gray, J. R. (2002). Comment: Do we need a new theory of prosocial affect? Psychological Review, 109(4), 745-750.

Graziano, W. G., & Eisenberg, N. (1997). Agreeableness: A dimension of personality. In R. Hogan, J. A. Johnson, & S. R. Briggs (Eds.), Handbook of personality psychology (pp. 795-824). Academic Press.

Graziano, W. G., Habashi, M. M., Sheese, B. E., & Tobin, R. M. (2007). Agreeableness, empathy, and helping: A person × situation perspective. Journal of Personality and Social Psychology, 93(4), 583-599.

Green, E. G. T., Staerklé, C., & Sears, D. O. (2014). Symbolic racism and whites' attitudes toward punitive and preventive crime policies. In L. M. Padilla-Walker & G. Carlo (Eds.), Prosocial development: A multidimensional approach (pp. 3-16). Oxford University Press.

Greenwald, A. G., Banaji, M. R., Rudman, L. A., Farnham, S. D., Nosek, B. A., & Mellott, D. S. (2002). A unified theory of implicit attitudes, stereotypes, self-esteem, and self-concept. Psychological Review, 109(1), 3-25.

Greitemeyer, T., & Rudolph, U. (2003). Help giving and aggression from an attributional perspective: Why and when we help or retaliate. Journal of Applied Social Psychology, 33(5), 1069-1087.

Griffin, A. S., & West, S. A. (2003). Kin discrimination and the benefit of helping in cooperatively breeding vertebrates. Science, 302(5645), 634-636.

Grube, J. A., & Piliavin, J. A. (2000). Role identity, organizational experiences, and volunteer performance. Personality and Social Psychology Bulletin, 26(9), 1108-1119.

Grube, J. A., Piliavin, J. A., & Turner, J. W. (2004). The role identity and organizational experiences of nurses: Predicting helping behavior and turnover intentions. Journal of Applied Social Psychology, 34(1), 219-243.

Grusec, J. E. (1971). Power and the internalization of self-denial. Child Development, 93-105.

Grusec, J. E. (1991). Socializing concern for others in the home. Developmental Psychology, 27(2), 338-342.

Grusec, J. E., & Redler, E. (1980). Attribution, reinforcement, and altruism: A developmental analysis. Developmental Psychology, 16(5), 525-534.

Grusec, J. E., Davidov, M., & Lundell, L. (2002). Prosocial and helping behavior. In P. K. Smith & C. H. Hart (Eds.), Blackwell handbook of childhood social development (pp. 457-474). Blackwell Publishing.

Grusec, J. E., Kuczynski, L., Rushton, J. P., & Simutis, Z. M. (1978). Modeling, direct instruction, and attributions: Effects on altruism. Developmental Psychology, 14(1), 51-57.

Guéguen, N., & De Gail, M.-A. (2003). The effect of smiling on helping behavior: Smiling and good Samaritan behavior. Communication Reports, 16(2), 133-140.

Habashi, M. M., Graziano, W. G., & Hoover, A. E. (2016). Searching for the prosocial personality: A big five approach to linking personality and prosocial behavior. Personality and Social Psychology Bulletin, 42(9), 1177-1192.

Hamilton, W. D. (1964). The genetical evolution of social behaviour. I & II. Journal of Theoretical Biology, 7(1), 1-52.

Hampson, R. (1984). Adolescent prosocial behavior: Peer-group and situational factors associated with helping. Journal of Personality and Social Psychology, 46(1), 153-162.

Hansen, D. A., Larson, R. W., & Dworkin, J. B. (1995). Volunteer motivation and attendance decisions: Competitive theory testing in multiple samples from a homeless shelter. Journal of Applied Psychology, 80(3), 371-385.

Hansen, T., Aartsen, M., Slagsvold, B., & Deindl, C. (2018). Dynamics of volunteering and life satisfaction in old age: Findings from 12 European countries. Social Sciences, 7(5), 78.

Harmon-Jones, E., Peterson, H., & Vaughn, K. (2003). The dissonance-inducing effects of an inconsistency between experienced empathy and knowledge of past failures to help: Support for the action-based model of dissonance. Basic and Applied Social Psychology, 25(1), 69-78.

Harrell, W. A. (1978). Physical attractiveness, self-disclosure, and helping behavior. The Journal of Social Psychology, 104(1), 15-17.

Harris, P. L. (1989). Children and emotion: The development of psychological understanding. Basil Blackwell.

Harrison, D. A. (1995). Volunteer motivation and attendance decisions: Competitive theory testing in multiple samples from a homeless shelter. Journal of Applied Psychology, 80(3), 371-385.

Hart, D. A., Kydd, A., Reno, C., & Frank, C. B. (2002). Mechanobiology: Similarities and differences between in vivo and in vitro analysis at the functional and molecular levels. Recent Research Developments in Biophysics and Biochemistry, 2, 153-177.

Hart, D., Atkins, R., & Donnelly, T. (2004). Psychological and socio-structural influences on involvement in volunteering. Unpublished manuscript, Rutgers University.

Hart, D., Atkins, R., & Ford, D. (2002). Urban America as a context for the development of moral identity in adolescence. Journal of Social Issues, 58(3), 513-530.

Hart, D., Atkins, R., Markey, P., & Youniss, J. (2004). Youth bulges in communities: The effects of age structure on adolescent civic knowledge and civic participation. Psychological Science, 15(9), 591-597.

Hart, D., Donnelly, T. M., Youniss, J., & Atkins, R. (2004). High school community service as a predictor of adult voting and volunteering. American Educational Research Journal, 44(1), 197-219.

Hartung, J. (1985). Matrilineal inheritance: New theory and analysis. Behavioral and Brain Sciences, 8(4), 661-688.

Hastings, P. D., Zahn-Waxler, C., Robinson, J., Usher, B., & Bridges, D. (2000). The development of concern for others in children with behavior problems. Developmental Psychology, 36(5), 531-546.

Herzog, A. R., & House, J. S. (1989). Productive activities and aging well. Generations, 13(1), 49-52.

Herzog, A. R., Kahn, R. L., Morgan, J. N., Jackson, J. S., & Antonucci, T. C. (1989). Age and gender differences in the value of productive activities: Four different measures of subjective well-being. Journal of Gerontology, 44(3), S120-S129.

Heshka, S. (1983). Situational variables affecting participation in voluntary associations. In D. H. Smith & J. Van Til (Eds.), International perspectives on voluntary action research (pp. 71-84). University Press of America.

Hewstone, M., & Brown, R. (1986). Contact is not enough: An intergroup perspective on the 'contact hypothesis.' In M. Hewstone & R. Brown (Eds.), Contact and conflict in intergroup encounters (pp. 1-44). Basil Blackwell.

Hewstone, M., Rubin, M., & Willis, H. (2002). Intergroup bias. Annual Review of Psychology, 53, 575-604.

Higgins, N. C., & Shaw, J. K. (1999). Attributional style moderates the impact of causal controllability information on helping behavior. Social Behavior and Personality: An International Journal, 27(3), 221-236.

Higgins, N. C., & Shaw, J. K. (1999). Peer responses to low performers: An attributional model of helping in the context of groups. Social Behavior and Personality: An International Journal, 27(3), 221-235.

Hitlin, S., & Piliavin, J. A. (2004). Values: Reviving a dormant concept. Annual Review of Sociology, 30, 359-393.

Hochschild, A. R. (1981). Emotion work, feeling rules, and social structure. American Journal of Sociology, 85(3), 551-575.

Hodgkinson, V. A. (1988). The role of volunteering in citizen participation. Nonprofit and Voluntary Sector Quarterly, 17(2-3), 132-140.

Hodgkinson, V. A., & Wuthnow, R. (1990). Faith and philanthropy in America: Exploring the role of religion in America's voluntary sector. Jossey-Bass.

Hofer, M. (1999). Community service and social cognitive development in German adolescents. In M. Yates & J. Youniss (Eds.), Roots of civic identity: International perspectives on community service and activism in youth (pp. 114-134). Cambridge University Press.

Hoffman, B. J., Blair, C. A., Meriac, J. P., & Woehr, D. J. (2007). Expanding the criterion domain? A quantitative review of the OCB literature. Journal of Applied Psychology, 92(2), 555-566.

Hoffman, M. L. (1977). Empathy, its development and prosocial implications. Nebraska Symposium on Motivation, 25, 169-217.

Hoffman, M. L. (1978). Empathy, its development and prosocial implications. In C. B. Keasey (Ed.), Nebraska Symposium on Motivation: Vol. 25. Socialization and development (pp. 169-218). University of Nebraska Press.

Hoffman, M. L. (1981). Is altruism part of human nature? Journal of Personality and Social Psychology, 40(1), 121-137.

Hoffman, M. L. (1981). The development of empathy. In J. P. Rushton & R. M. Sorrentino (Eds.), Altruism and helping behavior: Social, personality, and developmental perspectives (pp. 41-63). Erlbaum.

Hoffman, M. L. (1982). Affect and moral development. New Directions for Child Development, 16, 83-103.

Hoffman, M. L. (1982). Development of prosocial motivation: Empathy and guilt. In N. Eisenberg (Ed.), The development of prosocial behavior (pp. 281-313). New York, NY: Academic Press.

Hoffman, M. L. (1983). Affective and cognitive processes in moral internalization. In E. T. Higgins, D. N. Ruble, & W. W. Hartup (Eds.), Social cognition and social development: A sociocultural perspective (pp. 236-274). Cambridge University Press.

Hoffman, M. L. (1984). Interaction of affect and cognition in empathy. In C. E. Izard, J. Kagan, & R. B. Zajonc (Eds.), Emotions, cognition, and behavior (pp. 103-131). Cambridge University Press.

Hoffman, M. L. (1990). Empathy and justice motivation. Motivation and Emotion, 14(2), 151-172.

Hoffman, M. L. (2000). Empathy and moral development: Implications for caring and justice. Cambridge University Press.

Honing, P. J., & Charney, E. B. (1982). Children with brain tumor headaches. Am J Dis Child, 136, 121-124.

Hornstein, H. A. (1982). Promotive tension and prosocial behavior: The basis of prosocial behavior from an attributional perspective. In V. J. Derlega & J. Grzelak (Eds.), Cooperation and helping behavior: Theories and research (pp. 177-200). Academic Press.

Hornstein, H. A. (1982). Promotive tension: Theory and research. In V. J. Derlega & J. Grzelak (Eds.), Cooperation and helping behavior: Theories and research (pp. 229-248). Academic Press.

House, J. S., & Wolf, S. (1978). Effects of urban residence on interpersonal trust and helping behavior. Journal of Personality and Social psychology, 36(9), 1029.

Houston, D. A. (1990). Empathy and the self: Cognitive and emotional influences on the experience of empathy. In N. Eisenberg & J. Strayer (Eds.), Empathy and its development (pp. 169-186). Cambridge University Press.

Humphrey, G. (1923). The story of man's mind. Boston: Small, Maynard.

Huston, A. C., & Wright, J. C. (1998). Television and the informational and educational needs of children. Annals of the American Academy of Political and Social Science, 557(1), 9-23.

Iaffaldano, M. T., & Muchinsky, P. M. (1985). Job satisfaction and job performance: A meta-analysis. Psychological Bulletin, 97(2), 251-273.

Ibrahim, N. A., & Brannen, D. E. (1997). Implications of gender differences on the motivation to volunteer in hospitals. Journal of social service research, 22(4), 1-18.

Independent Sector. (2002). Giving and volunteering in the United States: Findings from a national survey. Washington, DC: Independent Sector.

Insko, C. A., Kirchner, J. L., Pinter, B., Efaw, J., & Wildschut, T. (2004). Interindividual-intergroup discontinuity as a function of trust and categorization. Journal of Personality and Social Psychology, 88(2), 365-385.

Insko, C. A., Kirchner, J. L., Pinter, B., Efaw, J., & Wildschut, T. (2005). Interindividual-intergroup discontinuity as a function of trust and categorization: the paradox of expected cooperation. Journal of Personality and Social Psychology, 88(2), 365.

Insko, C. A., Schopler, J., Gaertner, L., Wildschut, T., Kozar, R., Pinter, B., Finkel, E. J., Brazil, D. M., Cecil, C. L., & Montoya, M. R. (2001). Interindividual-intergroup discontinuity reduction through the anticipation of future interaction. Journal of Personality and Social Psychology, 80(1), 95-111.

Institute for Volunteering Research. (1997). Volunteering works: A series of evaluations of volunteering projects. Institute for Volunteering Research.

Institute for Volunteering Research. (2002). Volunteering for all? Exploring the link between volunteering and social exclusion. Institute for Volunteering Research.

Isen, A. M. (1970). Success, failure, attention, and reaction to others: The warm glow of success. Journal of Personality and Social Psychology, 15(4), 294-301.

Isen, A. M. (1984). Toward understanding the role of affect in cognition.

Isen, A. M. (1993). Positive affect and decision making. In M. Lewis & J. M. Haviland (Eds.), Handbook of emotions (pp. 261-277). Guilford Press.

Isen, A. M., & Levin, P. F. (1973). Effect of feeling good on helping: Cookies and kindness. Journal of Personality and Social Psychology, 21(3), 384-388.

Isen, A. M., Clark, M., & Schwartz, M. F. (1976). Duration of the effect of good mood on helping: "Footprints on the sands of time.". Journal of personality and social psychology, 34(3), 385.

Isen, A. M., Shalker, T. E., Clark, M. S., & Karp, L. (1978). Positive affect, accessibility of material in memory, and behavior: A cognitive loop. Journal of Personality and Social Psychology, 36(1), 1-12.

Isen, A. M., Shalker, T. E., Clark, M., & Karp, L. (1978). Affect, accessibility of material in memory, and behavior: A cognitive loop? Journal of Personality and Social Psychology, 36(1), 1-12.

Jackson, C. (2006). Understanding prosocial behavior: The impact of empathy and gender among African American adolescents. Journal of Adolescent Health, 39(1), 135-137.

Jackson, L. M., & Esses, V. M. (1997). Of scripture and ascription: The relation between religious fundamentalism and intergroup helping. Personality and Social Psychology Bulletin, 23(8), 893-906.

Janoski, T., & Wilson, J. (1995). Pathways to voluntarism: Family socialization and status transmission models. Social Forces, 74(1), 271-292.

Jeffries, V. (1998). Virtue and the altruistic personality. Sociological Perspectives, 41(1), 151-166.

Johnson, M. K., Beebe, T., Mortimer, J. T., & Snyder, M. (1998). Volunteerism in adolescence: A process perspective. Journal of Research on Adolescence, 8(3), 309-332.

Jung, H., Seo, E., Han, E., Henderson, M. D., & Patall, E. A. (2020). Prosocial modeling: A meta-analytic review and synthesis. Psychological Bulletin, 146(8), 635-663.

Kahn, A., & Tice, D. M. (1973). Wanted: A helping hand—The effects of label and prior help on compliance. Sociometry, 36(4), 584-592.

Katz, D. (1960). The functional approach to the study of attitudes. Public Opinion Quarterly, 24(2), 163-204.

Katz, D., Allport, F. H., & Jenness, M. B. (1931). Students' attitudes: A report of the Syracuse University reaction study. Craftsman Press.

Kazdin, A. E., & Bryan, J. H. (1971). Competence and volunteering. Journal of Consulting and Clinical Psychology, 37(4), 435-438.

Kelley, K., & Byrne, D. (1976). Attraction and altruism: With a little help from my friends. Journal of Research in Personality, 10(1), 59-68.

Keltner, D., Gruenfeld, D. H., & Anderson, C. (2003). Power, approach, and inhibition. Psychological Review, 110(2), 265-284.

Kemmelmeier, M., Jambor, E. E., & Letner, J. (2006). Individualism and good works: Cultural variation in giving and volunteering across the United States. Journal of Cross-Cultural Psychology, 37(3), 327-344.

Kemper, T. D. (1987). How many emotions are there? Wedding the social and autonomic components. American Journal of Sociology, 93(2), 263-289.

Kerber, K. W. (1984). The perception of nonemergency helping situations: Costs, rewards, and the altruistic personality. Journal of Personality, 52(3), 274-285.

Kerr, N. L. (1995). Norms in social dilemmas. In D. A. Schroeder (Ed.), Social dilemmas: Perspectives on individuals and groups (pp. 31-47). Praeger.

Kerr, N. L. (1999). Anonymity and social control in social dilemmas. In M. Foddy, M. Smithson, S. Schneider, & M. Hogg (Eds.), Resolving social dilemmas: Dynamic, structural, and intergroup aspects (pp. 103-119). Psychology Press.

Kerr, N. L., & MacCoun, R. J. (1985). Role expectations in social dilemmas: Sex roles and task motivation in groups. Journal of Personality and Social Psychology, 49(6), 1547.

Kerr, N. L., Garst, J., Lewandowski, D. A., & Harris, S. E. (1997). That still, small voice: Commitment to cooperate as an internalized versus a social norm. Personality and Social Psychology Bulletin, 23(12), 1300-1311.

Kiviniemi, M. T., Snyder, M., & Omoto, A. M. (2002). Too much of a good thing? The role of arousal in the volunteer process. Personality and Social Psychology Bulletin, 28(1), 58-69.

Klandermans, B. (2000). Identity and protest: How group identification helps to overcome collective action dilemmas. In M. Van Vugt, M. Snyder, T. R. Tyler, & A. Biel (Eds.), Cooperation in modern society: Promoting the welfare of communities, states and organizations (pp. 162-183). Routledge.

Klein, N. (2017). Prosocial behavior increases perceptions of meaning in life. The Journal of Positive Psychology, 12(4), 354-361.

Kleinke, C. L. (1977). Effects of dress on compliance to requests in a field setting. The Journal of Social Psychology, 101(2), 223-224.

Kohlberg, L. (1984). The psychology of moral development: The nature and validity of moral stages. Harper & Row.

Kohn, A. (1986). No contest: The case against competition. Houghton Mifflin.

Komorita, S. S., & Parks, C. D. (1999). Reciprocity and cooperation in social dilemmas: Review and future directions. In D. V. Budescu, I. Erev, & R. Zwick (Eds.), Games and human behavior: Essays in honor of Amnon Rapoport (pp. 315-330). Lawrence Erlbaum Associates Publishers.

Komter, A. E. (1996). Reciprocity as a principle of exclusion: Gift giving in the Netherlands. Sociology, 30(2), 299-316.

Koopman, J., Lanaj, K., & Scott, B. A. (2016). Integrating the bright and dark sides of OCB: A daily investigation of the benefits and costs of helping others. Academy of Management Journal, 59(2), 414-435.

Korchmaros, J. D., & Kenny, D. A. (2001). Emotional closeness as a mediator of the effect of genetic relatedness on altruism. Psychological Science, 12(3), 262-265.

Korte, C., & Ayvalioglu, N. (1981). Helpfulness in Turkey: Cities, towns, and urban villages. Journal of Cross-Cultural Psychology, 12(2), 123-141.

Korte, C., & Kerr, N. (1975). Response to altruistic opportunities in urban and nonurban settings. The Journal of Social Psychology, 95(2), 183-184.

Kramer, R. M. (1999). Trust and distrust in organizations: Emerging perspectives, enduring questions. Annual Review of Psychology, 50, 569-598.

Krebs, D. (1982). Psychological approaches to altruism: An evaluation. Ethics, 92(3), 447-458.

Krebs, D. L. (1970). Altruism: An examination of the concept and a review of the literature. Psychological Bulletin, 73(4), 258-302.

Krebs, D. L. (1975). Empathy and altruism. Journal of Personality and Social Psychology, 32(6), 1134-1146.

Krebs, D. L. (1982). Psychological approaches to altruism: An evaluation. Ethics, 92(3), 447-458.

Krebs, D. L. (1987). The challenge of altruism in biology and psychology. In C. Crawford, M. Smith, & D. Krebs (Eds.), Sociobiology and psychology: Ideas, issues, and applications (pp. 81-118). Lawrence Erlbaum Associates.

Krueger, R. F., Hicks, B. M., & McGue, M. (2001). Altruism and antisocial behavior: Independent tendencies, unique personality correlates, distinct etiologies. Psychological Science, 12(5), 397-402.

Kruger, D. J. (2003). Evolution and altruism: Combining psychological mediators with naturally selected tendencies. Evolution and Human Behavior, 24(2), 118-125.

Kumru, A., Carlo, G., & Edwards, C. P. (2012). Empathy-related traits and prosocial moral reasoning in Turkish children and adolescents. International Journal of Behavioral Development, 36(4), 278-288.

Kupper, B., & Bierhoff, H. W. (1999). Helping behavior as a function of feeling responsible and socially obligated. European Journal of Social Psychology, 29(3), 329-340.

Laham, S. M., Gonsalkorale, K., & von Hippel, W. (2005). Darwinian grandparenting: Preferential investment in more certain kin. Personality and Social Psychology Bulletin, 31(1), 63-72.

Lam, P.-Y. (2002). As the flocks gather: How religion affects voluntary association participation. Journal for the Scientific Study of Religion, 41(3), 405-422.

Latané, B., & Dabbs, J. M. (1975). Sex, group size and helping in three cities. Sociometry, 38(2), 180-194.

Latané, B., & Darley, J. M. (1968). Bystander intervention in emergencies: Diffusion of responsibility. Journal of Personality and Social Psychology, 8(4), 377-383.

Latané, B., & Darley, J. M. (1968). Group inhibition of bystander intervention in emergencies. Journal of Personality and Social Psychology, 10(3), 215-221.

Latané, B., & Darley, J. M. (1970). Social determinants of bystander intervention in emergencies. In J. Macaulay & L. Berkowitz (Eds.), Altruism and helping behavior (pp. 13-27). Academic Press.

Latané, B., & Darley, J. M. (1970). The unresponsive bystander: Why doesn't he help? Appleton-Century-Crofts.

Latting, J. K. (1990). Motivational differences between black and white volunteers. Nonprofit and Voluntary Sector Quarterly, 19(2), 121-136.

Lee, F. (1997). When the going gets tough, do the tough ask for help? Help seeking and power motivation in organizations. Organizational Behavior and Human Decision Processes, 72(3), 336-363.

Lee, L., Piliavin, J. A., & Call, V. R. A. (1999). Giving time, money, and blood: Similarities and differences. Social Psychology Quarterly, 62(3), 276-290.

Leek, M., & Smith, P. K. (1989). Phenotypic matching, human altruism, and mate preference. Behavioral and Brain Sciences, 12(3), 534-535.

Leek, M., & Smith, P. K. (1991). Cooperation and conflict in three-generation families. In P. K. Smith (Ed.), The psychology of grandparenthood: An international perspective (pp. 177-194). Taylor & Francis/Routledge.

Lehman, D. R., Ellard, J. H., & Wortman, C. B. (1995). Social support for the bereaved: Recipients' and providers' perspectives on what is helpful. Journal of Consulting and Clinical Psychology, 63(2), 250-258.

LePine, J. A., Erez, A., & Johnson, D. E. (2002). The nature and dimensionality of organizational citizenship behavior: A critical review and meta-analysis. Journal of Applied Psychology, 87(1), 52-65.

Lerner, M. J. (1980). The belief in a just world: A fundamental delusion. Springer.

Lerner, R. M., & Frank, P. (1974). Relation of race and sex to supermarket helping behavior. The Journal of Social Psychology, 94(2), 201-203.

Levin, P. F., & Isen, A. M. (1975). Further studies on the effect of feeling good on helping. Sociometry, 38(1), 141-147.

Levine, M., Prosser, A., Evans, D., & Reicher, S. (2005). Identity and emergency intervention: How social group membership and inclusiveness of group boundaries shape helping behavior. Personality and Social Psychology Bulletin, 31(4), 443-453.

Levine, R. V., Martinez, T. S., Brase, G., & Sorenson, K. (1994). Helping in 36 U.S. cities. Journal of Personality and Social Psychology, 67(1), 69-82.

Li, Y., Li, L., Decety, J., & Lee, K. (2013). Experiencing a natural disaster alters children's altruistic giving. Psychological Science, 24(9), 1686-1695.

Liebrand, W. B. G., Wilke, H. A. M., Vogel, R., & Wolters, F. J. M. (1986). Value orientation and conformity: A study using three types of social dilemma games. Journal of Conflict Resolution, 30(1), 77-97.

Liew, J., Eisenberg, N., Spinrad, T. L., Eggum, N. D., Haugen, R. G., Kupfer, A., & Reiser, M. (2003). Physiological regulation and fearfulness as predictors of young children's empathy-related reactions. Social Development, 12(2), 199-213.

Lifton, R. J. (1968). Death in life: Survivors of Hiroshima. Random House.

Ligout, S., Sebe, F., & Porter, R. H. (2004). Vocal discrimination of kin and non-kin agemates among lambs. Behaviour, 141(3), 355-369.

Ma, H.-K. (1985). Cross-cultural study of altruism. Psychological Reports, 57, 337-338.

Macauley, J. R., & Berkowitz, L. (Eds.). (1970). Altruism and helping behavior. Academic Press.

MacDonald, K. (1984). An ethological-social learning theory of the development of altruism: Implications for human sociobiology. Ethology and Sociobiology, 5, 97-109.

Mackie, D. M., Devos, T., & Smith, E. R. (2000). Intergroup emotions: Explaining offensive action tendencies in an intergroup context. Journal of Personality and Social Psychology, 79(4), 602-616.

MacLean, P. D. (1973). A Triune Concept of the Brain and Behavior. In T. Boag (Ed.), The Hincks Memorial Lectures (pp. 6-66). Toronto: University of Toronto Press.

MacLean, P. D. (1985). Evolutionary psychiatry and the triune brain. Psychological Medicine, 15(2), 219-221.

MacRae, H. (1995). Women and caring: What can feminists learn about moral theory from the voices of mothers? Journal of Moral Education, 24(2), 135-149.

Maner, J. K., & Gailliot, M. T. (2007). Altruism and egoism: Prosocial motivations for helping depend on relationship context. European Journal of Social Psychology, 37(2), 347-358.

Marta, E., Manzi, C., Pozzi, M., & Vignoles, V. L. (2014). Identity and the theory of planned behavior: Predicting maintenance of volunteering after three years. The Journal of Social Psychology, 154(3), 198-207.

Martin, G. B., & Clark, R. D. (1982). Distress crying in neonates: Species and peer specificity. Developmental Psychology, 18(1), 3-9.

Masters, J. C., & Furman, W. (1970). Behavioral adjustment of psychiatric hospital patients and helping behavior. Journal of Personality and Social Psychology, 15(3), 243-248.

Mata, F., & Pendakur, R. (2014). Civic participation among visible minority communities in Canada: The role of social capital and ethnocultural bridging. Canadian Ethnic Studies, 46(1), 1-23.

Matthews, K. A., Batson, C. D., Horn, J., & Rosenman, R. H. (1981). "Principles in his nature which interest him in the fortune of others…": The heritability of empathic concern for others. Journal of Personality, 49(3), 237-247.

McAndrew, F. T. (2002). New evolutionary perspectives on altruism: Multilevel-selection and costly-signaling theories. Current Directions in Psychological Science, 11(2), 79-82.

McCall, G. J., & Simmons, J. L. (1978). Identities and interactions (Rev. ed.). Free Press.

McGovern, L. P., Ditzian, J. L., & Taylor, S. P. (1975). Sex and perceptions of dependency in a helping situation. Bulletin of the Psychonomic Society, 5(4), 336-338.

McGovern, L. P., Ditzian, J. L., & Taylor, S. P. (1975). The effect of one positive reinforcement on helping behavior. Bulletin of the Psychonomic Society, 5, 421-423.

McGuire, A. M. (1994). Helping behaviors in the natural environment: Dimensions and correlates of helping. Personality and Social Psychology Bulletin, 20(1), 45-56.

McKenna, K. Y. A., & Bargh, J. A. (1998). Coming out in the age of the Internet: Identity "demarginalization" through virtual group participation. Journal of Personality and Social Psychology, 75(3), 681-694.

McKenna, K. Y., & Bargh, J. A. (1998). Coming out in the age of the Internet: Identity "demarginalization" through virtual group participation. Journal of personality and social psychology, 75(3), 681.

McMillen, D. L. (1971). Transgression, self-image, and compliant behavior. Journal of Personality and Social Psychology, 20(2), 176-179.

McMillen, D. L., Jackson, M. D., & Kidder, L. H. (1977). The threat of social embarrassment and the rejection of prosocial behavior. Journal of Experimental Social Psychology, 13(3), 285-294.

McMillen, D. L., Sanders, D. Y., & Solomon, G. S. (1977). Self-esteem, attentiveness, and helping behavior. Personality and Social Psychology Bulletin, 3(2), 257-261.

McPherson, J. M., & Rotolo, T. (1996). Testing a dynamic model of social composition: Diversity and change in voluntary groups. American Sociological Review, 61(2), 179-202.

Mead, G. H. (1934). Mind, self, and society: From the standpoint of a social behaviorist. University of Chicago Press.

Mehrabian, A., & Epstein, N. (1972). A measure of emotional empathy. Journal of Personality, 40(4), 525-543.

Meindl, J. R., & Lerner, M. J. (1983). The heroic motive: Some experimental demonstrations. Journal of Experimental Social Psychology, 19(1), 1-20.

Meltzoff, A. N. (2002). Imitation as a mechanism of social cognition: Origins of empathy, theory of mind, and the representation of action. In U. Goswami (Ed.), Blackwell handbook of childhood cognitive development (pp. 6-25). Blackwell Publishing.

Merriam-Webster. (n.d.). Altruism. In Merriam-Webster.com dictionary. Retrieved April 3, 2025, from https://www.merriam-webster.com/dictionary/altruism

Mesch, D. J., & Pactor, A. (2015). Seizing the moment: A study of philanthropic giving by young donors. Journal of Business and Psychology, 30(2), 219-229.

Midlarsky, E. (1968). Aiding responses: An analysis and review. Merrill-Palmer Quarterly of Behavior and Development, 14(3), 229-260.

Midlarsky, E. (1991). Helping as coping. In M. S. Clark (Ed.), Prosocial behavior (pp. 238-264). Sage Publications.

Midlarsky, E., & Bryan, J. H. (1967). Training charity in children. Journal of Personality and Social Psychology, 5(4), 408-415.

Midlarsky, E., & Midlarsky, M. (1973). Some determinants of aiding under experimentally-induced stress. Journal of Personality, 41(3), 305-327.

Midlarsky, E., Hannah, M. E., & Corley, R. (1995). Assessing adolescents' prosocial behavior: The Family Helping Inventory. Adolescence, 30(117), 117-131.

Milgram, S. (1970). The experience of living in cities. Science, 167(3924), 1461-1468.

Milgram, S. (1974). The dilemma of obedience. The Phi Delta Kappan, 55(9), 603-606.

Milinski, M., Semmann, D., Bakker, T. C., & Krambeck, H. J. (2001). Cooperation through indirect reciprocity: image scoring or standing strategy?. Proceedings of the Royal Society of London. Series B: Biological Sciences, 268(1484), 2495-2501.

Miller, A. G., & Seligman, C. (1977). Depression and the perception of reinforcement. Journal of Abnormal Psychology, 86(6), 574-582.

Modell, A. H. (1971). The origin of certain forms of pre-oedipal guilt and the implications for a psychoanalytic theory of affects. The International Journal of Psychoanalysis, 52(4), 337-346

Moen, P., Dempster-McClain, D., & Williams, R. M. (1992). Successful aging: A life-course perspective on women's multiple roles and health. American Journal of Sociology, 97(6), 1612-1638.

Mogan, J. (1986). Parental weight and its relation to infant feeding patterns and infant obesity. International Journal of Nursing Studies, 23(3), 255-264.

Moore, B. S., Underwood, B., & Rosenhan, D. L. (1973). Affect and altruism. Developmental Psychology, 8(1), 99-104.

Moore, C. W., & Allen, J. P. (1996). The effects of volunteering on the young volunteer. Journal of Primary Prevention, 17, 231-258.

Morgan, C. J. (1985). Natural selection for altruism in structured populations. Ethology and Sociobiology, 6(3), 211-218.

Morrow-Howell, N. (2010). Volunteering in later life: Research frontiers. The Journals of Gerontology: Series B, 65(4), 461-469.

Morrow-Howell, N., Hinterlong, J., Rozario, P. A., & Tang, F. (2003). Effects of volunteering on the well-being of older adults. The Journals of Gerontology: Series B, Psychological Sciences and Social Sciences, 58(3), S137-S145.

Moschner, B. (1998). Ehrenamtliches Engagement und soziale Verantwortung. Verantwortung, Gerechtigkeit und Moral, 73-86.

Mueller, M. W. (1975). Economic determinants of volunteer work by women. Signs: Journal of Women in Culture and Society, 1(2), 325-338.

Mullen, B., & Hu, L.-T. (1989). Perceptions of ingroup and outgroup variability: A meta-analytic integration. Basic and Applied Social Psychology, 10(3), 233-252.

Mullen, B., Brown, R., & Smith, C. (1992). Ingroup bias as a function of salience, relevance, and status: An integration. European Journal of Social Psychology, 22(2), 103-122.

Musick, M. A., & Wilson, J. (2003). Volunteering and depression: The role of psychological and social resources in different age groups. Social Science & Medicine, 56(2), 259-269.

Musick, M. A., & Wilson, J. (2007). Volunteers: A social profile. Indiana University Press.

Musick, M. A., Herzog, A. R., & House, J. S. (1999). Volunteering and mortality among older adults: Findings from a national sample. The Journals of Gerontology: Series B, 54(3), S173-S180.

Musick, M. A., Wilson, J., & Bynum, W. B. (2000). Race and formal volunteering: The differential effects of class and religion. Social Forces, 78(4), 1539-1571.

Musick, M., & Wilson, J. (2008). Volunteers: A social profile. Indiana University Press.

Mussen, P. H., & Eisenberg-Berg, N. (1977). Roots of caring, sharing, and helping: The development of prosocial behavior in children. W. H. Freeman.

Nadler, A. (1991). Help-seeking behavior: Psychological costs and instrumental benefits. In M. S. Clark (Ed.), Prosocial behavior (pp. 290-311). Sage Publications.

Nadler, A. (2002). Inter-group helping relations as power relations: Maintaining or challenging social dominance between groups through helping. Journal of Social Issues, 58(3), 487-502.

Nadler, A., & Fisher, J. D. (1986). The role of threat to self-esteem and perceived control in recipient reaction to help: Theory development and empirical validation. In L. Berkowitz (Ed.), Advances in experimental social psychology (Vol. 19, pp. 81-122). Academic Press.

Nadler, A., Fisher, J. D., & Streufert, S. (1976). When helping hurts: Effects of donor-recipient similarity and recipient self-esteem on reactions to aid. Journal of Personality, 44(3), 392-409.

National Centre for Volunteering Research. (2002). 1997 national survey of volunteering in the U.K. East London University.

Neiderland, W. G. (1981). The survivor syndrome: Further observations and dimensions. Journal of the American Academy of Psychoanalysis, 9(2), 329-339

Nelson, L. J., Padilla-Walker, L. M., Carroll, J. S., Madsen, S. D., Barry, C. M., & Badger, S. (2015). "If you want me to treat you like an adult, start acting like one!" Comparing the criteria that emerging adults and their parents have for adulthood. Journal of Family Psychology, 29(3), 375-386.

Nelson, S. K., Della Porta, M. D., Bao, K. J., Lee, H. C., Choi, I., & Lyubomirsky, S. (2015). "It's up to you": Experimentally manipulated autonomy support for prosocial behavior improves well-being in two cultures over six weeks. The Journal of Positive Psychology, 10(5), 463-476.

Neyer, F. J., & Lang, F. R. (2003). Blood is thicker than water: Kinship orientation across adulthood. Journal of Personality and Social Psychology, 84(2), 310-321.

Nielson, M. G., Padilla-Walker, L. M., & Holmes, E. K. (2017). How do men and women help? Validation of a multidimensional measure of prosocial behavior. Journal of Adolescence, 56, 91-106.

Nims, S. M., Green, M. J., & Solomon, D. H. (1975). The effect of physical attractiveness on helping behavior. Journal of Social Psychology, 97(1), 101-102.

North, A. C., Hargreaves, D. J., & McKendrick, J. (2004). The effect of music on atmosphere and purchase intentions in a cafeteria. Journal of Applied Social Psychology, 34(8), 1685-1706.

Oliner, S. P., & Oliner, P. M. (1988). The altruistic personality: Rescuers of Jews in Nazi Europe. Free Press.

Oman, D., Thoresen, C. E., & McMahon, K. (1999). Volunteerism and mortality among the community-dwelling elderly. Journal of Health Psychology, 4(3), 301-316.

Omoto, A. M., & Snyder, M. (1995). Sustained helping without obligation: Motivation, longevity of service, and perceived attitude change among AIDS volunteers. Journal of Personality and Social Psychology, 68(4), 671-686.

Omoto, A. M., & Snyder, M. (2002). Considerations of community: The context and process of volunteerism. American Behavioral Scientist, 45(5), 846-867.

Organ, D. W. (1988). Organizational citizenship behavior: The good soldier syndrome. Lexington Books.

Organ, D. W., & Ryan, K. (1995). A meta-analytic review of attitudinal and dispositional predictors of organizational citizenship behavior. Personnel Psychology, 48(4), 775-802.

Osguthorpe, R. T., & Scruggs, T. E. (1986). Special education students as tutors: A review and analysis. Remedial and Special Education, 7(4), 15-25.

Pavey, L., Greitemeyer, T., & Sparks, P. (2012). "I help because I want to, not because you tell me to": Empathy increases autonomously motivated helping. Personality and Social Psychology Bulletin, 38(5), 681-689.

Pearce, J. L. (1983). Job attitude and motivation differences between volunteers and employees from comparable organizations. Journal of Applied Psychology, 68(4), 646-652.

Pearce, J. L. (1993). Volunteers: The organizational behavior of unpaid workers. Routledge.

Pearce, P. L., & Amato, P. R. (1980). A taxonomy of helping: A multidimensional scaling analysis. Social Psychology Quarterly, 43(4), 363-371.

Peddibhotla, N. B., & Subramani, M. R. (2007). Contributing to public document repositories: A critical mass theory perspective. Organization Studies, 28(3), 327-346.

Penner, L. A. (2002). Dispositional and organizational influences on sustained volunteerism: An interactionist perspective. Journal of Social Issues, 58(3), 447-467.

Penner, L. A. (2004). Volunteerism and social problems: Making things better or worse? Journal of Social Issues, 60(3), 645-666.

Penner, L. A., & Finkelstein, M. A. (1998). Dispositional and structural determinants of volunteerism. Journal of Personality and Social Psychology, 74(2), 525-537.

Penner, L. A., Dertke, M. C., & Achenbach, C. J. (1973). The flash system: A field study of altruism. Journal of Applied Social Psychology, 3(4), 362-373.

Penner, L. A., Dovidio, J. F., Piliavin, J. A., & Schroeder, D. A. (1997). Prosocial behavior: Multilevel perspectives. Annual Review of Psychology, 48, 365-392.

Penner, L. A., Dovidio, J. F., Piliavin, J. A., & Schroeder, D. A. (2005). Prosocial behavior: Multilevel perspectives. Annual Review of Psychology, 56, 365-392.

Penner, L. A., Fritzsche, B. A., Craiger, J. P., & Freifeld, T. S. (1995). Measuring the prosocial personality. In J. N. Butcher & C. D. Spielberger (Eds.), Advances in personality assessment (Vol. 10, pp. 147-163). Lawrence Erlbaum Associates.

Penner, L. A., Midili, A. R., & Kegelmeyer, J. (1997). Beyond Job Attitudes: A Personality and Social Psychology Perspective on the Causes of Organizational Citizenship Behavior. Human Performance, 10(2), 111-131.

Perlow, L., & Weeks, J. (2002). Who's helping whom? Layers of culture and workplace behavior. Journal of Organizational Behavior, 23(SpecIssue), 345-361.

Phillips, D. A. (1982). Volunteering: Altruism, self-interest, or both? In J. P. Rushton & R. M. Sorrentino (Eds.), Altruism and helping behavior: Social, personality, and developmental perspectives (pp. 367-375). Lawrence Erlbaum Associates.

Piaget, J. (1932). The moral judgment of the child. Harcourt, Brace.

Pichon, I., Boccato, G., & Saroglou, V. (2007). Nonconscious influences of religion on prosociality: A priming study. European Journal of Social Psychology, 37(5), 1032-1045.

Piff, P. K. (2014). Wealth and the inflated self: Class, entitlement, and narcissism. Personality and Social Psychology Bulletin, 40(1), 34-43.

Piff, P. K., Kraus, M. W., Côté, S., Cheng, B. H., & Keltner, D. (2010). Having less, giving more: The influence of social class on prosocial behavior. Journal of Personality and Social Psychology, 99(5), 771-784.

Piliavin, I. M., & Piliavin, J. A. (1972). Good Samaritanism: An underground phenomenon? Journal of Personality and Social Psychology, 13(4), 289-299.

Piliavin, I. M., Piliavin, J. A., & Rodin, J. (1975). Costs, diffusion, and the stigmatized victim. Journal of Personality and Social Psychology, 32(3), 429-438.

Piliavin, I. M., Rodin, J., & Piliavin, J. A. (1969). Good Samaritanism: An underground phenomenon? Journal of Personality and Social Psychology, 13(4), 289-299.

Piliavin, J. A. (2003). Doing well by doing good: Benefits for the benefactor. In C. L. M. Keyes & J. Haidt (Eds.), Flourishing: Positive psychology and the life well-lived (pp. 227-247). American Psychological Association.

Piliavin, J. A. (2004). Doing well by doing good: Benefits for the benefactor. In A. M. Omoto (Ed.), Processes of community change and social action (pp. 29-50). Lawrence Erlbaum Associates.

Piliavin, J. A., & Callero, P. L. (1991). Giving blood: The development of an altruistic identity. Johns Hopkins University Press.

Piliavin, J. A., & Charng, H.-W. (1990). Altruism: A review of recent theory and research. Annual Review of Sociology, 16, 27-65.

Piliavin, J. A., & Libby, D. (1985-1986). Personal norms, perceived social norms, and blood donation. Humboldt Journal of Social Relations, 13(1-2), 159-194.

Piliavin, J. A., & Piliavin, I. M. (1972). The effect of blood on reactions to a victim. Journal of Personality and Social Psychology, 23(3), 353-361.

Piliavin, J. A., & Unger, R. K. (1985). The helpful but helpless female: Myth or reality? In V. E. O'Leary, R. K. Unger, & B. S. Wallston (Eds.), Women, gender, and social psychology (pp. 149-189). Hillsdale, NJ: Lawrence Erlbaum Associates.

Piliavin, J. A., Dovidio, J. F., Gaertner, S. L., & Clark, R. D. (1981). Emergency intervention. New York: Academic Press.

Piliavin, J. A., Grube, J. A., & Callero, P. L. (2002). Role as a resource for action in public service. Journal of Social Issues, 58(3), 469-485.

Piliavin, J. A., Grube, J. A., & Callero, P. L. (2002). Role as a resource for action in public service. In A. Molnar (Ed.), Building a better society: The role of volunteering in strengthening civil society (pp. 47-67). Rowman & Littlefield.

Piliavin, J. A., Piliavin, I. M., & Broll, L. (1976). Time of arrival at an emergency and likelihood of helping. Personality and Social Psychology Bulletin, 2(3), 273-276.

Plomin, R., & Caspi, A. (1999). Behavioral genetics and personality. In L. A. Pervin & O. P. John (Eds.), Handbook of personality: Theory and research (2nd ed., pp. 251-276). Guilford Press.

Podsakoff, P. M., MacKenzie, S. B., Moorman, R. H., & Fetter, R. (1990). Transformational leader behaviors and their effects on followers' trust in leader, satisfaction, and organizational citizenship behaviors. Leadership Quarterly, 1(2), 107-142.

Pomazal, R. J., & Clore, G. L. (1973). Helping on the highway: The effects of dependency and sex. Journal of Applied Social Psychology, 3(2), 150-164.

Porter, R. H. (1987). Kin recognition: Functions and mechanisms. In D. J. C. Fletcher & C. D. Michener (Eds.), Kin recognition in animals (pp. 175-198). John Wiley & Sons.

Porter, R. H., Boyle, C., Hardister, T., & Balogh, R. D. (1989). Salience of neonates' facial features for recognition by family members. Ethology & Sociobiology, 10(5), 325-330.

Porter, R. H., Cernoch, J. M., & Balogh, R. D. (1984). Recognition of kin through olfactory cues in humans. Child Development, 55(4), 927-931.

Preston, S. D., & de Waal, F. B. M. (2002). Empathy: Its ultimate and proximate bases. Behavioral and Brain Sciences, 25(1), 1-20.

Putnam, H. (2002). The collapse of the fact/value dichotomy and other essays. Harvard University Press.

Putnam, R. D. (2000). Bowling alone: The collapse and revival of American community. Simon & Schuster.

Putnam, R. D. (2002). Democracies in flux: The evolution of social capital in contemporary society. Oxford University Press.

Rachlin, H. (2002). Altruism and selfishness. Behavioral and Brain Sciences, 25(2), 239-296.

Radke-Yarrow, M. R., & Zahn-Waxler, C. J. (1984). Roots, motives, and patterns in children's prosocial behavior. In E. Staub, D. Bar-Tal, J. Karylowski, & J. Reykowski (Eds.), Origins and maintenance of prosocial behaviors (pp. 81-100). Plenum.

Radke-Yarrow, M., Zahn-Waxler, C., & Chapman, M. (1983). Children's prosocial dispositions and behavior. In P. H. Mussen & E. M. Hetherington (Eds.), Handbook of child psychology (Vol. 4, Socialization, personality, and social development, pp. 469-545). New York, NY: Wiley.

Reddy, R. D. (1980). Individual philanthropy and giving behavior. In D. H. Smith & J. Macaulay (Eds.), Participation in social and political activities (pp. 370-399). Jossey-Bass.

Reed, P. B., & Selbee, L. K. (2000). Distinguishing characteristics of active volunteers in Canada. Nonprofit and voluntary sector quarterly, 29(4), 571-592.

Reed, P. B., & Selbee, L. K. (2000). Distinguishing characteristics of active volunteers in Canada. Ottawa, ON: Statistics Canada.

Reed, P. B., & Selbee, L. K. (2000). Formal and informal volunteering and charitable giving in Canada: The caring Canadians, involved Canadians. Statistics Canada.

Regan, D. T. (1971). Effects of a favor and liking on compliance. Journal of Experimental Social Psychology, 7(6), 627-639.

Regnerus, M. D., Smith, C., & Sikkink, D. (1998). Who gives to the poor? The influence of religious tradition and political location on the personal generosity of Americans toward the poor. Journal for the Scientific Study of Religion, 37(3), 481-493.

Reidel, M. (2002). The impact of service-learning on student attitudes toward civic engagement. Journal of Research in Character Education, 1(2), 45-62.

Rice, M. E., & Grusec, J. E. (1975). Saying and doing: Effects on observer performance. Journal of Personality and Social Psychology, 32(4), 584-593.

Rioux, S. M., & Penner, L. A. (2001). The causes of organizational citizenship behavior: A motivational analysis. Journal of Applied Psychology, 86(6), 1306-1314.

Ripley, J. S., & Worthington, E. L., Jr. (2002). Hope-focused and forgiveness-based group interventions to promote reconciliation among Christians. Journal of Psychology and Christianity, 21(3), 219-230.

Robinson, J., Zahn-Waxler, C., & Emde, R. N. (2001). Relationship context as a moderator of sources of individual differences in empathic development. In R. N. Emde & J. K. Hewitt (Eds.), Infancy to early childhood: Genetic and environmental influences on developmental change (pp. 257-268). Oxford University Press.

Rodin, J., & Langer, E. J. (1977). Long-term effects of a control-relevant intervention with the institutionalized aged. Journal of Personality and Social Psychology, 35(12), 897-902.

Rokeach, M. (1973). The Nature of Human Values. New York: Free Press.

Rosen, S., Mickler, S. E., & Collins, J. E. (1987). Reactions of good Samaritans to aid rejection: The good Samaritan's dilemma. Journal of Personality and Social Psychology, 52(4), 769-777.

Rosen, S., Mickler, S. E., & Collins, J. E. (1987). Reactions of the would-be helper to rejection of help: Guilt, responsibility, and justification. Journal of Personality and Social Psychology, 52(4), 769-777.

Rosenhan, D. L., & White, G. M. (1967). Observation and rehearsal as determinants of prosocial behavior. Journal of Personality and Social Psychology, 5(4), 424-431.

Rosenhan, D. L., Salovey, P., & Hargis, K. (1981). The joys of helping: Focus of attention mediates the impact of positive affect on altruism. Journal of Personality and Social Psychology, 40(5), 899-905.

Rosenhan, D., & White, G. M. (1967). Observation and rehearsal as determinants of prosocial behavior. Journal of Personality and Social Psychology, 5(4), 424-431.

Rosenthal, S., Feiring, C., & Lewis, M. (1998). Political volunteering from late adolescence to young adulthood: Patterns and predictors. Journal of Social Issues, 54(3), 477-493.

Rothstein, S. I., & Pierotti, R. (1988). Distinctions among reciprocal altruism, kin selection, and cooperation and a model for the initial evolution of beneficent behavior. Ethology and Sociobiology, 9(3), 189-209.

Ruiter, S., & De Graaf, N. D. (2006). National context, religiosity, and volunteering: Results from 53 countries. American Sociological Review, 71(2), 191-210.

Rushton, J. P. (1975). Generosity in children: Immediate and long-term effects of modeling, preaching, and moral judgment. Journal of Personality and Social Psychology, 31(3), 459-466.

Rushton, J. P. (1980). Altruism, socialization, and society. Englewood Cliffs, NJ: Prentice-Hall.

Rushton, J. P. (1982). Altruism and society: A social learning perspective. Ethics, 92(3), 425-446.

Rushton, J. P. (1982). Altruism and society: A social learning perspective. Ethics, 92(3), 447-457.

Rushton, J. P., & Littlefield, C. (1979). The Effects of Age, Amount of Modelling, and a Success Experienceon Seven-to Eleven-Year-Old Children's Generosity. Journal of Moral Education, 9(1), 55-56.

Rushton, J. P., & Teachman, G. (1978). The effects of positive reinforcement, attributions, and punishment on model-induced altruism in children. Personality and Social Psychology Bulletin, 4(2), 322-325.

Rushton, J. P., Chrisjohn, R. D., & Fekken, G. C. (1981). The altruistic personality and the Self-Report Altruism Scale. Personality and Individual Differences, 2(4), 293-302.

Rushton, J. P., Fulker, D. W., Neale, M. C., Nias, D. K. B., & Eysenck, H. J. (1986). Altruism and aggression: The heritability of individual differences. Journal of Personality and Social Psychology, 50(6), 1192-1198.

Rushton, J. P., Russell, R. J. H., & Wells, P. A. (1984). Genetic similarity theory: Beyond kin selection. Behavior Genetics, 14(3), 179-193.

Sagi, A., & Hoffman, M. L. (1976). Empathic distress in the newborn. Developmental Psychology, 12(2), 175-176.

Salminen, S., & Glad, T. (1992). The role of gender in helping behavior. The Journal of Social Psychology, 132(1), 131-133.

Salmon, C. A., & Daly, M. (1996). On the importance of kin relations: A study of Canadian women and men. Ethology and Sociobiology, 17(4), 289-297.

Salovey, P., Mayer, J. D., & Rosenhan, D. L. (1991). Mood and helping: Mood as a motivator of helping and helping as a regulator of mood. In M. S. Clark (Ed.), Prosocial behavior (pp. 215-237). Sage Publications.

Sargeant, A. (1999). Charitable giving: Towards a model of donor behaviour. Journal of Marketing Management, 15(4), 215-238.

Schaller, M., & Cialdini, R. B. (1988). The economics of empathic helping: Support for a mood management motive. Journal of Experimental Social Psychology, 24(2), 163-181.

Schneider, S. K., Major, B., Luongo, G., & Tan, S. J. (1996). Helping behavior in the context of intergroup relations. In C. Seligman, J. M. Olson, & M. P. Zanna (Eds.), The psychology of values: The Ontario Symposium (Vol. 8, pp. 229-252). Lawrence Erlbaum Associates.

Schopler, J. (1970). An attributional analysis of some determinants of reciprocating a benefit. In J. Macaulay & L. Berkowitz (Eds.), Altruism and helping behavior (pp. 231-238). Academic Press.

Schroeder, D. A., & Graziano, W. G. (2015). The field of prosocial behavior: An introduction and overview. In D. A. Schroeder & W. G. Graziano (Eds.), The Oxford Handbook of Prosocial Behavior (pp. 3-34). Oxford University Press.

Schroeder, D. A., Dovidio, J. F., Piliavin, J. A., & Clark, R. D., III. (1988). Empathy-related responding and prosocial behavior: A multimethod study. Journal of Personality and Social Psychology, 54(4), 653-664.

Schroeder, D. A., Dovidio, J. F., Sibicky, M. E., Matthews, L. L., & Allen, J. L. (1988). Empathic concern and helping behavior: Egoism or altruism? Journal of Experimental Social Psychology, 24(4), 333-353.

Schroeder, D. A., Penner, L. A., Dovidio, J. F., & Piliavin, J. A. (1995). The psychology of helping and altruism. McGraw-Hill.

Schroeder, D. A., Penner, L. A., Dovidio, J. F., & Piliavin, J. A. (2003). The psychology of helping and altruism: Problems and puzzles. McGraw-Hill.

Schroeder, D. A., Steel, J. E., Woodell, A. J., & Bembenek, A. F. (2003). Justice within social dilemmas. Personality and Social Psychology Review, 7(4), 374-387.

Schulman, M., & Mekler, E. (1985). Bringing up a moral child. Addison-Wesley.

Schumann, K., Zaki, J., & Dweck, C. S. (2014). Addressing the empathy deficit: Beliefs about the malleability of empathy predict effortful responses when empathy is challenging. Journal of Personality and Social Psychology, 107(3), 475-493.

Schwartz, S. H. (1977). Normative influences on altruism. In L. Berkowitz (Ed.), Advances in experimental social psychology (Vol. 10, pp. 221-279). Academic Press.

Schwartz, S. H., & Bilsky, W. (1990). Toward a theory of the universal content and structure of values: Extensions and cross-cultural replications. Journal of Personality and Social Psychology, 58(5), 878-891.

Schwartz, S. H., & Howard, J. A. (1981). A normative decision-making model of altruism. In P. J. Rushton & R. M. Sorrentino (Eds.), Altruism and helping behavior: Social, personality, and developmental perspectives (pp. 189-211). Hillsdale, NJ: Lawrence Erlbaum Associates.

Schwartz, S. H., & Howard, J. A. (1982). Helping and cooperation: A self-based motivational model. In V. J. Derlega & J. Grzelak (Eds.), Cooperation and helping behavior: Theories and research (pp. 327-353). Academic Press.

Segal, N. L. (1984). Cooperation, competition, and altruism within twin sets: A reappraisal. Ethology and Sociobiology, 5(3), 163-177.

Segal, N. L. (1991). Twin research: Psychology and methodology. Behavior Genetics, 21(5), 537-547.

Segal, N. L. (1993). Twin research: Findings from a study of twins reared apart and twins reared together. Behavior Genetics, 23(5), 557-561.

Segal, N. L. (1993). Twin research: From behavioral genetics to evolutionary psychology. Current Directions in Psychological Science, 2(3), 90-95.

Seligman, M. E. P. (2002). Positive psychology, positive prevention, and positive therapy. In C. R. Snyder & S. J. Lopez (Eds.), Handbook of positive psychology (pp. 3-9). Oxford University Press.

Shariff, A. F., Willard, A. K., Andersen, T., & Norenzayan, A. (2015). Religious priming: A meta-analysis with a focus on prosociality. Personality and Social Psychology Review, 20(1), 27-48.

Shaw, L. L., Batson, C. D., & Todd, R. M. (1994). Empathy avoidance: Forestalling feeling for another in order to escape the motivational consequences. Journal of Personality and Social Psychology, 67(5), 879-887.

Sheese, B. E., Brown, E. L., & Graziano, W. G. (2004). Emotional expression in cyberspace: Searching for moderators of the Pennebaker disclosure effect via e-mail. Health Psychology, 23(5), 457-464.

Sherman, P. W. (1985). Alarm calls of Belding's ground squirrels to aerial predators: Nepotism or self-preservation? Behavioral Ecology and Sociobiology, 17(4), 313-323.

Shotland, R. L., & Huston, T. L. (1979). Emergencies: What are they and do they influence bystanders to intervene? Journal of Personality and Social Psychology, 37(10), 1822-1834.

Shott, S. (1979). Emotion and social life: A symbolic interactionist analysis. American Journal of Sociology, 84(6), 1317-1334.

Sills, D. L. (1957). The volunteers. Free Press.

Simmons, R. G., Klein, S. D., & Simmons, R. L. (1977). Gift of life: The social and psychological impact of organ transplantation. Wiley.

Simner, M. L. (1971). Newborn's response to the cry of another infant. Developmental Psychology, 5(1), 136-150.

Simon, B., Stürmer, S., & Steffens, K. (2000). Helping individuals or group members? The role of individual and collective identification in AIDS volunteerism. Personality and Social Psychology Bulletin, 26(4), 497-506.

Skitka, L. J., & Tetlock, P. E. (1999). Accountability and close call counterfactuals in voting, judgment, and choice. Personality and Social Psychology Bulletin, 25(12), 1445-1456.

Smith, C. A., Organ, D. W., & Near, J. P. (1983). Organizational citizenship behavior: Its nature and antecedents. Journal of Applied Psychology, 68(4), 653-663.

Smith, C., & Davidson, H. (2014). The paradox of generosity: Giving we receive, grasping we lose. Oxford University Press.

Smith, D. H. (1982). Altruism, volunteers, and volunteerism. Journal of Voluntary Action Research, 11(1-2), 23-35.

Smith, D. H. (1986). Altruism, volunteers, and volunteerism. Journal of Voluntary Action Research, 15(3), 23-35.

Smith, D. H. (1994). Determinants of voluntary association participation and volunteering: A literature review. Nonprofit and Voluntary Sector Quarterly, 23(3), 243-263.

Smith, M. B., Bruner, J. S., & White, R. W. (1956). Opinions and personality. John Wiley & Sons.

Smith, R. E. (1989). Effects of coping skills training on generalized self-efficacy and locus of control. Journal of Personality and Social Psychology, 56(2), 228-233.

Smith, T. W. (1994). Concepts and methods in the study of anger, hostility, and health. In A. W. Siegman & T. W. Smith (Eds.), Anger, hostility, and the heart (pp. 23-42). Lawrence Erlbaum Associates.

Smithson, M., Amato, P. R., & Pearle, L. (1983). Unhelpfulness: Conceptual analysis and measurement. Personality and Social Psychology Bulletin, 9(1), 17-22.

Snyder, M., & DeBono, K. G. (1989). Understanding Consumer Decision-Making Processes: The Role of Form and Function In Product Evaluation 1. Journal of Applied Social Psychology, 19(5), 416-424.

Snyder, M., Clary, E. G., & Stukas, A. A. (2000). The functional approach to volunteerism. In G. R. Maio & J. M. Olson (Eds.), Why we evaluate: Functions of attitudes (pp. 365-393). Lawrence Erlbaum Associates.

Sober, E. (1992). The evolution of altruism: A multilevel selection approach. Journal of Theoretical Biology, 154(4), 305-311.

Sober, E., & Wilson, D. S. (1988). Unto others: The evolution and psychology of unselfish behavior. Harvard University Press.

Sober, E., & Wilson, D. S. (1998). Unto others: The evolution and psychology of unselfish behavior. Harvard University Press.

Sole, K., Marton, J., & Hornstein, H. A. (1975). Opinion similarity and helping: Three field experiments investigating the bases of promotive tension. Journal of Experimental Social Psychology, 11(1), 1-13.

Son, J., & Wilson, J. (2012). Volunteer work and hedonic, eudemonic, and social well-being. Sociological Forum, 27(3), 658-681.

Spence, J. T., & Helmreich, R. L. (1983). Achievement-related motives and behavior. In J. T. Spence (Ed.), Achievement and achievement motives: Psychological and sociological approaches (pp. 10-74). San Francisco, CA: W. H. Freeman.

Spitzmuller, M., & Van Dyne, L. (2013). Proactive and reactive helping: Contrasting the positive consequences of different forms of helping. Journal of Organizational Behavior, 34(4), 560-580.

Sproull, L., Conley, C. A., & Moon, J. Y. (2005). Prosocial behavior on the net. In Y. Amichai-Hamburger (Ed.), The social net: Understanding human behavior in cyberspace (pp. 139-161). Oxford University Press.

Staub, E. (1974). Helping a distressed person: Social, personality and stimulus determinants. In L. Berkowitz (Ed.), Advances in experimental social psychology (Vol. 7, pp. 293-341). Academic Press.

Staub, E. (1978). Positive social behavior and morality: Vol. 1. Social and personal influences. Academic Press.

Staub, E. (1979). Positive social behavior and morality: Social and personal influences. Academic Press.

Staub, E. (1991). The psychology of good and evil: What leads children, adults and groups to help and harm others. Cambridge University Press.

Staub, E. (2002). Emergency helping, genocidal violence, and the evolution of responsibility and altruism in children. In R. J. Davidson & A. Harrington (Eds.), Visions of compassion: Western scientists and Tibetan Buddhists examine human nature (pp. 168-181). Oxford University Press.

Staub, E. (2003). The psychology of good and evil: Why children, adults, and groups help and harm others. Cambridge University Press.

Steblay, N. M. (1987). Helping behavior in rural and urban environments: A meta-analysis. Psychological Bulletin, 102(3), 346-356.

Stellar, J. E., Manzo, V. M., Kraus, M. W., & Keltner, D. (2012). Class and compassion: Socioeconomic factors predict responses to suffering. Emotion, 12(3), 449-459.

Stocks, E. L., Lishner, D. A., & Decker, S. E. (2009). Altruism or egoism: That is (still) the question. Current Directions in Psychological Science, 18(6), 282-286.

Stone, V. E., Cosmides, L., Tooby, J., Kroll, N. E. A., & Knight, R. T. (2002). Selective impairment of reasoning about social exchange in a patient with bilateral limbic system damage. Proceedings of the National Academy of Sciences, 99(17), 11531-11536.

Stryker, S. (1980). Symbolic interactionism: A social structural version. Benjamin/Cummings.

Stürmer, S., & Simon, B. (2004). Collective action: Towards a dual-pathway model. European Review of Social Psychology, 15(1), 59-99.

Stürmer, S., Snyder, M., & Omoto, A. M. (2005). Prosocial emotions and helping: The moderating role of group membership. Journal of Personality and Social Psychology, 88(3), 532-546.

Sundeen, R. A., & Raskoff, S. A. (1995). Volunteering among teenagers in the United States. Nonprofit and Voluntary Sector Quarterly, 24(4), 383-403.

Tajfel, H. (1981). Human groups and social categories: Studies in social psychology. Cambridge University Press.

Tang, F. (2006). What resources are needed for volunteerism? A life course perspective. Journal of Applied Gerontology, 25(5), 375-390.

Tangney, J. P. (1991). Moral affect: The good, the bad, and the ugly. Journal of Personality and Social Psychology, 61(4), 598-607.

Tangney, J. P. (1998). How does guilt differ from shame? In J. Bybee (Ed.), Guilt and children (pp. 1-17). Academic Press. (Reprinted in modified form from American Behavioral Scientist, 38, 1132-1145

Tangney, J. P., & Dearing, R. L. (2002). Shame and guilt. Guilford Press.

Tangney, J. P., Wagner, P. E., Hill-Barlow, D., Marschall, D. E., & Gramzow, R. (1996). Relation of shame and guilt to constructive versus destructive responses to anger across the lifespan. Journal of Personality and Social Psychology, 70(4), 797-809.

Taylor, S. E., & Dakof, G. A. (1987). Social support and the cancer patient. In S. Spacapan & S. Oskamp (Eds.), The social psychology of health (pp. 95-116). Sage.

Thoits, P. A., & Hewitt, L. N. (2001). Volunteer work and well-being. Journal of Health and Social Behavior, 42(2), 115-131.

Thompson, G., Bryan, W. B., & Melson, W. G. (1980). Geological and geophysical investigation of the Mid-Cayman Rise spreading center: Geochemical variations and petrogenesis of basalt glasses. Journal of Geology, 88(1), 41-55.

Thompson, R. A. (1987). Empathy and emotional understanding: The early development of empathy. In N. Eisenberg & J. Strayer (Eds.), Empathy and its development (pp. 119-145). Cambridge University Press.

Thompson, R., & Hoffman, M. L. (1980). Empathy and the development of guilt in children. Developmental Psychology, 16(2), 155-156.

Tietz, U., & Bierhoff, H. W. (1996). Psychologische Aspekte ehrenamtlichen Engagements. In H. W. Bierhoff, L. Montada, & B. Spinnler (Eds.), Altruismus und prosoziales Handeln (pp. 159-174). Hogrefe.

Toburen, T., & Meier, B. P. (2010). Priming God-related concepts increases prosocial behavior. Social Psychological and Personality Science, 1(2), 119-126.

Triandis, H. C. (1978). Some universals of social behavior. Personality and Social Psychology Bulletin, 4(1), 1-16.

Triandis, H. C., Vassiliou, V., & Nassiakou, M. (1968). Three cross-cultural studies of subjective culture. Journal of Personality and Social Psychology, 8(4, Pt.2), 1-42.

Trivers, R. L. (1971). The evolution of reciprocal altruism. The Quarterly Review of Biology, 46(1), 35-57.

Turner, J. C. (1987). Rediscovering the social group: A self-categorization theory. Basil Blackwell.

Turner, J. C., Hogg, M. A., Oakes, P. J., Reicher, S. D., & Wetherell, M. S. (1987). Rediscovering the social group: A self-categorization theory. Basil Blackwell.

Turner, R. H. (1978). The role and the person. American Journal of Sociology, 84(1), 1-23.

Tyler, T. R., & Blader, S. L. (2003). The group engagement model: Procedural justice, social identity, and cooperative behavior. Personality and Social Psychology Review, 7(4), 349-361.

U.S. Department of Labor. (2005). Volunteering in the United States, 2005 (Bureau of Labor Statistics News Release USDL 05-2278). U.S. Department of Labor, Bureau of Labor Statistics.

Uggen, C., & Janikula, J. (1999). Volunteerism and arrest in the transition to adulthood. Social Forces, 78(1), 331-362.

Underwood, B., & Moore, B. (1982). Perspective-taking and altruism. Psychological Bulletin, 91(1), 143-173.

Underwood, B., Froming, W. J., & Moore, B. S. (1977). Mood and helping: A search for mediating variables. Personality and Social Psychology Bulletin, 3(1), 128-131.

Unger, L. S., & Thumuluri, L. K. (1997). Trait empathy and continuous helping: The case of voluntarism. Journal of Social Behavior & Personality, 12(3), 785-800.

Uslaner, E. M. (2002). Religion and civic engagement in Canada and the United States. Journal for the Scientific Study of Religion, 41(2), 239-254.

Vaes, J., Paladino, M. P., Castelli, L., Leyens, J.-P., & Giovanazzi, A. (2003). On the behavioral consequences of infrahumanization: The implicit role of uniquely human emotions in intergroup relations. Journal of Personality and Social Psychology, 85(6), 1016-1034.

Vaes, J., Paladino, M.-P., & Leyens, J.-P. (2002). The lost e-mail: Prosocial reactions induced by uniquely human emotions. British Journal of Social Psychology, 41(4), 521-534.

van Baaren, R. B., Holland, R. W., Kawakami, K., & van Knippenberg, A. (2004). Mimicry and prosocial behavior. Psychological Science, 15(1), 71-74.

Van Lange, P. A. M., & Kuhlman, D. M. (1994). Social value orientations and impressions of partner's honesty and intelligence: A test of the might versus morality effect. Journal of Personality and Social Psychology, 67(1), 126-141.

Van Lange, P. A. M., De Bruin, E. M. N., Otten, W., & Joireman, J. A. (1997). Development of prosocial, individualistic, and competitive orientations: Theory and preliminary evidence. Journal of Personality and Social Psychology, 73(4), 733-746.

Van Lange, P., Van Vugt, M., & De Cremer, D. (2000). Choosing between personal comfort and the environment: Solution to the transportation dilemma. In M. Van Vugt, M. Snyder, T. R. Tyler, & A. Biel (Eds.), Cooperation in modern society: Promoting the welfare of communities, states and organizations (pp. 45-63). Routledge.

Van Vugt, M., & Hart, C. M. (2004). Social identity as social glue: The origins of group loyalty. Journal of Personality and Social Psychology, 86(4), 585-598.

Vecina, M. L. (2001). Factores psicosociales que influyen en la permanencia del voluntariado [Unpublished doctoral dissertation]. Universidad Complutense de Madrid.

Vidmar, N., & Miller, D. T. (1980). Socialpsychological processes underlying attitudes toward legal punishment. Law & Society Review, 14(3), 565-602.

Volunteer Australia. (2003). Volunteering in Australia. Retrieved December 28, 2005, from http://www.volunteeringaustralia.org

Volunteering Australia. (2003). The changing face of volunteering: A literature review. Melbourne: Volunteering Australia.

Volunteering Australia. (2003). The national agenda on volunteering: Ten strategies to advance volunteering in Australia. Volunteering Australia.

Wagner, C., & Wheeler, L. (1969). Model, need, and cost effects in helping behavior. Journal of Personality and Social Psychology, 12(2), 111-116.

Walker, L. J., & Frimer, J. A. (2007). Moral personality of brave and caring exemplars. Journal of Personality and Social Psychology, 93(5), 845-860.

Walster, E., & Piliavin, J. A. (1972). Equity and the innocent bystander. Journal of Social Issues, 28(3), 165-189.

Walster, E., Walster, G. W., & Berscheid, E. (1978). Equity: Theory and research. Allyn & Bacon.

Walster, E., Walster, G. W., & Traupmann, J. (1978). Equity and premarital sex. Journal of Personality and Social Psychology, 36(1), 82-92.

Wang, C.-C., & Wang, C.-H. (2008). Helping others in online games: Prosocial behavior in cyberspace. Journal of Cybertherapy and Rehabilitation, 11(3), 344-346.

Wang, L., & Graddy, E. (2008). Social capital, volunteering, and charitable giving. Voluntas: International Journal of Voluntary and Nonprofit Organizations, 19(1), 23-42.

Wasko, M. M., & Faraj, S. (2005). Why should I share? Examining social capital and knowledge contribution in electronic networks of practice. MIS Quarterly, 29(1), 35-57.

Weber, J. M., Kopelman, S., & Messick, D. M. (2004). A conceptual review of decision making in social dilemmas: Applying a logic of appropriateness. Personality and Social Psychology Review, 8(3), 281-307.

Weiner, B., Perry, R. P., & Magnusson, J. (1988). An attributional analysis of reactions to stigmas. Journal of Personality and Social Psychology, 55(5), 738-748.

Weinstein, N., & Ryan, R. M. (2010). When helping helps: Autonomous motivation for prosocial behavior and its influence on well-being for the helper and recipient. Journal of Personality and Social Psychology, 98(2), 222-244.

Wenzel, M., Mummendey, A., Weber, U., & Waldzus, S. (2003). Business-Psychology Intergroup Relations Questionnaire [Database record]. PsycTESTS.

West, S. G., & Brown, T. J. (1975). Physical attractiveness, the severity of the emergency and helping: A field experiment and interpersonal simulation. Journal of Experimental Social Psychology, 11(6), 531-538.

West, S. G., Gunn, S. P., & Chernicky, K. (1975). Ubiquitous Watergate: An attributional analysis. Journal of Personality and Social Psychology, 32(1), 63-70.

Whatley, M. A., Webster, J. M., Smith, R. H., & Rhodes, A. (1999). The effect of a favor on public and private compliance: How internalized is the norm of reciprocity? Basic and Applied Social Psychology, 21(3), 251-259.

Wiedenfeld, S. A., O'Leary, A., Bandura, A., Brown, S., Levine, S., & Raska, K. (1990). Impact of perceived self-efficacy in coping with stressors on components of the immune system. Journal of Personality and Social Psychology, 59(5), 1082-1094.

Wilhelm, M. O., & Bekkers, R. (2010). Helping behavior, dispositional empathic concern, and the principle of care. Social Psychology Quarterly, 73(1), 11-32.

Williams, G. C. (1966). Adaptation and natural selection: A critique of some current evolutionary thought. Princeton University Press.

Williams, L. J., & Anderson, S. E. (1991). Job satisfaction and organizational commitment as predictors of organizational citizenship and in-role behaviors. Journal of Management, 17(3), 601-617.

Williamson, R. A., Donohue, M. R., & Tully, E. C. (2013). Learning how to help others: Two-year-olds' social learning of a prosocial act. Journal of Experimental Child Psychology, 114(3), 543-550.

Wills, T. A., & DePaulo, B. M. (1991). Interpersonal analysis of the help-seeking process. Handbook of social and clinical psychology: The health perspective, 162, 350-375.

Wilson, D. S., & Sober, E. (1999). SOCIETY AS ORGANISM. Skeptic (Altadena, CA), 7(4), 24-24.

Wilson, D. W. (1981). Is helping a laughing matter? Psychology: A Quarterly Journal of Human Behavior, 18(1), 6-9.

Wilson, D. W., & Kahn, A. (1975). Rewards, costs, and sex differences in helping behavior. Psychological Reports, 36(1), 31-34.

Wilson, E. O. (1975). Sociobiology: The new synthesis. Harvard University Press.

Wilson, J. (2000). Volunteering. Annual Review of Sociology, 26, 215-240.

Wilson, J. P., & Petruska, R. (1984). Motivation, model attributes, and prosocial behavior. Journal of Personality and Social Psychology, 46(2), 458-468.

Wilson, J., & Musick, M. (1997). Who cares? Toward an integrated theory of volunteer work. American Sociological Review, 62(5), 694-713.

Winseman, A. L. (2005). Engaged church members and volunteering [Research report]. Gallup Organization.

Wispé, L. (Ed.). (1978). Altruism, sympathy, and helping: Psychological and sociological principles. Academic Press.

Wispé, L. G. (1972). Positive forms of social behavior: An overview. Journal of Social Issues, 28(3), 1-19.

Worchel, S. W., Wong, F. Y., & Scheltema, K. E. (1989). Improving intergroup relations: Comparative effects of anticipated cooperation and helping on attraction for an aid-giver. Social Psychology Quarterly, 52(3), 213-219.

Wortman, C. B., & Lehman, D. R. (1985). Reactions to victims of life crises: Support attempts that fail. In Social support: Theory, research and applications (pp. 463-489). Dordrecht: Springer Netherlands.

Wuthnow, R. (1991). Acts of compassion: Caring for others and helping ourselves. Princeton University Press.

Yamagishi, T., & Kiyonari, T. (2000). The group as the container of generalized reciprocity. Social Psychology Quarterly, 63(2), 116-132.

Yamagishi, T., & Mifune, N. (2009). Social exchange and solidarity: In-group love or out-group hate? Evolution and Human Behavior, 30(4), 229-237.

Yates, M., & Youniss, J. (1996). Community service and political-moral identity in adolescents. Journal of Research on Adolescence, 6(3), 271-284.

Yogev, A., & Ronen, R. (1982). Cross-age tutoring: Effects on tutors' attributes. The Journal of Educational Research, 75(5), 261-268.

Youniss, J., & Yates, M. (1997). Community service and social responsibility in youth. University of Chicago Press.

Yousif, Y., & Korte, C. (1995). Urbanization, culture, and helpfulness: Cross-cultural studies in England and the Sudan. Journal of Cross-Cultural Psychology, 26(5), 474-489.

Zagefka, H., Noor, M., & Brown, R. (2013). Familiarity breeds compassion: Knowledge of disaster areas and willingness to donate money to disaster victims. Applied Psychology: An International Review, 62(4), 640-654.

Zahn-Waxler, C., & Robinson, J. (1995). Empathy and guilt: Early origins of feelings of responsibility. In J. P. Tangney & K. W. Fischer (Eds.), Self-conscious emotions: The psychology of shame, guilt, embarrassment, and pride (pp. 143-173). Guilford Press.

Zahn-Waxler, C., Radke-Yarrow, M., & King, R. A. (1983). Early altruism and guilt. Academic Psychology Bulletin, 5(2), 247-259.

Zahn-Waxler, C., Radke-Yarrow, M., Wagner, E., & Chapman, M. (1992). Development of concern for others. Developmental Psychology, 28(1), 126-136.

Zahn-Waxler, C., Robinson, J. L., & Emde, R. N. (1992). The development of empathy in twins. Developmental Psychology, 28(6), 1038-1047.

Zahn-Waxler, C., Schiro, K., Robinson, J. L., Emde, R. N., & Schmitz, S. (2001). Empathy and prosocial patterns in young MZ and DZ twins: Development and genetic and environmental influences. In R. N. Emde & J. K. Hewitt (Eds.), Infancy to early childhood: Genetic and environmental influences on developmental change (pp. 141-162). Oxford University Press.

Zhou, Q., Eisenberg, N., Losoya, S. H., Fabes, R. A., Reiser, M., Guthrie, I. K., ... & Murphy, B. C. (2002). The relations of parental warmth and positive expressiveness to children's empathy-related responding and social functioning: A longitudinal study. Child Development, 73(3), 893-915.

Zuckerman, M., Siegelbaum, H., & Williams, R. (1977). Predicting helping behavior: Willingness and ascription of responsibility. Journal of Applied Social Psychology, 7(4), 295-299.

Freeman, R. B., 박기태, 김영미, & 이정화. (2004). 자원봉사활동의 경제적 가치와 정책과제. 한국보건사회연구원.

강은나, & 류병주. (2017). 청소년의 자원봉사활동 참여에 영향을 미치는 요인에 관한 연구: 사회적 자본의 매개효과를 중심으로. 청소년복지연구, 19(1), 1-26.

강철희, & 김유나. (2003). 온라인 기부에 관한 연구-기부행동과 기부노력에 대한 분석. 한국비영리연구, 2(1), 123-164.

강철희, 김미숙, & 김은정. (2012). 공공연대감의 개념화와 측정도구 개발. 한국사회복지학, 64(3), 29-54.

강철희, 김미숙, & 김은정. (2015). 공공연대감과 사회적 신뢰가 시민참여에 미치는 영향. 한국사회복지학, 67(2), 5-30.

강철희, 김미혜, & 김수정. (2015). 자원봉사활동 참여에 영향을 미치는 요인에 관한 연구: 사회적 자본과 시민의식의 매개효과를 중심으로. 한국사회복지학, 67(1), 29-54.

강철희, 김민영, & 편창훈. (2022). 온라인 기부 플랫폼에서의 기업 참여에 관한 연구: 네이버 해피빈 모금 프로젝트의 분석. 한국사회복지행정학, 24(1), 31-59.

강철희, 황지민, & 오양래. (2015). 사회자본과 나눔 행동의 관계에 관한 연구: 신뢰, 호혜, 규범의 영향력 분석. 사회복지정책, 42(2), 1-32.

강철희. (1998). 후원 활동에 참여하는 사람들의 일반적 특징과 그들의 후원 노력에 영향을 미치는 요인들에 관한 연구. 한국사회복지학, 35, 1-30.

강철희. (2007). 사회신뢰와 시민참여: 사회자본의 관점에서. 한국사회학, 41(2), 1-34.

고형준, & 이자명. (2023). '루게릭 네트워크' 온라인 환자공동체 참여경험: 근거이론 접근. 열린교육연구, 31(5), 183-205.

구지윤. (2013). 기부행동의 성별 차에 관한 연구. 한국사회복지조사연구, 37, 93-122.

김경아, & 이정우. (1990). 기혼여성이 지각한 가정생활상의 스트레스 수준 및 관련변인 고찰. 한국가정관리학회지, 8(2), 1.

김봉근, & 박봉석. (2013). 개인의 자원봉사 결정에 대한 소득이질성의 영향 분석. 노동경제논집, 36(1), 45-62.

김봉근, 박봉석. (2013). 개인의 자원봉사 결정에 대한 소득이질성의 영향분석. 노동경제논집, 36(1), 45-62.

김성경. (2007). 사회복지정책의 변화와 시민사회의 역할. 사회복지정책, 31, 5-30.

김성경. (2007). 우리나라 자원봉사자의 적극적 자원봉사참여의 영향요인에 관한 연구: 자원봉사정체감의 조절효과를 중심으로. 한국가족복지학, 21, 167-186.

김성경. (2007). 자원봉사자의 역할정체성과 지속적 자원봉사활동에 관한 연구 [박사학위논문, 이화여자대학교]. 이화여자대학교 도서관.

김성경. (2007). 자원봉사활동 참여에 영향을 미치는 요인에 관한 연구: 사회적 자본의 관점을 중심으로 [석사학위논문, 이화여자대학교].

김유진, & 유전양. (2018). 중국 결혼이민여성의 참여 경험을 바탕으로 살펴본 국내 다문화 자원봉사 사업의 명암. 사회과학연구, 29(1), 239-257.

김주원, & 김용준. (2008). 자선단체기부자의 기부동기와 기부행동에 관한 실증연구. 경영학연구, 37(3), 629-658.

김주원, & 김원준. (2008). 기부자의 정체성과 상호호혜성이 기부행동에 미치는 영향. 비영리연구, 7(1), 25-50.

김혜경. (2004). 보살핌노동의 정책화를 둘러싼 여성주의적 쟁점: "경제적 보상(payments for care)"을 중심으로. 한국여성학, 20(2), 75-104.

박태규, 김영종, & 김기덕. (2004). 종교성과 자원봉사활동 참여의 관계에 관한 연구. 한국사회복지학, 56(1), 5-28

박태규. (2004). 자원봉사활동 참여에 영향을 미치는 요인에 관한 연구. 한국사회복지학, 56(2), 27-50

백종혜. (1995). 주부 자원봉사활동의 활성화 방안에 관한 연구 [석사학위논문, 이화여자대학교].

서영숙, & 진관훈. (2016). 사회적 자본과 문화성향이 기부지속성에 미치는 영향에 관한 실증연구. 사회복지정책, 43(2), 111-134.

유수진. (2001). 기부 결정요인에 관한 연구: 서울특별시를 중심으로 (석사학위논문). 연세대학교, 대한민국.

유재연, 김은정, & 김미정. (2015). 청소년의 자원봉사활동 참여에 영향을 미치는 요인에 관한 연구. 청소년복지연구, 17(2), 45-68.

유재연, 김창우, & 김진미. (2015). 서울시민의 기부행동에 대한 설명요인 탐색: 다층모형을 통한 개인과 지역요인 분석. 한국사회복지조사연구, 47, 213-245.

이경혜, & 김유나. (2002). "기부 행동과 기부 노력에 영향을 미치는 요인들에 관한 연구"-온라인 기부를 중심으로. 한국비영리학회 학술대회, 2002(1), 117-158.

이경혜, 황지민. (2013). 젠더별 자원봉사행동에 대한 영향요인 탐색연구. 한국사회복지행정학, 15(4), 173-200.

이수정. (1987). 도움행동의 원인 소재 및 통제성에 따른 연구. 한국심리학회지: 사회 및 성격, 1(2), 111-126.

이용관. (2015). 누가 자원봉사를 더 많이 하는가? 보건사회연구, 35(1), 275-298.

이용관. (2015). 대학생의 자원봉사 참여동기와 지속의도에 관한 연구. 한국청소년연구, 26(2), 27-52.

이정기, & 정은정. (2011). 사회복지조직의 기부자 관리 및 조직에 대한 기부자 인식이 기부행위에 미치는 영향에 관한 연구. 한국사회복지행정학, 13(1), 1-31.

이지연, & 장형심. (2017). 도움동기, 도움행동의지, 긍정성을 촉진하는 근거 제시의 힘. 한국심리학회지: 사회 및 성격, 31(3), 15-35.

이창식, & 송국범. (2013). 청소년의 기부와 관련 변인 연구. 디지털정책연구, 11(12), 725-734.

이창식, & 장하영. (2017). 청소년의 공동체의식과 기부기관신뢰가 기부동기와 기부태도에 미치는 영향. 디지털융복합연구, 15(4), 83-89.

임선영, & 민소영. (2015). 개인의 기부행동 영향요인에 대한 다수준 분석: 사회적 자본과 지역환경 요인을 중심으로. GRI 연구논총, 17(1), 47-69.

임성숙. (1993). 핵가족 주부의 자원봉사활동 참여에 관한 연구: 서울시를 중심으로 [석사학위논문, 이화여자대학교].

전신현, & 이경상. (2016). 청소년 도움행동으로서 자원봉사와 기부활동의 참여요인: 초·중·고등학생 세집단의 비교. 한국청소년연구, 27(3), 5-30.

전신현, & 이성식. (1995). 청소년의 이타행동에 영향을 미치는 요인에 관한 연구. 청소년학연구, 2(1), 1-24.

전신현. (1994). 자원봉사자의 역할정체성과 지속적 자원봉사활동에 관한 연구 [박사학위논문, 고려대학교].

전신현. (1998). 공감과 정서표현양식이 도움행동에 미치는 영향 [석사학위논문, 이화여자대학교].

전신현. (1998). 도움행동에 영향을 미치는 요인에 관한 연구: 대학생을 중심으로 [석사학위논문, 연세대학교 대학원].

전신현. (1998). 성역할 정체감과 도움행동의 관계 [석사학위논문, 연세대학교 대학원].

전신현. (2011). 온라인 도움행동의 원인에 관한 경험연구: 서울시 대학생을 중심으로. 정보화정책, 18(1), 55-72.

전신현. (2015). 대학생의 오프라인과 온라인에서의 도움행동 원인 비교. 한국청소년연구, 26(1), 195-220.

전신현. (2017). 역할정체성이 기부행동에 미치는 영향: 기부동기의 매개효과를 중심으로. 사회과학연구, 33(2), 1-24

전신현. (2020). 헌혈에 있어 도덕규범의 영향과 자기효능감 및 사회자본과의 상호작용효과에서 남녀차이. 한국사회복지연구, 51, 5-34.

전신현. (2022). 대학생의 기부 시작과 지속 원인 비교: 계획된 행동이론, 기부동기, 사회자본 요인들의 통합을 중심으로. 공공정책연구, 39(1), 179-206.

전현규, & 이건창. (2015). 긍정감정과 부정감정이 개인의 지식기여 및 활용의도에 미치는 영향에 관한 실증연구. 지식경영연구, 16(1), 21-54.

전현규, & 이건창. (2015). 온라인 커뮤니티에서 개인의 감정과 공동체의식(SOVC) 이 사용자의 지식공유의도에 미치는 영향에 관한 실증연구. 경영학연구, 44(6), 1473-1510.

정영석. (2000). 기부 및 자원봉사에 관한 실증적 연구. 한국보건사회연구원.

정영석. (2000). 자선 행위의 결정요인에 관한 경제학적 분석: 한국 개별 가구의 기부행위에 대한 실증 분석 [석사학위논문, 연세대학교].

정재휜, & 김영걸. (2006). 전문가 커뮤니티 내에서의 지식기여 및 활용활동에 영향을 미치는 요인: 지식생태계 관점으로. 한국지식경영학회 춘계학술심포지엄.

조선주. (2006). 개인의 자원봉사 행위에 관한 분석. 한국비영리연구, 5(1), 73-99.

조선주. (2011). 여성 자원봉사활동의 결정요인과 경제적 가치 추정.

조휘일. (1990). 한국 사회복지분야의 자원봉사행동과 관련된 개인 및 조직특성에 관한 연구 [박사학위논문, 숭실대학교].

조휘일. (1990). 현대사회와 자원봉사. 서울: 홍익재.

주성수. (2014). 기부와 자원봉사 참여의 불평등 비교분석. 시민사회와 NGO, 12(2), 261-287.

주성수. (2014). 사회적 자본의 개념과 측정: 신뢰, 네트워크, 규범을 중심으로. 시민사회와 NGO, 12(1), 5-36.

주성수. (2014). 자원봉사활동의 동기와 지속 참여에 관한 연구. 시민사회와 NGO, 12(1), 25-52.

최상미, 박재홍, & 김한성. (2015). 온라인 기부 경험이 10대 청소년의 기부 접근성, 시민의식, 향후 기부 의향에 미치는 영향에 대한 연구. 한국사회복지행정학, 17(4), 57-84

최현기. (1992). 주부자원봉사자의 활용에 관한 연구. 사회복지연구, 9, 123-145.

한경혜. (1999). 노인의 자원 봉사 활동. 노인과 한국 사회. 서울, 사회문화연구소.

한국여성개발원. (1994). 청소년 자원봉사활동: 중학교 교사용 참고자료. 서울: 한국여성개발원.

홍성모, 김승현, & 김영미. (2011). 사회적 자본의 구성요소와 상관관계에 관한 연구. 한국정치학회보, 45(2), 67-88.

홍은진. (2005). 기부참여와 기부규모에 영향을 미치는 요인에 대한 연구. 한국사회복지행정학, 7(3), 123-152.

홍종필, & 김유경. (2004). 공감과 도움행동 간의 관계: 인지적·정서적 공감의 역할. 한국심리학회지: 사회 및 성격, 18(2), 19-36.

홍종필, & 김유경. (2004). 자선 단체에 대한 기부 행동 촉진을 위한 온라인 캠페인 효과에 관한 연구: e-카드 사용자를 중심으로. PR 연구, 8(1), 256-301.

황창순. (2000). 한국인의 자선적 기부와 자원봉사: 2000년 서베이조사 결과분석. 아름다운재단 기부문화연구소 보고서.